U0002119

不只是房子——

社會住宅城市生活新關係

總策劃——黃一平　主編——劉柏宏

目次

第二章：生活可以不一樣嗎？——臺北市社會住宅生活群像

第三章：共創生活的火花——社會住宅裡的關係促進者

第四章：解放住宅的想像力——國外社會住宅案例介紹

終章：什麼是居住？——從臺灣社宅居住經驗出發

【序】期盼一個美好的城市生活

——黃一平／臺北市政府都市發展局局長

縱使生活將我們壓得喘不過氣，但我們仍需要去面對新時代的挑戰，找到新的城市居住和生活方式。

臺北居住壓力逐年上升，「臺北居，大不易」已成為大家耳熟能詳的話語，面對這些城市的挑戰，如何在臺北創造一個理想的居住環境，一直是臺北市政府全體共同努力的目標。城市不斷地在進化，城市的居住不該僅是以「住者有其屋」作為目標，市府團隊為了打造更好的居住環境，除了既有的公有住宅資源，輔以租金補貼、社會住宅包租代管計畫，亦透過近年大力興辦的社會住宅（以下簡稱社宅），推動建立起一個以往未曾在臺灣出現過的城市居住生活新模式，希望成為民眾居住的新選項之一。

社宅的出現挑戰了過往「市場導向」的住宅政策思維，臺北市政府都市發展局作為社宅政策的推動及執行機關，自「住宅法」二〇一一年制定公布前開始興辦公營住宅，已有超過十年的時間，從一開始民間團體為弱勢者爭取基本居住權利，到後來政府與各界合作努力，社宅開始在各個行政區開花結果。不論是積極盤點既有住宅資源，或是持續規劃適宜興辦社宅之基地，其目的多年來依舊不變，都是為了提供市民朋友一個友善居住、安心居住的臺北市。

城市是因人而生，「人」是城市發展的根基，亦是城市活力不可或缺的因素，人們在城市裡所產生的居住需求、經濟發展、社會互動或日常休閒是城市生命的泉源，正因為人對城市發展的重要性，人與人的新互動關係亦將在城市颳起一股足以改變你我一般生活習慣的風潮。

過去其實我們都對於都市生活的鄰里關係有著冷漠、互不熟悉的印象，往往我們對於事情產生誤會多來自於我們缺少機會去理解及認識。交流是知曉彼此的一個機會，因此於二〇一七年始，臺北市政府結合居住、社區回饋及社會互動，以松山區健康社宅做為起點，推動臺北市社會住宅青年創新回饋計畫（以下簡稱青創計畫）的產生，符合社宅入住資格的青年朋友，可以依據個人或團體專長類型提出具社會性、公共服務性的社區回饋計畫，經過評選後免抽籤入住社宅，這樣的計畫在松山區健康社宅、文山區興隆Ｄ２區社宅、萬華區青年一期社宅、南港區東明社宅、大同區明倫社宅、內湖區瑞光社宅以及北投區新奇岩社宅開始落地生根。藉由青年朋友的活力，除了在社宅裡種下一顆顆促進社會公益、實現居住正義的種籽；正因為社區是公共生活的最小生活單元，這樣的新居住模式保持了社區人口多樣性，亦是創造友善包容社會的途徑，成為邁向新城市生活的起點。

透過這本書，鼓勵大家認識一個你不曾熟悉的居住環境，甚至是你還未曾體驗過的生活方式，從理解及溝通相處打破彼此的隔閡，共同形塑屬於大家的家園與居住模式。

不知道大家能否想像每週大家相約在社區裡唱歌、運動，帶著簡單的工具在社區花圃裡自己種植蔬菜水果；或是每天經過的大廳門面隨著各個節慶活動，布置滿假日裡大家手作的裝飾品以及植栽的社區活動，如果這些體驗比較難在一般生活裡嘗試，那你或許曾經體會過居住在明亮舒適和狹小老舊房間的差異，以及與鄰居互不熟悉的日常。

《不只是房子——社會住宅城市生活新關係》這本書的出版集結了這些住在社宅居民的日常生活互動情形，甚至是向我們展示了他們過去及住進社宅的居住體驗差異，書裡也集結了許多專業都市規劃者、社會福利團體及藝術家的故事，他們有些人以社宅協力者的角色參與著社宅居民的日常，除了向各位分享這些人的居住經驗，也向大家展現他們作為不同面向的社宅關聯者，對於居住有什麼獨特見解或經歷。這本書的出版傳達一個你我可能都不曾了解過的居住環境，甚至是在那裡發生各種你未曾體驗過的生活，透過這些與社宅建立密切關係人們帶著溫度的話語，帶領大家重新發現城市生活的魅力，從溝通及活動相處建立及擴展人際關係，打破彼此的隔閡後共同在這個地方建立起新生活及新關係。

人在城市生活裡擁有著各式各樣的角色，但不論是居住在社宅裡，又或是居住在一般租屋市場的人們，都有著相似的目標，就是追求好的居住環境、擁有理想的生活品質；生活是一種體驗和學習的歷程，不論是市府團隊或是這本書的讀者朋友們，我們都在生活裡學習著認識自己、認識他人，也學習著去思考在這個城市裡，對於居住問題和基本居住權利的追求，我們的態度及選擇。社宅是一任一任的市府團隊戮力推動的接力賽，它不再只是單純的居住空間，除了提供居住空間外，在社宅裡納入地區的公共服務設施需求，提供零售店鋪進駐，甚至是超市、托育、托老中心等，儼然成為多功能複合型的公共服務基地。但社宅希望傳達給大家更多的是不同型態居住文化融合的途徑，以及追求理想居住環境的機會。我們都在為了更美好的生活環境而努力，而城市生活的新關係也正以社宅為培養皿，逐漸在臺北市各個行政區內的社宅開始生成。期盼這本書的出版，能讓我們攜手共同邁向更美好的居住環境，實踐我們對理想居住環境的期待。

【推薦序】以社會住宅作為實驗場，實踐城市生活烏托邦

——陳東升／國立臺灣大學社會學系教授

以社宅來回應臺灣居住正義的問題是非常重要的。社宅除了硬體的結構和設施外，其所代表的是一種居住是基本人權的核心價值，因此住宅不是一種市場交易的商品，也不應該只是一種商品。

在這樣的核心價值指引下，社宅的社會性就更清楚地顯現出來。

第一，社宅是跨越世代公眾所共同擁有的，不是屬於任何一個世代私有的資產，而是要讓世世代代成員都有居住的地方。社宅當然就不會是私人擁有的資產，而是集體的資產。也因此，社宅的存在意義是創造公共利益，而不是個人利益。

其次，居住在社宅的成員就是一個具有社會連帶的共同體，居住地所發生的事情是需要所有居民共同參與治理的。在社群主義倫理觀的基礎下，透過互惠合作的原則來運作，社宅可以避免公有資源悲劇的挑戰，符合諾貝爾經濟學獎得主奧斯壯（Elinor Ostrom）所主張的公民社會自我治理模式。社宅在運作維持過程，是由下往上、居民權責相符的社會參與，而不是透過間接民主或是少數菁英的領導，因此權力分配是去中心化的。

社會住宅依照這樣的價值和原則如何在居民日常生活上實踐呢？

《不只是房子──社會住宅城市生活新關係》這本書即是帶著這個命題，深入臺灣社宅，為我們在第二章帶來一系列主題訪問，記錄著不同居民的居住故事。住進社宅滿足了基本的居住權，為生命累積更多的餘裕與資本，而社宅甚至是居民共同組織、互助的賦權場域。

書中也給予了我們一項重要的提醒：居住在同一個地方，不是各自獨立分散的行為，而是需要社群的經營，特別是社宅蓋好後，居民陸續搬遷之前，就應該進行新住民的社群經營工作。「社會連帶」的建立不會由社宅的居民自然發生，而是需要事件和活動來促進不同背景和生命經驗的居民相互了解，並且展開可能的共同行動。

在本書第三章裡，我們可以看見這些「關係促進者」擔當起社區、社群經營的任務，社宅的公共藝術計畫，藉由策展、參與式工作坊等方式，吸引許多入住居民參與、觀賞，從而理解搬入者的不同背景和生活經驗，以及他們如何跨越既有社會群體邊界而建立新連結；以居住為核心的社會福利創新，在社宅相對友善的環境中，以社區共居的力量扶助弱勢者，同時也創造群體間相互學習理解的機會；除了日常的維運管理外，物業管理團隊在混居實驗也兼任日常的關懷陪伴；同時是社宅住戶與社區服務創造者的青創夥伴，以居民的身分第一線洞察社區需求，陸續透過不同生活需求而起的行動，與居民建立起信任與歸屬感，甚至發掘社宅具有不同技藝、興趣的居民，開創不同的機會，讓居民發揮他們的能力參與公共事務，進而逐漸形成一個有意願社會參與的群體。

社宅的社群經營只是一個起點，生活在一起需要經濟資源的支持，而從市場直接購買和交換是最容易的。如果換一個方式思考，利用社宅本身在餐飲、長期照護方面的需求，創造出工作機會，就讓社區居民可以組成相互支持的勞動合作社。這個合作經濟組織除了由勞動者決定分配勞動所得外，部分的盈餘也可以透過公基金的方式來資助社區的公益性活動。雖然勞動合作社的模式尚未發生，但在書中已可見這樣的潛力正在萌芽。不論是文中提及的青年社宅、興隆Ｄ２社宅的社區團購、健康社宅社區農耕隊的社區經濟品牌，抑或是從日常需求發展出的互助模式，都讓如此願景未來可期。

在本書的第四章節的國外案例可見，社宅應視為地方「生態系」，成為社區發展的媒介，以人為本，試圖與住戶共同面對集體的生活需求與挑戰。社宅所成立的各種合作經濟組織，可以逐漸地拓展到對於相鄰社區家庭的服務，例如社區住宅的托育、共餐或是長照的場所，當然也開放鄰居加入，將社會共同體的範圍拓展出去。如此看來，社宅可以藉由社區居民發展合作經濟模式，強化居民在物質上的互助互惠，而不是透過激烈的競爭去累積個人最大的利益，擴大社會財富的不平等。我們這個社會可以有更遠大的夢想，以社宅當成實驗創新的場域，來探索臺灣未來可以提供給所有居民維持基本尊嚴生活的不同經濟模式。

社宅不只是在硬體設計上的改變，也需要在社群經營、社會團結和社會經濟上創新，這是二十一世紀臺灣居住方式上的關鍵性轉變，也清楚地區別出社宅和過去國宅的差別。

我們希望創造的不只是土地空間財產權的差異，而是一種新的生活價值和社會制度。我們希望透過社宅來展現居住基本權利的維護、居民社會團結共同體的建置、合作經濟的發展。

為此而提筆，深盼我們能從社宅出發走到真實的烏托邦。

【導讀】想要一起好好生活——從自身與居住正義的距離說起

——劉柏宏／OURs專業者都市改革組織現任理事長

我的「居住履歷」在十八歲後就歸落於大臺北地區，至今也四十餘年了。

隨著畢業、工作、成家、立業，我分別住過士林的分租公寓、永和巷子內的兩層樓透天厝、福和路的「步登公寓」① 家庭式分租套房、樂華夜市旁的小套房、中和路有管理員的公寓大廈等等。在成家前，搬家的次數實在「屈指不可數」。

然而，相比現在的年輕人，當年北漂的我算是幸運許多，至少有較多合法、安全的居住選項，租金也相對負擔得起。記得有一次，偶然聽見辦公室的年輕夥伴在討論搬家的事，可選的物件要不是鐵皮頂加，就是一層樓分隔出格局破碎的小房間，甚至還有明顯是違章的物件，全都要價不菲。這些卻是當代北棲青年的居住常態。

無論在什麼年代，我想這些不斷搬家的經驗背後，其實都只是人們單純「想在這座城市中好好生活」的期盼。

這本書訴說著在城市裡，那些為了更好的居住生活努力的人們，以及在住宅策略中人們與城市、人與人之間的關係變化。參與本書編輯的同時，我也獲得了機會，得以回顧自己四十多年來與居住議題的不解之緣。

---

①「步登公寓」是指四、五層且無電梯的集合住宅，多數建於六〇至七〇年代，是最常見的都市住宅。

投身居住議題是從追求「個人的居住正義」開始——一九八九年，永和的五坪小套房

一九八九年是我退伍後在臺北生活的第三年，對當時做著第一份景觀設計師工作的我而言，存錢和設計師專業能力的養成是生活的重心，而房租每月五千元的小套房，是伴我在臺北追夢的避風港。

那一年夏天，小學教師李幸長發起了一場社會運動「無殼蝸牛運動」，控訴著近三年來臺北飆漲的病態房價。自十八歲起在臺北生活，一路的跌跌撞撞也讓感同身受的我在八月二十六日晚上踏上忠孝東路，將那些生活的困頓與力不從心吶喊出來。這麼做的時候，心裡是有些抒發，但深層的無力與不安也同時流入。那晚，我躺在接近人行道邊緣的地方，望著霓虹燈閃爍的天空，不禁懷疑運動結束後，臺北的房價真的會有所改變嗎？

後來，我和幾位同學成立了景觀設計顧問公司，除了承接新建案的開放空間景觀設計案，也接了室內設計案。每有新案，我們進行設計的第一件事情，就是要和業主全家坐下來「核對需求」；每次完工看到業主滿意的表情時，讓我更確信符合「真實需求」的設計才是好的設計，同時也希望這樣的設計方法，能夠延續到新建案住宅大樓的公共設施上。但每當我們興致勃勃地與開發商提議這些理想的需求，結果往往是無疾而終。現在回頭猜想，或許業主擔心我們聯合了購屋者，會發展為一種未知的勢力吧。

幾年後因參與寶藏巖聚落保存的契機，我成了「OURs專業者都市改革組織」的一

員，持續以歷史的、生態的、關心社會弱勢群體的視野出發，關注更廣闊的議題並擴大討論不同範圍的城市面向，但不變的核心是為了「更好的城市生活」而努力。

從「買得起」到「住得起」的倡議轉折——二〇一〇年的中和南勢角三十六坪三房兩廳

自無殼蝸牛運動後，我們始終沒有一項策略能在居住問題上對症下藥。「廣建國宅」、「擴大購屋貸款」最後反成為住宅商品化的推手，而停滯不前的倡議經驗也讓我和OURs的夥伴們開始好奇，早臺灣多年開始發展居住策略的國家，究竟何以推動住宅政策？

在大量的研究與檢視中，我們看見了國外「只租不賣」的社宅與臺灣「國民樂透」的國民住宅間的差異。在臺灣，以「買賣」為主的國宅，在好地段走向公有地私有化的炒房工具，地段不佳的國宅卻是大量滯銷。此外，與國外案例對照，臺灣經驗更突顯了國民「有土斯有財」的根深柢固，以及對於擁有房子所有權的執著。

在將房屋視作商品的社會氣氛下，我們當初期待政府能帶頭改變「房價炒作」、「稅制改革」等議題也遲遲無法推進。二〇一四年十月六日的「世界人居日」（World Habitat Day），我們於是與不同的社運團體結盟、發起了「巢運」，連帶討論了更多面向的居住議題，同時也匯聚更多關注能量。不同於當年作為無殼蝸牛運動的旁觀者，這次我更靠近核心倡議成員，投入更多的關心與推廣力道。一路隨著隊伍從忠孝東路走到仁愛路夜宿帝寶，我們都知道，這場夜宿只是後續革命的開端。

不過，這邊不得不提的是，其實當年參與無殼蝸牛運動的許多人，都曾幸運地在上一波房市低價中購得了自己的房子，我也一樣。小孩出生後預期空間使用的侷限，讓我和太太不得不汲汲營營地尋覓新住所。我們曾經參與了國宅抽籤，想「碰碰運氣」，實際上當時在臺北上班的我們曾抽到林口國宅，但最終仍因交通考量而放棄了機會。直到二〇〇二年，我們很幸運，在有生之年遇上房市低點，購入了我們現在住的屋子。二〇〇四年臺灣房屋市場低點反彈，到了二〇一〇年臺灣貧富差距創下六十六倍新高，薪資所得倒退至一九九七年水準，但房價卻飆升至歷史新高。對我而言，雖然我擁有了自己的居所，推動更好的居住環境的初心卻依然不變。

由上一階段的社會運動累積的能量與經驗，二〇一四年的「巢運」更著力在政治遊說。居住議題持續為民怨之首，而我們也陸續在幾次選舉中找到倡議的機會，向政府和大眾溝通，抓住每次政策變革的機遇。

自二〇一〇年「社會住宅推動聯盟」成立，歷經十年的推動，國家住宅政策從質疑、接受到設定「八年二十萬戶」為具體目標，如今社宅不再是政府「要不要做」的選擇題，而是我們「該如何做」的申論題。作為民間團體的我們也持續陪伴著、監督著政府，思考該如何發掘臺灣社宅推動的「本土模式」、如何規避過往的失敗，以及什麼樣的制度才是當今臺灣社會適宜且需要的。

社會住宅讓我們發現了「更重要的事」——二〇一八年社會住宅青創計畫元年

當一棟棟社宅完工、一批批居民入住，反倒提醒了我們，「好好住在一起」將是我們接下來需要進一步關注和探索的。

檢視當代集合住宅或大廈社區就會發現，其中雖有許多華麗的「公設」，卻無傳統鄉村三合院、廟口的「埕」，或是城市聚落發展產生的「騎樓」文化，所呈現出的人與人之間的友善關係。隨著居住文化的轉變，住宅以門禁社區（Gated Community）為趨勢發展，過往的水平互動、街道生活逐漸過渡為垂直的城市居住型態，而人與人的關係越來越疏離。過去，建築師試圖討論垂直住宅中如何發展出水平關係，但在孤立冷漠的鄰里、人們對公設無感的現實下，這些討論總顯得空泛。不過新一波社宅的條件，似乎提供了一個改善的機會。

建築師大膽揮毫的公共空間想像，最終仍需要真實的使用者來實踐，而抽籤入住社會（公共）住宅的陌生人口組成，又能有多少機率營造與私宅不同的居住風景呢？我們抱著巨大懷疑，因此聯合了臺北市政府公共住宅委員會和青年事務委員會，以「軟體實驗」的提議，為臺灣社宅軟體機制開了實驗的窗。

二〇一七年，我們在臺北市松山區健康社宅首推了青創計畫。有別於過往憑運氣的入住方式，青創計畫開放讓人們得以「提案評選」方式進住社宅，藉由一般戶中百分之十的種子住戶，來成就一個共好社區。關心集合住宅的公共參與，是我在二十多年前未完成的心願。無法在私部門嘗試的事情，如今終於有機會在社宅以不同的形式實現。這四年多來，我身為青創計畫的計畫主持人，陪伴這群年輕種子夥伴，從零開始營造社區好關係，至今已陪伴了七處青創社宅，每一處皆有其特色、成果。

青創夥伴在「社區營造」的譜系中是嶄新的角色。他們同時是社宅系統中接受居住服務的需求者，同時也是提供社區服務的創造者。他們以創意、彈性且生活化的方式，成為了社宅治理的社群夥伴，共同面對著同樣的居住環境、生活議題，透過個體與群體間的合作與互動，「再結構」了城市居住的共生關係。

不只是房子——社會住宅被低估的力量

這三十幾年來，我從服務資本轉移到服務社區、參與倡議，現在更是創新策略的推動者。我深刻感受到，若要改變整體居住文化，社宅無疑是一個潛力點：它能夠在全臺灣大範圍地推動，有著公部門社會投資的優勢，更開啟了許多新的嘗試可能。

這項公共投資與每個人息息相關。我們應該藉此讓這項投資創造不只這個世代的價值，也開創更多居住的選項與想像，讓過去世代代臺灣人對於「財產權」與「居住權」兩者的混淆得以被重新討論，進而以社宅重新定義都市居住生活。

截至二〇二一年，全臺灣的社宅已完成約兩萬戶。在臺北市，大同區的大龍峒社宅入住已滿十年，文山區的安康平宅原地改建的興隆Ｄ１社宅入住滿六年，而第一處青創社宅松山健康基地也屆滿三年。正是在這個時代拐點，這本書企圖把各種感人、悲傷、激勵、超乎想像的真實故事記錄下來，作為下一階段討論的啟蒙基礎。此外，也希望透過本書讓更多人看見，在臺灣固有的人際關係中，社宅塑造「城市共居」的「再結構」，讓更多人在臺北面對三百六十五天種種生活挑戰的同時，多了一些小小的、動人的生活關係。

以下簡單介紹這本書的構成：

本書第一章將簡述「社會住宅極簡史」，帶大家看見社會發展與都市居住關係的演進。除了認識社宅的前世今生，本章同時也提出「有了社宅，我們的城市就更美好了嗎？」一問，邀請大家帶著這個問題意識，在閱讀過程中思考當今臺灣需要的是什麼樣的住宅制度。本書在第一章後提供「社會住宅基本概論」特輯，透過圖像化資訊，整理出臺北社宅的數據、組成、分布、基本概念，希望讓讀者了解社宅基礎背景資訊，更好入門接下來的內容。

在都市集中化下，「高齡」、「少子」、「低薪資」、「多元混居」、「環境生態」等問題日趨顯著。因此，本書第二章將以報導寫作的方式，探討在城市生活中，隨著這些議題所產生的文化與現象。高房價、高房租是都市多樣性的殺手，而面對居住環境與社會生活的挑戰，在臺北不同世代、社經條件與家庭關係的人們如何過活，又如何往理想的生活更近一步？為尊重受訪者的隱私，本書部分受訪者將以化名方式呈現。

延續第二章故事中所提到的「促成關係發生與文化生成」的關鍵角色，本書第三章則分別特寫「物業管理單位」、「公共藝術家」、「社福單位」、「青創夥伴」這些關係促進者的身分差異和獨特任務。此外，本章也更聚焦在這些互動和文化是如何經「設計者」刻意的安排下，看似自然地各司其職。除了臺北的社宅角色外，本章也將補充其他縣市的異同做法對比參考。

最後，本書第四章稍微改變視角，以「自主共治」、「照顧支持」、「多元混居」、「物業管理」四大類的國外案例，進一步與臺灣現況對話。臺灣在社宅制度晚了他國近百年，作為「後進國」正從一片荒蕪中快速發展，持續追趕著「量的不足」。但社宅制度的前輩國家，它們因著真實需求而出現的反思也在影響著我們這片土地：我們要的不僅僅是複製貼上，而是希望能從他國經驗中，挖掘出屬於自己的本土模式。

簡言之，本書希望藉由真實故事與案例，看見人們的真實需求，以豐富觀看角度、拓展想像力，為未來勾勒出更多可能。

道阻且長、行則將至

這一路上，我們雖然走得緩慢，但在不斷地試錯與改變中，我們對社宅的期盼逐漸清晰，也逐步實現。

自二〇一一年起，臺北市政府開始規劃只租不售的社宅，至此社宅開始在臺北落實；即使歷經了政黨輪替，市政府仍延續著政策方向，共同成就城市的新住居風景。這些年來，在市府與民間團體的共同努力下，社宅有了不只是居住的責任，也因此才有這本書的誕生。

臺北市都市發展局的推動出版，促成了這本首次記錄臺灣社宅的書成功付梓。在臺北社宅平均中籤率低於百分之十的情況下，這本書打開社宅的大門，讓大家有機會一窺社宅的生活。在出版之餘，同時也感謝在社宅中並肩同行的夥伴，從單位到個人，都在各自的位置上輕推這場社會實驗的形成。

《不只是房子──社會住宅城市生活新關係》的出版，是一本集體智慧、世代對話，由多位都市規劃專業者與記者一同共構，集結了在臺北生活近四十年的主編與北漂移居的年輕編輯團隊對於城市居住的探問。我們以臺北作為討論範圍，在本書有限的篇幅中，呈現城市居住的議題與挑戰。我們想說的是，社宅「可能」是其一解答，但終究不是居住正義的完成式。這是一場無止境的社會運動，是我們追逐更好的城市生活的熱切想望。

相信和我們同樣生活在臺灣的您，一定能在本書講述的故事中看到一些熟悉的影子。從一群在臺北與生活拚搏的人們所面對的難處與追求，看到他們在一些契機下主動或被動地流向社宅，而住進社宅的變化是否能讓他們過上更好的生活，又是否能回應或滿足他們的居住需求。由個體的故事出發，我們能看見現行制度裡的盡力而為與力有未逮，也由環境的現況來關照個體的困境。因此，本書不單純只是一本介紹讀者認識社宅的書，更嘗試開拓出一條理解「我們自身能如何形塑城市居住關係」的路徑。

邀請您一起成為打造城市理想居住生活的夥伴，是這本書的初衷，也是我們期待和大家共同前進的方向。

Chapter 01

社會住宅的誕生

社會住宅是屬於這個時代的答案嗎？

> **他們的建築，能夠具體回應新的氣候、環境與社會挑戰，特別是面對城市居住的現實。**
>
> ——二〇二一普立茲克建築獎（Pritzker Architecture Prize）評審團

社會住宅是屬於這個時代的答案嗎？

在人類社會進入二十一世紀後，各種嚴峻的挑戰接踵而來。在都市中，低薪資高工時的勞力剝削、高房價產生的被迫通勤族，以及高齡化社會造成的老人孤獨死等問題，也為這個愈趨動盪不安的時代，增添了更多的複雜與糾結。二〇二一年年初，全球建築界最高榮譽的「普立茲克建築獎」在全球新冠疫情仍舊蔓延的時刻，給了我們重要的啟發：評審團將獎項頒給了以社宅（social housing）為解決都市居住需求理念的法國建築師安妮．拉卡頓（Anne Lacaton）與尚—菲利普．瓦薩爾（Jean-Philippe Vassal）。他們投注數十年的職業生涯，專注於社宅的新建與整建，是法國最重要的社宅建築師。值得注意的是，他們不是以地標型建築聞名的國際明星建築師，反而專注於住宅設計，職志於改建老房成為社宅。

建築之所以被叫做「建築」（Architecture），而不僅僅是「建物」（buildings），就是因為它具體地回應了人類社會的需求與挑戰。因此，普立茲克獎雖然是頒給建築師的獎項，卻與我們每一個人息息相關。尤其，普立茲克建築獎在考量得獎者時，不僅僅關注得獎者本身的頂尖專業與態度，更關注其是否彰顯了一個時代的精神與理想。因此，這次普立茲克獎的結果，可說是點出了「社宅應該是這個時代的答案」。

在臺灣，社宅仍是一個很新的概念。我們的社會經過各種爭論，摸索了超過十多年，才逐漸意識到社宅不應該僅僅是提供貧困者廉價的住房。在此之前，雖然政府也有介入住宅生產，例如「出租型國宅」與「出售型國宅」；不過，前者多半屬於社會救助措施，主要能解決的是相對貧窮者的居住問題，而後者則是購屋市場的替代選項，能讓難以進入市場的人群有相對平價的選擇。

然而，到底什麼是社宅呢？以下讓我們直接用字面拆解的方式，來理解社宅：

- 「社會」：即社會性的，也就是利用社會中所有人的集體力量來承擔個人對住房的負擔。與社會性對立的概念是「市場性」、「獨占」，相較之下，社會性的意思就是不以市場作為定價之依據，而以入住者實際可負擔的成本為依據。
- 「住宅」：即出租型住宅，由政府興建或輔導私人單位開發管理住宅，住戶則繳納租金或其他方式入住。產權非住戶個人或集體所有。

臺灣的《住宅法》除了規定社宅必為出租型住宅，也規定社宅應提供至少百分之四十以上的比例出租給經濟或社會弱勢，而其身分也被明文列入《住宅法》。但在世界上許多城市（特別是歐陸城市），社宅並非僅僅被視為解決所得較低家戶或其他社會經濟弱勢群體的居住問題的解方。自歐陸晚近發展而言，社宅並非專供社會經濟弱勢者居住；相反地，社宅更像是配合都市住宅規劃與整體住宅政策，供應不同社會階層的住宅形式。社宅由其產權與租金定義，因此社宅一詞所指涉的，更接近「制度」與策略規劃，非單指興建與營運「單棟建築物」。社會住宅的社會二字，也已不僅僅指社會救助，而是延伸擴大到包容、和諧的城市發展。二〇二〇年，聯合國人居規劃署（UN-Habitat），提出包容性城市的概念[1]，成為世界各大城市發展的新目標。包容性城市之倡議，旨在希望城市在發展過程中能夠注意到自身經濟、社會、文化與治理發展不均問題，聯合國永續發展指標SDG11[2]提醒各個城市，城市化發展與金融投機已造成了欠缺永續性的住房危機；這樣的狀況導致房價雖然是多數人買房遇到的最大難題，但買房後的居住品質、鄰里環境與公共服務設施等等亦未必符合心之所嚮。因此，社宅的重要性在於：

> 讓城市居住重新回到社會、公共性與政府責任，城市居住不應該再被視為是個人經濟能力問題。故基於以上原則，我們須重新審視對於城市居住的規劃開發以及治理管理。

在臺灣，人們常常將社宅與其他政府補助興建的住宅混淆，比如出售型國宅、合宜住宅與青年住宅等。兩者之間最根本的不同在於，社宅僅能出租，而出售型國宅是由政府做為開發者（或委託民間業者進行開發），再出售給民眾。過去，因出售型國宅或合宜住宅無法有效約束轉售，常有「政府辦樂透抽到賺到」之批評。但僅供出租的社宅與其他政府開發的住宅之間最大的差異就是「產權」，兩者有根本上的不同。

在這一章內將以人類的社會、城市與社宅發展，來介紹社宅的出現，以及社宅如何因應城市發展的需求，還有社宅曾經面對的挑戰與困境。希望協助大家思考，為何我們需要社宅？或者說，我們需要什麼樣的社宅？而社宅應該如何回應大家的都市居住需求？雖然社宅不是住宅政策的全部，卻可能成為住宅政策的領頭羊，在以純粹市場為導向的臺灣住宅供給市場，提供更多元、更多機能、也更公共的新共居模式，甚至引導城市規劃，讓社宅成為都市再生的新契機。

社會住宅最初要解決什麼問題？

從英國開始的工業革命，帶來生產消費的改變、快速的都市人口集中化，開啟社宅的發展。

從人類文明的時間長河來看，人類聚集於城市並居住的時間是非常短暫的。過去千年以來，地球上大部分的人口多半生活在鄉村。工業革命以前的城市是因為經濟活動需求而生，例如貿易據點（歐洲北部的「漢撒同盟」城市）、政治自治體城邦（即義大利半島上的城市），以及因為特殊需求而建的城市（以防禦、統治目的而建的中國北京城、漢唐長安城）。而大型城市在地球上如雨後春筍般大量出現，其實是從十八世紀中葉後的英國工業革命開始。

在十八世紀中葉到十九世紀這一百多年內，隨著工業革命的浪潮擴散至歐洲大陸，在整個歐洲發生了翻天覆地的變化。工業革命促使人類的生產活動被大幅度改變，大量人口首次脫離了本來賴以為生的耕地或牧場，進而使工業生產成為新的經濟模式。工廠的出現帶來了新的人力需求，勞動方式因此有了全新改變，而人們的生活移往新興的工業城市地帶，史無前例地進入集居的模式。倘以工業革命發源地英國曼徹斯特（Manchester）人口發展來看，這座城市在十九世紀初的人口約四十萬人，但二十紀初，它已成長為一座擁有兩百五十萬人口的大城市。

圖 1-1　一八六八年英國格拉斯哥的工人住宅區一景。（照片來源：© British Library 大英圖書館館藏）

工業革命使得城市快速崛起，可想而知當人們湧入城市、來到工廠尋找工作機會之後，緊接著會發生的問題就是住宅短缺。初來乍到的人一開始在空地上自力造屋或是蝸居在狹小的空間內。後來，工廠也開辦起住宅，一方面讓工人能夠安心工作，另一方面亦可收取租金創造收入。然而，這種倉促建造的工人住宅骯髒不堪、衛生條件極差，大量的人口擠在狹小的區域裡，終究造成了諸多社會問題。

大量蓬勃發展的貧民區，成為工業革命後大城市的首要難題。思想家弗里德里希．恩格斯（Friedrich Engels）在一八四四年拜訪了蘇格蘭城市格拉斯哥（Glasgow）的貧民窟（見圖1-1），將眼前令他驚訝的景象記錄下來：「我簡直不敢相信，那麼大量的骯髒、犯罪、不幸與疾病問題，竟然會集中出現在這樣一個文明的國度。」[3] 如果是小說家查爾斯．狄更斯（Charles Dickens）的讀者，也一定能夠深刻體會在那個時代背景下，生活在此種住宅區的悲慘大眾，是如何與英國維多利亞時代的大資本與上層社會階級的日常生活，形成強烈對比。

工業革命以來，人類首次迎來科學與技術快速更迭的年代。然而，歐洲人民的生活似乎沒有因此變得幸福，反而生活在狹窄、缺乏安全、極度不衛生的環境。尤其是在新的工業地帶，這樣的情況不斷上演，而衛生條件較差的貧民住宅區更造成城市內疾病的大流行。

不過，正如狄更斯所說：「這是最壞的時代，也是最好的時代。」在經歷了十九世紀如此艱難的條件，人們終於迎來了第一道曙光。一八八四年開始，英國皇家委員會特別成立了改善工人住宅的特別委員會[4]，一系列的立法授予地方政府可以直接拆除貧困者的住房，將其更新成符合新居住標準的市政住宅（council house[②]，見圖1-2）。這是國家首次以公共財務支持住宅更新，同時賦予市政府以低利息向國庫借款。這是史上第一個由國家干預的住宅政策，也是現代城市計畫與都市更新的起源之一[5]。在距今一個世紀以前的英國，國家為確保低收入家庭擁有高品質且負擔得起的住房，首次介入住宅規劃，開啟了社宅在英國的發展。

爾後，到一九八〇年代的柴契爾政權上臺前，英國的社宅規劃一直在兩個主要政策目標之間來回轉移：「蓋更多」與「城市更新」。在二戰後住宅短缺的情況下，一方面有大量的社宅建於都市邊緣；另一方面，政府也透過在城市舊城區蓋新的社宅，讓低於一般居住水準的破敗區域也得以重建。

從社宅在英國的發展來看，社宅似乎不僅涉及住宅供給及住房政策層面

圖 1-2 位於格拉斯哥達德利大道（Dudley Drive）的市政住宅。（照片來源：© Mitchell Library GC Postcards Reproduced with the permission of Glasgow City Council, Libraries Information and Learning）

的課題，更適合以「（社會）住宅如何改善及解決城市居住」命題，思考城市發展與居住的關係，除貼近歷史發展實際情形，也有助於我們清楚反思未來的居住環境。

都市擴張與住宅規劃的統合發展：以荷蘭的社會住宅為例

荷蘭的社宅發展稍晚於英國。從十九世紀末至二〇世紀初，伴隨著一九〇一年通過的《住宅法》（Woningwet），政府在最大城市阿姆斯特丹展開了大規模的貧民住宅區更新計畫。與英國不同，荷蘭的社宅是由民間成立多個不同的「住宅協會」（Woningcorporatie）負責興建，而市政府的角色則在於住宅區的開發引導（例如土地供給[3]）以及管制規劃，並給予住宅協會補貼與貸款等財務支持，這可說是最早的「公私協力夥伴關係」（public-private partnership，意即民間參與公共建設）。可以說在荷蘭，社宅興建計畫與阿姆斯特丹二〇世紀初的城市規劃是相同事情；沒有社宅的新建，就不會有今日阿姆斯特丹以西的都市範圍。從一九三四年的主要計畫圖（見圖1-3），我們可以看到紅色部分的新住宅區包

②在英國，由於公共住房通常由地方政府興建管理，因此公共住房普遍被稱為所謂的市政住宅（council house）。不過，社會住宅不限於地方政府的 Council housing，住房協會（或被稱為「註冊的社會性住房房東」，即 Registered Social Landlords，簡稱 RSLs）亦提供大量的社會住宅。

③阿姆斯特丹市政府在一百年前即已不再賣地，而市區大部分的土地開發，都以「地上權」的方法進行，所有權則在市政府手中。因此，對都市規劃來說，土地供給是政府最強而有力的控制手段與引導工具。然而，這一切不是一開始即是如此，阿姆斯特丹市中心老城區的土地仍多是私有地。

圍著老城區（十七世紀的運河區）的西側與南側，成為了阿姆斯特丹的田園地區。其中，塗上紅色的城市擴張區，到現在為止，絕大部分的住宅仍舊是社宅。此外，不只是城市邊緣，阿姆斯特丹市中心核心區在地鐵路線興建完畢後，重建蓋回的住宅也全部都為社宅（見圖1-4，上色者為住宅協會管理的社宅）。

圖 1-3　一九三四年阿姆斯特丹主要計畫圖（Het Algemeen Uitbreidingplan van Amsterdam 1934）。（照片來源：© Stadsontwikkeling van de Dienst der Publieke Werken in in Amsterdam）

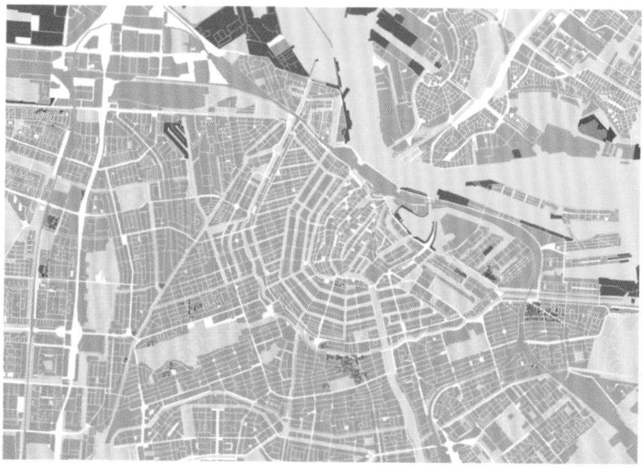

圖 1-4　阿姆斯特丹社宅分布圖。（照片來源：© Databank, Amsterdam Federation of Housing Associations）

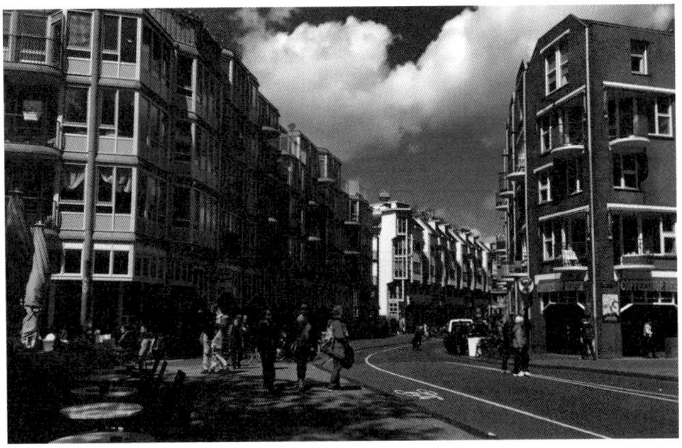

圖 1-5　阿姆斯特丹市中心配合地鐵工程拆除後蓋回的社宅。（照片來源：作者于欣可攝）

圖 1-6　阿姆斯特丹市中心配合地鐵工程拆除後蓋回的社宅，與地鐵共構。（照片來源：作者于欣可攝）

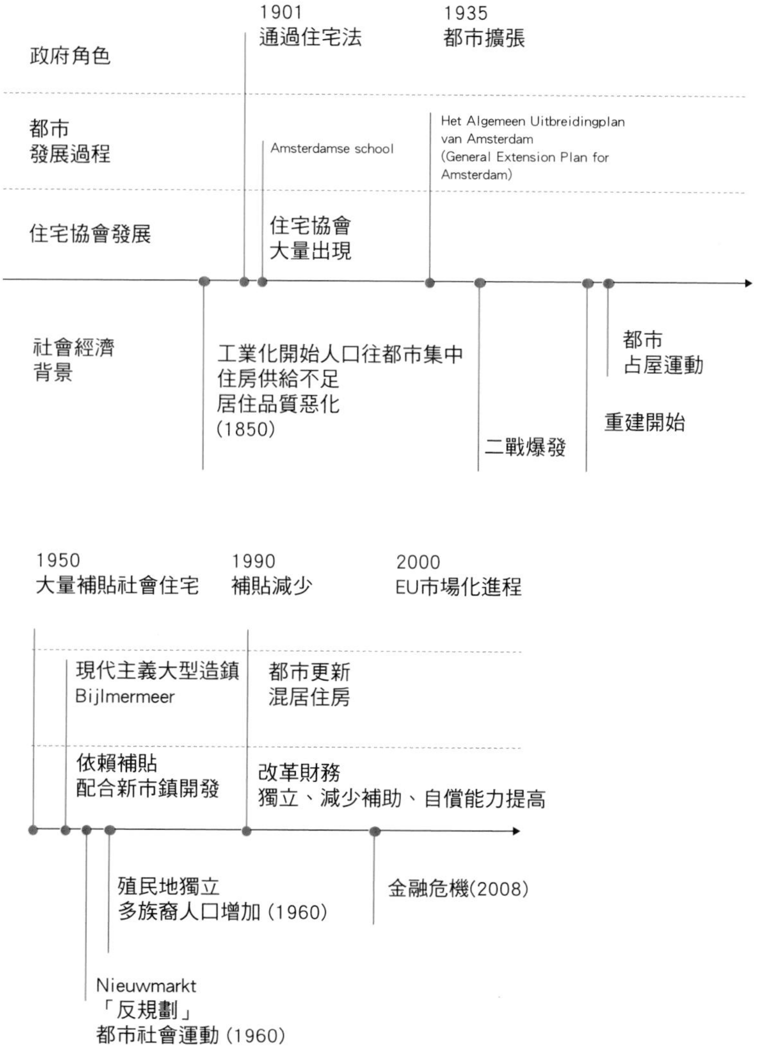

圖 1-7　阿姆斯特丹市社會住宅發展大事紀

然而，有了社會住宅，我們的城市就更美好了嗎？

社宅的規劃是二戰戰前與戰後歐美現代主義建築師們投入畢生精力的事業，也是戰後城市再生復興運動的主力。西歐及部分北美城市都有大量的社宅，部分至今仍作為社宅使用。然而，城市居住的問題不見得會因為社宅的大量興建而獲得解決。過去的案例告訴我們，大量且集中興建的社宅，往往衍生嚴重的都市社會問題。

在美國的密蘇里州的聖路易斯市（St. Louis），就有著一個舉世聞名的案例「普魯伊特—伊戈社會住宅」（Pruitt-Igoe Public Housing，見圖1-8），這是在一九五〇年代由聯邦政府主導、規模最大的社宅計畫。普魯伊特—伊戈社會住宅建於一九五六年，其後短短的十數年間發生了種族隔離、犯罪與貧窮問題，並沒有達成原本希望讓都市中黑白種族的中產階級混居的意圖，而周遭的都市環境也沒有相應更新。長久下來，治安與貧窮導致的各種社會問題讓居民不堪其擾，再加上社區的維護管理費用驚人，入住的居民無法負擔。最後，在一九七二年，也就是在居民入住僅僅十六年後，普魯伊特—伊戈社會住宅被束手無策的政府以爆破方式拆除。

爆破建築物的戲劇性照片傳遍了全世界，敲醒了人們對於「只要大量興建社宅就能解決都市居住問題」的迷思。這是一次徹底失敗的社宅與大規模集合住宅實驗。對許多人來說，它是建築評論家口中的現代主義高層住宅之死[4]，以及政府介入城市居住的失敗，更是美國聯邦政府停止所有公共住房開發的理由之一。然而，讓普魯伊特—伊戈社會住宅被徹底放棄的主要原因，在於社宅興建完成之後，聯邦政府不願意持續投入維護管理經

④如建築理論家查理·詹克斯（Charles Jencks）所說，一九七二年七月十五日，普魯伊特——伊戈社會住宅被爆破的那一天，就是現代主義建築之死。人們不再相信高層住宅能帶來希望，也不相信大政府的出租社會住宅能帶來幸福。

圖 1-8 三十三棟十一層樓高的「普魯伊特－伊戈社會住宅」。（照片來源：©United States Geological Survey）

圖 1-9 普魯伊特－伊戈社會住宅於一九七二年遭爆破拆除。（照片來源：©U.S. Department of Housing and Urban Development Office of Policy Development and Research）

費，也不願意插手管理。

類似的災難也在荷蘭上演。一九六六年，荷蘭政府[5]以「未來城市」為概念，在阿姆斯特丹打造了「拜爾美米爾」（Bijmermeer）這一大型社宅，是一座有著一萬三千五百戶的高層住宅，居住、工作、休閒功能分離，而且人車分層，並有著大面積開放綠地的中產階級社區（見圖1-10）。然而，管理上導致的一連串問題及種族差異等因素，使得拜爾美米爾在一九八五年的空屋率達百分之二十五。儘管面對這些困境，荷蘭透過不斷地改造與協商，拆除部分高層，改以「混居」為概念重新思考社宅社區，終使得該地區得以重生。二〇一七年，歐洲密斯凡德羅建築獎（Mies van der Rohe Award）頒給了拜爾美米爾社區的一棟更新改造後的建築。這是歐洲密斯凡德羅建築獎第一次頒發給社宅，而非建築大師所設計的地

圖 1-10　阿姆斯特丹的拜爾美米爾大型社會住宅社區。（照片來源：©Jeroen van der Veer , Former Vice Director, Amsterdam Federation of Housing Associations）

標性建築。評審在得獎理由中提到，拜爾美米爾社區更新提供了一項可以持續再生的都市更新策略，而不是以全部拆除作為必要手段。在長達二十年的都市再生過程中，拜爾美米爾社區的實質空間得以被活化，居民的居住權利也獲得了保障；不同收入、家庭成員組成的家庭也得以進入社區，使得混居成為拜爾美米爾蛻變的方向。

相較之下，美國聯邦政府以純粹硬體層面的「興建」思維，未考慮社宅不僅僅是居民生活或睡覺的地方，更是居民的社區與家。換句話說，軟體層面的「人與社區」思維，才是社宅成敗之關鍵。

此外，荷蘭市政府與開發商及住宅協會合作，讓開發商及住宅協會有長

圖 1-11 改造後的阿姆斯特丹的拜爾美米爾大型社會住宅，其中「deFlat Kleiburg」改造專案獲得二〇一七年的密斯凡德羅建築獎。（照片來源：© Marcel van der Burg / XVW architectuur）

⑤二〇二〇年一月，荷蘭政府正式宣布將正名為「尼德蘭」（荷語 Nederland，英語 Netherlands，低地國之意），所有公司、大使館、外交部、大學等機構都必須使用此正式國名。例如，參與二〇二〇年東京奧運的並非「荷蘭代表隊」，而是「尼德蘭代表隊」。不過，荷蘭在臺辦事處雖然修改其英文國名，仍沿用「荷蘭」為中文譯名，因此本書仍以臺灣人熟悉的「荷蘭」稱呼該國。

久而穩定的收入，得以再投入到後續長遠的社區維護與管理，如此才可能讓社區從難以緩解的隔離與對立狀態，慢慢產生了包容。在二十年來的都市更新進程中，荷蘭不僅讓社宅適應新的時代需要，也發產出了新的治理模式，讓都市公共利益得以被住宅與都市規劃部門持續推進。

小結：臺北，我們現在在哪一個階段？

從一九五〇年代開始，隨著經濟發展的不同階段，臺灣的住宅政策從關注「救窮扶貧」的社會救助住宅（例如平價住宅）、配合舊市區擴張安置拆遷戶的住宅（整建住宅），發展到一九七五年《國民住宅條例》通過後，以政府興建的較低價住宅作為住宅市場的補充。然而，前述的住宅資源實際上都無法有效緩解都市居住的高成本，這些住宅資源有一部分均為出售轉由私人所有，且缺乏後續禁止轉售的具體有效方法。國宅在價格上雖然較低，一旦經由轉手，其價格仍回歸市場價格，因此在精華地區的國宅經常被稱為是政府開辦的樂透獎品，抽到賺到，就算不自住也可以轉手賺一筆。相較之下，在都市非精華區的國宅則常常面對其他商品房的競爭，滯銷時有所聞。直到二〇〇〇年前後，不成功的國宅計畫遭到廢止。且執行單位的多頭馬車，仍顯示了政府興建住宅政策依舊缺乏目的上的一致性。例如，國防部的眷村改建項目，這些眷村改建後的大型集合住宅最後也回到了住宅市場之中；臺北市的松山新村就是如此，而由中華民國婦女聯合會所建的婦聯新村[6]改建而成的延壽社區亦是一例。

二〇一一年，《住宅法》發布實施，臺灣社會在歷經了各種不太成功的居住政策、住宅市場失靈，以及高房價的困境之後，終於開始規劃興建社宅。雖然社宅占整體住宅存量的比例仍不高，需要持續努力提升，但《住宅法》的上路仍是一個很好的開始。

然而，除了關注社宅量的問題（硬體思維），質的提升（軟體思維）也至關重要；其中，後者所牽涉的還不只是社宅的營造品質。從社宅的制度、其與都市規劃的整合、與都市更新的嫁接，到與其他社會性基礎設施（例如托老與托幼機構）等的協調合作，都關係著社宅究竟是個廉價的屋子，提供給負擔不起高房價、高租金的人群的暫時居所，或是一個「發展契機」，讓人們得以重新審視城市居住的現況。

「住者有其屋」是一個崇高的理想，理想如何能落地實踐，是社會氣氛所驅使。從不同時期的國際案例，我們可以看到各個不同社會的時代氣氛，會生成差異極大的社宅政策。例如，本章提到的英國與荷蘭案例，以及後續章節將提到的日本及瑞典面對老齡化社會的適應問題，這些都傳達著社宅不應只等政府興建，社會應該走得比政府更前面。

社會住宅是制度，不只是房子。接下來，本書在下一章將透過社宅現住戶的心聲，理解他們是如何決定住進社宅。從這些故事開始，我們希望這本書能夠拓展人們對社宅的想像力：我們的社宅應該是開放的，要能包容更多不同的族群聲音與生活方式。社宅所能做的，遠比提供一個便宜的居住空間更多，只要我們問對問題：**社會住宅，如何具體回應新的氣候、環境與社會挑戰，特別是面對城市居住的現實？**

⑥其中，婦聯五村一直到二〇一三年後才被改建為臺北市健康社宅。

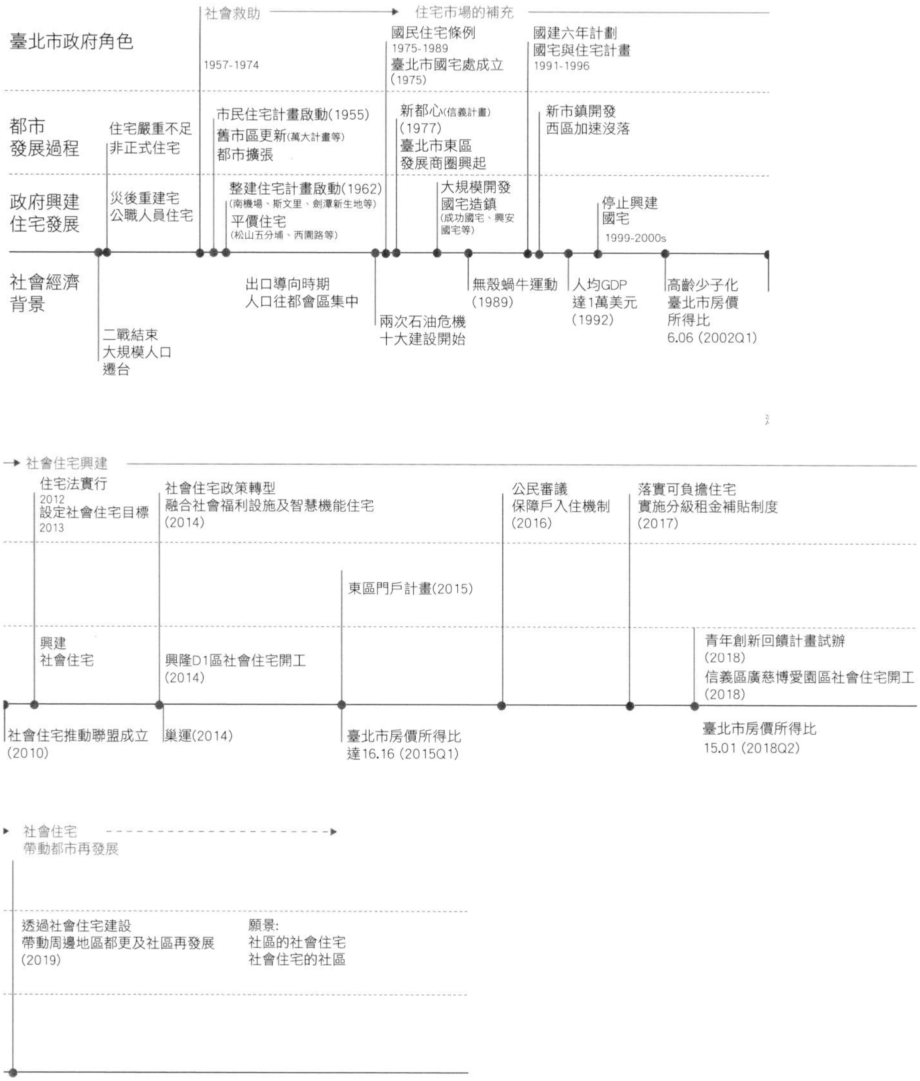

臺北市政府角色
都市
發展過程
政府興建
住宅發展
社會經濟
背景
社會救助
住宅市場的補充
1957-1974
國民住宅條例
1975-1989
臺北市國宅處成立
(1975)
國建六年計劃
國宅與住宅計畫
1991-1996
住宅嚴重不足
非正式住宅
市民住宅計畫啟動(1955)
舊市區更新(萬大計畫等)
都市擴張
新都心(信義計畫)
(1977)
臺北市東區
發展商圈興起
新市鎮開發
西區加速沒落
災後重建宅
公職人員住宅
整建住宅計畫啟動(1962)
(南機場、斯文里、劍潭新生地等)
平價住宅
(松山五分埔、西園路等)
大規模開發
國宅造鎮
(成功國宅、興安國宅等)
停止興建
國宅
1999-2000s
二戰結束
大規模人口
遷台
出口導向時期
人口往都會區集中
兩次石油危機
十大建設開始
無殼蝸牛運動
(1989)
人均GDP
達1萬美元
(1992)
高齡少子化
臺北市房價
所得比
6.06 (2002Q1)
社會住宅興建
住宅法實行
2012
設定社會住宅目標
2013
社會住宅政策轉型
融合社會福利設施及智慧機能住宅
(2014)
公民審議
保障戶入住機制
(2016)
落實可負擔住宅
實施分級租金補貼制度
(2017)
東區門戶計畫(2015)
興建
社會住宅
興隆D1區社會住宅開工
(2014)
青年創新回饋計畫試辦
(2018)
信義區廣慈博愛園區社會住宅開工
(2018)
社會住宅推動聯盟成立
(2010)
巢運(2014)
臺北市房價所得比
達16.16 (2015Q1)
臺北市房價所得比
15.01 (2018Q2)
社會住宅
帶動都市再發展
透過社會住宅建設
帶動周邊地區都更及社區再發展
(2019)
願景:
社區的社會住宅
社會住宅的社區

圖 1-12　臺北市政府興建住宅與社宅大事紀

特輯

社會住宅基本概論

01

社會住宅的數字

STATISTICS

社會住宅已完工戶數 / 戶

5311 戶

截至 2021 年 12 月止，臺北市社會住宅已完工 5311 戶，
並提供 4448 戶入住，未來將持續盤點推動社宅
（資料統計至新奇岩社宅）

社會住宅平均中籤率 / 百分比

6.51%

龍山寺聯開宅 6.51%/ 內湖港墘聯開宅 11.11%/
新北市三重區臺北橋聯開宅 26.56%/
新北市新店區新店機廠聯開宅 26.33%/ 永平社宅 19.84%/
敦煌社宅 10%/ 行天宮站社宅 9.49%/ 大龍峒社宅 8.62%/
萬隆站社宅 5.62%/ 景文社宅 14.55%/ 洲美社宅 24.56%/
新興社宅 4.16%/ 大橋頭社宅 1.88%/ 金龍都更分回戶 2.80%/
興隆 D1 區社宅 8.71%/ 健康社宅 4.71%/ 興隆 D2 區社宅 5.07%/
青年一期社宅 3.85%/ 東明社宅 5.10%/ 木柵社宅 4.57%/ 明倫社宅 8.24%/
瑞光社宅 5.37%/ 中南社宅 5.52%/ 新奇岩社宅 10.00%（資料統計至新奇岩社宅）

社會住宅承租人平均年齡 / 歲

46.3 歲

龍山寺聯開宅 50 歲 / 內湖港墘聯開宅 49 歲 /
新北市三重區臺北橋聯開宅 46 歲 /
新北市新店區新店機廠聯開宅 47 歲 / 永平社宅 45 歲 /
敦煌社宅 48 歲 / 行天宮站社宅 49 歲 / 大龍峒社宅 45 歲 /
萬隆站社宅 45 歲 / 景文社宅 43 歲 / 洲美社宅 48 歲 / 新興社宅 42 歲 /
大橋頭社宅 46 歲 / 金龍都更分回戶 51 歲 / 興隆 D1 區社宅 49 歲 /
健康社宅 46 歲 / 興隆 D2 社宅 46 歲 / 青年一期社宅 43 歲 /
東明社宅 45 歲 / 木柵社宅 50 歲 / 明倫社宅 44 歲 / 瑞光社宅 42 歲 /
中南社宅 44 歲 / 新奇岩社宅 50 歲（資料統計至新奇岩社宅）

社會住宅住戶已婚家戶比例 / 百分比

28.6%

社會住宅養育子女或與子女同住家戶比例 / 百分比

34.3%

社會住宅寵物飼養登記 / 隻

504 隻

108 年臺北市家犬貓登記數量：264727 隻
各大租屋網站臺北市禁養寵物租屋物件數量比例約為 77.9~87.9% ，統計數據取至 591 租屋網、好房網、Pigrent 找個窩 2021 年 4 月資料

社會住宅服務品質滿意度 / 百分比

90.6%

110 年度龍山寺聯開宅 86%/ 港墘聯開宅 86%/ 臺北橋聯開宅 86%/
小碧潭聯開宅 86%/ 敦煌社宅 100%/ 行天宮站社宅 85.7%/
大龍峒社宅 92.15%/ 萬隆站社宅 92.3%/ 景文社宅 85.8%/
洲美社宅 97.3%/ 大橋頭社宅 89.9%/ 興隆 D1 區社宅 89.1%/
健康社宅 98% 興隆 D2 區社宅 91.4%/ 青年一期社宅 94%/ 東明社宅 90.65%
（已入住滿一年以上案件，以最近一年之滿意度調查結果填寫）

社會住宅參訪累積次數 / 場

232 場

大龍峒社宅 25 場 / 興隆 D1 區社宅 87 場 / 健康社宅 59 場 /
興隆 D2 區社宅 34 場 / 青年社宅 5 場 / 東明社宅 11 場 /
木柵社宅 1 場 / 明倫社宅 6 場 / 瑞光社宅 4 場，
資料統計至 2022 年 1 月止

02 社會住宅的組成

COMPOSITION

「照顧弱勢」為社宅核心精神之一，為避免大眾的誤解、排斥，造成對弱勢群體的刻板印象與標籤化，社宅居住型態採「混居」模式，讓不同收入階層、身分類別同住社宅，入住的居民可分為40％弱勢住戶及60％一般戶。

社宅作為弱勢者的居住後盾，不單純只提供居住空間，同時也導入對市民開放的「社會福利設施或公共服務」，布建更多元的設施、據點，滿足區域福利資源需求。另外針對社宅內弱勢者生活所需的「方案服務」則透過社會工作，達到照顧連結、陪伴培力，更進一步結合社區工作促進鄰里參與社區照顧。

一般戶

申請資格：包含本市市民、在臺北就學就業的民眾、青年創新回饋戶

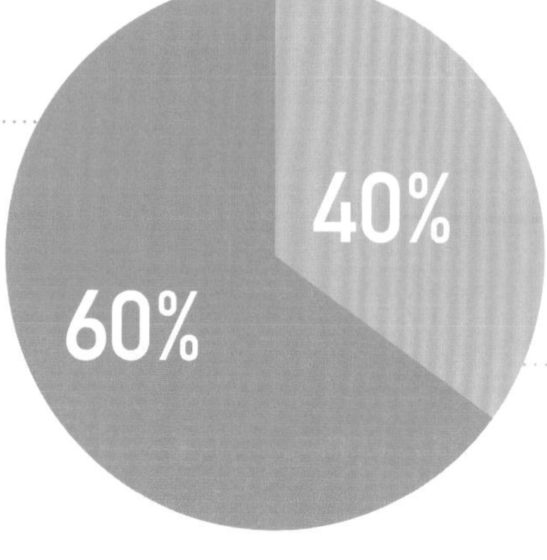

弱勢戶

申請資格：包含住宅法第四條規定之經濟或社會弱勢身分者

社會住宅內的空間與設施

J 幼兒園

招收 2 歲以上至入國民小學前之適齡幼兒，提供幼兒教育及照顧服務。
◎管理單位：臺北市政府教育局

K 就業服務站

提供就業資訊與諮詢、職業訓練、技能檢定、創業協助……等服務。
◎管理單位： 臺北市就業服務處

A 屋頂利用

設有太陽能板、社區農園，除植栽作物箱外，另有洗手臺、座椅、工作臺與活動草坪區域……等設施。
◎管理單位：臺北市政府都市發展局

B 房型 (套房 / 1 房 / 2 房 / 3 房)

C 青年創業園區

提供設計產業微型、新創團隊進駐使用，辦理相關創新創業講座、趨勢課程與媒合交流活動，為創業者聚集、學習與經驗交流分享平臺。
◎管理單位：臺北市政府產業發展局

D 多功能會議室 / 區民活動中心

各類型社區活動舉辦之場地。
◎管理單位：多功能會議室由臺北市政府都發局管理，區民活動中心由各行政區公所管理

E 休憩室

設有桌椅及沙發，為社區居民休息與交流的場所。

F 閱覽室

放置書籍刊物，提供社區閱讀空間。

G 身障日間作業設施

提供身心障礙者日間作業、文康休閒活動、生活照顧及訓練、家庭支持及社區融合……等服務，協助身心障礙者提升社會適應能力及生活品質。
◎管理單位：臺北市政府社會局

H 老人日間照顧中心

社區老人照顧關懷據點，提供 健康促進課程 、「餐飲服務」、 關懷訪視 和 電話問安 ……等社會參與及文康活動服務，並設有日照中心提供失智失能長者白天收托服務。
◎管理單位：臺北市政府社會局

I 公共保母與托嬰中心

設有公共保母，提供社區化及小型化的托育模式，收托滿 2 個月未滿 2 歲之嬰幼兒，並提供其所需之照顧、托育及衛生保健……等相關服務。
◎管理單位： 臺北市政府社會局

社會住宅的分布 03
MAP

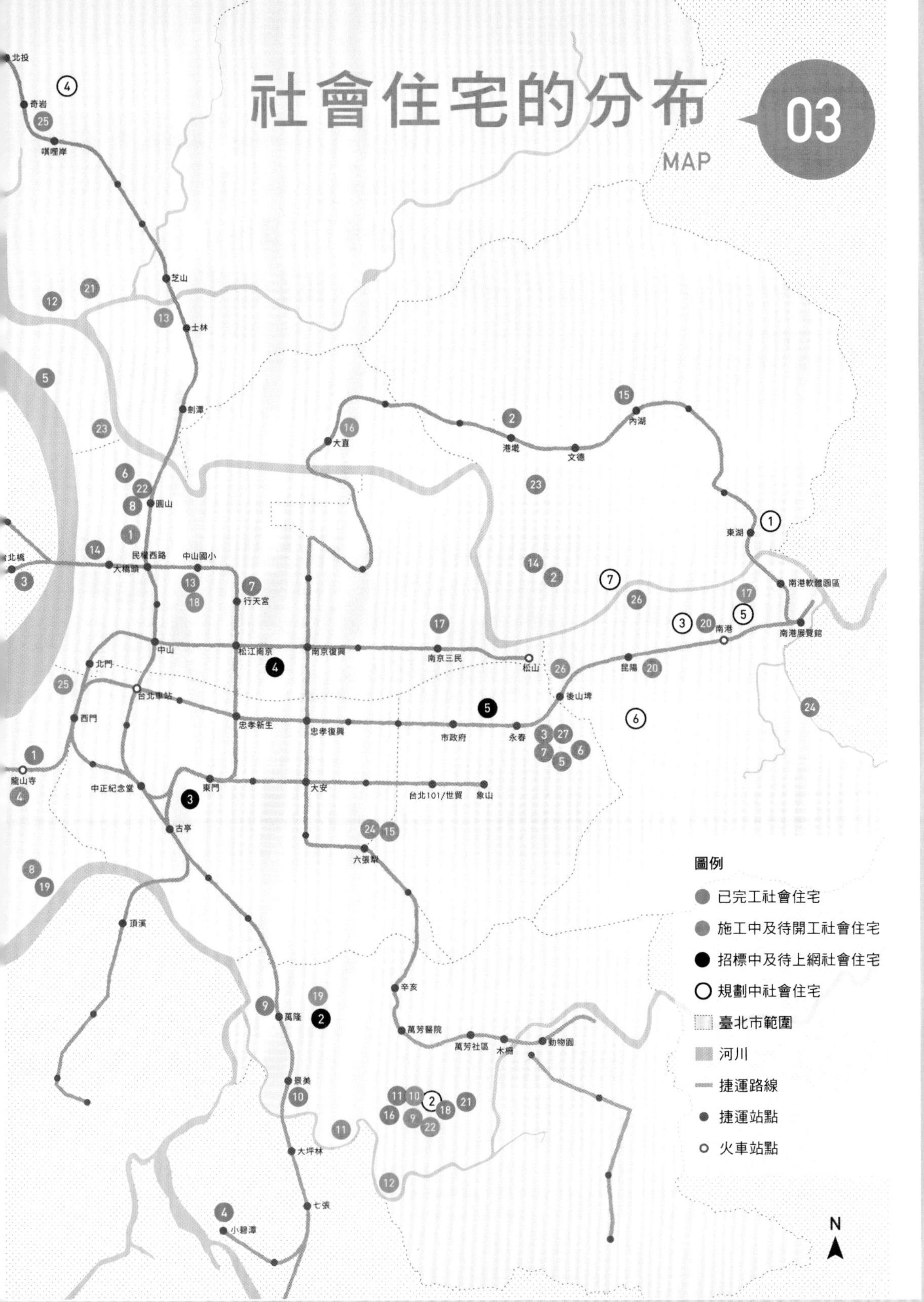

關於臺北的社會住宅

27處
已完工

26處
正在施工中或是待開工

5處
正在招標中或是待上網

8處
正在規劃中

已完工社會住宅

1. 萬華區龍山寺聯開宅（7戶）
2. 內湖區港墘聯開宅（8戶）
3. 新北市三重區臺北橋聯開宅（163戶）
4. 新北市新店區新店機廠聯開宅（88戶）
5. 士林區永平社會住宅（51戶）
6. 大同區敦煌社會住宅（3戶）
7. 中山區行天宮站社會住宅（30戶）
8. 大同區大龍峒社會住宅（110戶）
9. 文山區萬隆站社會住宅（41戶）
10. 文山區景文社會住宅（42戶）
11. 文山區安康平宅BC區補強及裝修（112戶）
12. 北投區洲美社會住宅（144戶）
13. 中山區新興社會住宅（37戶）
14. 大同區大橋頭社會住宅（47戶）
15. 內湖區金龍都更分回戶（8戶）
16. 文山區興隆D1區社會住宅（272戶）
17. 松山區健康社會住宅（507戶）
18. 文山區興隆D2區社會住宅（510戶）
19. 萬華區青年社會住宅一期（273戶）
20. 南港區東明社會住宅（700戶）
21. 文山區木柵社會住宅（119戶）
22. 大同區明倫社會住宅（380戶）
23. 內湖區瑞光社會住宅（389戶）
24. 南港區中南社會住宅（119戶）
25. 北投區新奇岩社會住宅（288戶）
26. 南港區小彎社會住宅（341戶）
27. 信義區廣慈博愛園區社會住宅（E基地）（522戶）

施工中及待開工社會住宅

1. 大同區斯文里三期都更分回戶（135戶）
2. 內湖區行善社會住宅（526戶）
3. 信義區廣慈博愛園區社會住宅（D基地）（522戶）
4. 萬華區莒光社會住宅（201戶）
5. 信義區廣慈博愛園區（A基地）- 行政大樓
6. 信義區廣慈博愛園區（B基地）- 社福大樓
7. 信義區廣慈博愛園區社會住宅（C基地）（476戶）
8. 萬華區青年社會住宅二期（518戶）
9. 文山區興隆社會住宅A區（340戶）
10. 文山區興隆社會住宅E區（263戶）
11. 文山區和興水岸社會住宅（174戶）
12. 文山區樟新水岸社會住宅（192戶）
13. 士林區華榮市場都更分回戶（118戶）
14. 內湖區舊宗社會住宅（97戶）
15. 信義區六張犁A、B區社會住宅（722戶）
16. 中山區培英社會住宅（96戶）
17. 南港區經貿社會住宅（118戶）
18. 中山區錦州社會住宅（387戶）
19. 文山區景豐一區社會住宅（90戶）
20. 南港區南港機廠社會住宅（1442戶）
21. 北投區福國社會住宅（363戶）
22. 文山區興隆社會住宅I區（500戶）
23. 士林區百齡水岸社會住宅（266戶）
24. 信義區三興社會住宅（560戶）
25. 萬華區福星社會住宅（255戶）
26. 南港區玉成社會住宅（402戶）

招標中及待上網社會住宅

1. 萬華區福民社會住宅一期（131戶）
2. 文山區景豐二區社會住宅（80戶）
3. 大安區金華社會住宅（特四、五）（515戶）
4. 中山區力行社會住宅（35戶）
5. 信義區松信社會住宅（90戶）

規劃中社會住宅

1. 內湖區東湖社會住宅
2. 文山區興隆社會住宅FH區
3. 南港區台肥丁社會住宅
4. 北投區奇岩社會住宅
5. 南港區僑泰興社會住宅
6. 南港區保養廠社會住宅
7. 內湖區潭美國小基地社會住宅
8. 萬華區福民社會住宅二期

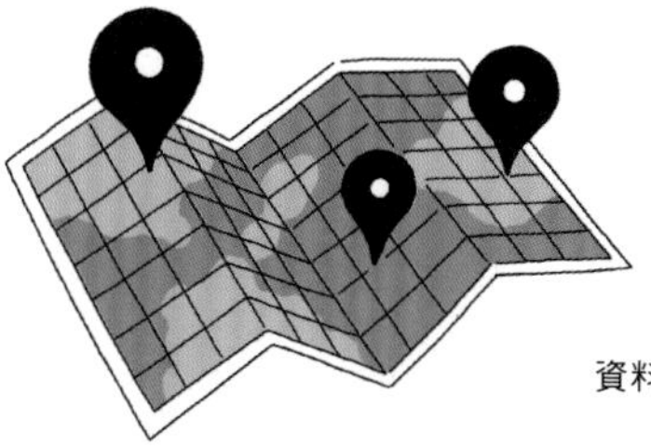

資料來源：臺北市社會住宅戰情中心 110年12月

04

社會住宅基本概念

OVERVIEW

本篇共分為三個段落，以問答方式引導大家建構對於社宅的認識，第一段說明社宅的定義與核心價值；第二段「臺北市的居住政策與社會住宅的發展現況」則以案例資料的對比來鋪陳臺北目前社宅政策的發展；最後一段「社會住宅面臨的挑戰與未來的想像」探討社宅所面臨的問題與挑戰，以及其如何影響現今社會的居住型態，重塑人們對於居住的不同想像。

Q3

為什麼會有
社會住宅？

Q2

社會住宅照顧
的對象有誰？

Q1

社會住宅是什麼？

國際社會住宅的概念與脈絡

由普世的角度出發，說明社宅的定義、核心概念與發展脈絡

Q5

除了社會住宅，
與居住相關的政
策有哪些？

Q4

臺北的社會住宅
政策與其他國家
有何不同？

臺北的居住政策與社會住宅的發展現況

以國際案例與不同居住政策的對比，說明臺北目前社宅政策的發展與運作

Q6

臺北市的社會住宅
如何規劃？

Q7

臺灣社會住宅面
臨的難題：取得
平衡的模式

社會住宅面臨的挑戰與未來的想像

探討社宅所面臨的問題與挑戰，以及其對於現今居住型態的影像與價值

FINISH

Q8

社會住宅對於
當代社會的存
在意義

Q1 社會住宅是什麼？

A1

「社會住宅」（Social Housing），為政府（直接或補助）興建或民間擁有之房屋，採「只租不賣」模式，以民眾「可負擔的租金」出租給一定所得以下家戶，且「弱勢優先」。換言之，社宅不同於一般商品化住宅，是具有福利補貼的出租住宅。

又「社會住宅」一詞為概念通稱，不同國家於推動上或有相異的政策規劃及名稱，但同樣皆基於「只租不賣」、「可負擔租金」與「弱勢優先」之原則。如美國「公共住宅」、「可負擔住宅」，香港「公屋」，新加坡「出租組屋」，日本「公營住宅」、「UR住宅」，韓國「永久賃貸住宅」、「國民賃貸住宅」，中國「廉租房」等。

Q2 社會住宅照顧的對象有誰？

A2

目前臺灣《住宅法》規定，社宅應提供一定比率以上出租予經濟或社會弱勢者，與未設籍於當地且在該地區就學、就業有居住需求者；社宅提供照顧的對象大略可以分為三類：

經濟弱勢

指經濟能力在一定所得以下，較困難負擔市場租屋的弱勢者，如中低收入戶、低收入戶。

社會弱勢

指因年齡、族群、特殊身分與家庭情形等條件，容易在市場租屋遭遇拒絕，或困難承租合適居住空間，或易影響就業收入不穩定，使租屋負擔沉重。

階段性的弱勢

在一定狀態與期間內，其經濟能力尚不足，租屋負擔較重者，如學生、外地就業青年等。

Q3 為什麼會有社會住宅？

A3 社宅的發展緣起於歐陸，就歷史脈絡歷經「慈善」、「外部性」與「居住權」等三個理念的演進。

一開始，因工業革命都市化浮現大量居住貧困階層，出於人道主義慈善理念，由教會等慈善團體提供低廉租屋。其後，因居住貧困衍生之公共衛生、社會維穩乃至政治衝突等外部性成本逐漸為人所理解，發展出政府介入社宅提供之各種政策。到了當代，進一步深化為「居住權」做為社宅核心價值，即國家有責任與義務確保其提供之必要。

歷經一個多世紀的發展，在諸多國家的實踐經驗裡，社宅的價值效益除了居住權保障外，更趨廣泛多元，包括：

1. 社福照顧平臺：

以社宅為平台，建構完整的社福照顧體系，將可減低社會福利支出。透過需求者安居、社區照護，使資源使用者有尊嚴地得到社會服務的支持，並讓社會資源得到整合性的運用。

2. 健康城市據點：

改善窳陋地區，促進居住環境的公共衛生，協助流行疾病的防治，並結合社區的社會支持網絡，從而提高居民的心理健康。

3. 階級流動階梯：

家庭在世代內脫貧雖然不易，卻有可能透過穩定的居住，讓子女得到較好的學習環境，進而協助家庭在下一世代脫貧。

4. 都市再生活棋：

在確保原住戶權益與資源永續管理的前提之下，社宅的建設將促進街廓重整、空地運用、建物更新與活化；更重要的是，社宅將為地區帶來新的居民及活力。

5. 緊急救難資源：

地震、颱風、火災等大型災害發生之際，社宅在各國可作為重要的受災戶安置方式（例如日本的「災害公營住宅」）。

6. 市場健全助力：

補充購屋、租屋市場的不足之處，甚至作為住宅市場的示範，此外社宅本身也是巨大的產業機會，例如營建、管理……等。

7. 多元城市介面：

以家構成理想的都市環境，減輕社會隔離，有助於都市各階層、各社群的多元共存，促進城市多樣性。

資料來源：社會住宅推動聯盟 2016 年社會住宅手冊

Q4 臺北的社會住宅政策與其他國家有何不同？

A4

由臺北與其他國家的對比中可發現，各國社宅政策發展的背景與契機皆不相同，推動的過程與形式也因文化、歷史事件、經濟……等不同層面的影響，發展出各自具特色的社宅模式，如：荷蘭以民間非營利法人為主的興建方式，對比法國以政府主導為主民間合作為輔的模式（政府成立的半官方組織）；亞洲地區的日本及香港因二戰後，住宅缺乏，大量難民及其居住需求，使政府開始大量興建社宅，南韓則以漢城奧運為契機，加速都市現代化建設，拆遷違建聚落，興辦大量社宅，發展出由政府成立，專門興建社宅的公法人機構。

但社宅以提供弱勢解決居住需求為目的的核心理念，是各國在推行時不變的核心價值，從荷蘭、法國到亞洲與我們文化背景相近的南韓、日本……等國家，都有值得臺灣學習與借鏡之處。

\ 臺北與各國社會住宅政策比較 /

荷蘭

發展背景：因應十八世紀後半葉工業化，大量人口湧入都市，荷蘭政府通過《住宅法》，確立社宅為重要居住政策，以解決都市地區居住問題。

推動時間：1901 年後

社會住宅存量（住盟 104 年 3 月統計）：32%

興建模式：民間興辦

居住年限：無限制

申請資格：收入 50% 分位點以下

租金計價方式：設有租金上限，由政府每年調整，並編列補貼。

臺灣 / 臺北

發展背景：為回應高房價造成的民怨，民間成立「社會住宅推動聯盟」倡議，政府於《住宅法》通過後，開始推動社宅。

推動時間：2010 年後

社會住宅存量（110 年 10 月統計）：臺灣 0.21% / 臺北 1%

興建模式：政府主導

居住年限：一般戶 6 年、特殊戶 12 年

申請資格：收入 50% 分位點以下

租金計價方式：臺北市社宅租金考量興辦成本、屋齡及社宅所在區位等三大因素訂定，並依承租人所得狀況提供分級租金補貼。

（各縣市計價方式略有不同）

南韓

發展背景：漢城奧運的大規模拆遷引發抗爭，開始推動社宅政策。

推動時間：1989 年後

社會住宅存量
(住盟 104 年 3 月統計)：5.1%

興建模式：政府主導

居住年限：30 年 ~ 無限期

申請資格：收入 50% 分位點以下

租金計價方式：約市價 3-8 成

香港

發展背景：二戰後，移民導致居住問題嚴重，後發生石硤尾大火，近五萬民眾無家可歸，政府開始推動公共屋邨政策至今。

推動時間：1950 年後

社會住宅存量
(住盟 104 年 3 月統計)：30.4%

興建模式：政府主導

居住年限：無限制

申請資格：收入 30% 分位點以下

租金計價方式：每月平均租約 1,408~3,249 港元

法國

發展背景：因工業化造成居住與公共衛生課題，於 1894 年通過《施洛弗萊德法案》，鼓勵民間企業和政府興建廉價住宅（HBM）出租予勞工。

推動時間：1894 年後

社會住宅存量
(住盟 104 年 3 月統計)：17%

興建模式：政府主導

居住年限：無限制

申請資格：收入 60% 分位點以下

租金計價方式：約市場租金 3-5 折

日本

發展背景：二戰後住宅短缺與人口增長，通過《公營住宅法》推動社宅。

推動時間：1950 年後

社會住宅存量
(住盟 104 年 3 月統計)：6.1%

興建模式：政府主導

居住年限：無限制

申請資格：收入 25% 分位點以下

租金計價方式：依租戶收入及住宅規模訂定房租價格，約占租戶收入的 20-30%

OURs 專業者都市改革組織
詹竣傑 研究員

知識小補充

因為民情與制度不同，國外經驗不能照抄，關鍵是從臺灣當前執行的課題出發，藉由其他國家的案例找尋可能解方。在臺灣，社宅的現況不再是「要不要做」，而是「如何做」。因此，這本書選擇多元混居、自主自治、照顧支持、創新物業等四個面向，希望能借鏡這些國外案例，讓當前政策更加符合社會各界期待。政策沒有完美，謾罵不能解決問題。就像小孩子學習各種東西一樣，只要政府沒有惡意，民間社會應有更大的包容性，共同陪伴政府，一同成就屬於臺灣的社宅樣態。

Q5 除了社會住宅，與居住相關的政策有哪些？

A5 居住一直是許多人面臨的難題，許多人至今仍一屋難求，是政府亟待解決的議題，而解決居住議題是需要動態地多管齊下。過去在社會倡議之下，社宅是臺灣近年來積極推展的居住政策，除了興建社宅以公共投資的方式興建住房資源外，政府也提供許多不同的政策，例如引進民間租屋模式，推動「社會住宅包租代管」，由政府委託租屋業者，開發房東加入方案，以包租或代管方式，再出租給民眾；或是提供租金及購屋補貼，協助無力購屋的弱勢家庭改善居住環境品質。社宅不同於過往出售式國宅政策，是期待以只租不售的方式，解決民眾實際居住需求，改變過去住宅被視為資產累積的重要途徑，重新塑造居住作為基本人權的新價值。

租金補貼	購屋補貼
提供／引導政府或民間的住宅作為多元居住選擇，協助無購屋能力的國民安居，保障基本居住權益	協助中低所得或 2 年內自購住宅並辦理貸款之家庭減輕貸款負擔
透過租金直接補貼，協助經濟弱勢民眾租住在符合基本居住水準之住所	協助並補貼無自有住宅者購屋之利息
1. 家庭年所得、每人月平均所得低於補貼所訂之標準 2. 動產與不動產限額低於當年度公告之金額 3. 家庭成員均無自有住宅	1. 家庭年所得、每人月平均所得低於補貼所訂之標準 2. 動產與不動產限額低於當年度公告之金額 3. 家庭成員均無自有住宅，或二年內自購住宅並已辦理貸款
依各縣市補貼計畫類別而有不等之額度 臺北市住宅租金分級補貼依所得及家戶人數給予 3000~11000 元之租金補貼額度	1. 貸款額度 依擔保品所在地，訂有最高貸款額度 2. 貸款優惠利率
1 年（每年可重新辦理申請）	最長 20 年
民眾可依偏好自行於租屋市場選擇適宜之物件承租，租屋選擇自由	協助民眾減輕購屋負擔
租屋市場地下化問題，因稅賦影響使得租金補貼申請易有阻撓，無法徹底解決經濟弱勢族群租屋困境	住宅市場價格居高不下，僅透過低利貸款無法實際解決購屋難題

崔媽媽基金會

呂秉怡 執行長

知識小補充

購屋補貼（協助居住 + 置產）和其他三種租賃政策（保障居住權）是不同居住政策路徑選擇。但因臺北市房價天高，購屋補貼早已喪失可達成的政策成效，但三種租賃協助政策對北漂青年及弱勢者卻是重要政策工具。考量政策工具均有不同特質，因社宅的照顧效果佳，宜多給在市場房東最不願出租的獨老，思覺障礙者，下肢障者。包租代管因有政府介入並委託專業維管，扶助效果次之，可給租屋市場願接受的弱勢家庭類型。而租金補貼受限於租屋黑市及房東不願出租弱勢，可配合政府租賃權益保障的配套，多提供年輕租屋族利用。

臺灣社會住宅政策與其他居住政策比較表

實施項目	社會住宅	社會住宅包租代管
核心概念	提供 / 引導政府或民間興辦只租不售的住宅作為多元居住選擇，協助無購屋能力的國民安居，保障基本居住權益	提供 / 引導民間的住宅作為多元居住選擇，協助無購屋能力的國民安居，保障基本居住權益
政策模式	提供多元化住宅資源類型予一般民眾、經濟弱勢或社會弱勢者承租，滿足其階段性居住需求	協助民眾於租屋市場內可租住於適當之住所，降低租屋歧視
申請資格條件	一般戶資格： 1. 年滿 20 歲，或達該規定之承租年齡 2. 設籍於該縣市，或在該縣市就學就業 3. 家庭年所得與每人月平均所得不超過規定金額 4. 家庭成員於該縣市（或周邊生活圈縣市）無自有住宅 弱勢戶 / 優先戶資格： 依住宅法第 4 條規定之經濟或社會弱勢族群	不限定於弱勢族群，家庭年所得與每人月平均所得不超過規定金額者亦可提出申請
補貼內容	各縣市社宅計價標準略有不同 臺北市係依承租人所得狀況訂定分級租金補貼，降低承租人租金負擔	1. 一般戶：租金為市場 8 折-9 折 2. 弱勢戶：依弱勢條件，補貼民眾每月最高 7200 元之租金折扣
期限	一般戶 6 年、弱勢戶 12 年	租期最長 3 年
優點	居住相對穩定，可永續營運，低樓層可設置其他公共或社會福利服務，也可納入公共藝術資源進行社區營造	透過民間釋出空餘房屋資源，即時提供民眾可負擔之居住選擇
缺點	新建社宅耗時較長，且因土地資源有限性，需積極開發新提供模式	包租代管制度於臺灣租屋市場尚未成熟發展，願意釋出加入計畫之民間住宅資源有限

Q6 臺北市的社會住宅如何規劃？

STEP 1 規劃階段

處理繁雜的行政程序

政府在前期會先進行法規及相關計畫上的初步規劃，包含：都市計畫屬性、社宅選址、土地取得、交通、環境、公共設施資源等多面向，綜合考量後完成政策規劃。

STEP 2 設計及溝通

開始設計社會住宅

確認選址基地後，由專業的規劃團隊及技術人員研議規劃內容，同時透過多次的在地溝通或協調，調整社宅規劃細節。

STEP 4

完工招租

可以申請入住囉！

社宅完工，完成招租前置作業後便會開放申請。因為社宅申請案件眾多，是透過先抽籤決定排序後，再依序辦理資格審查，審查通過者後續即可辦理選屋、簽約、點交，入住社宅。

STEP 3

施工階段

興建社會住宅

建築工程介面繁複，且因臺北市發展密集，施工過程中除確保工程如期如質完工，更配合周邊居民作息假日依工程內容完善配套措施，降低工程對周邊社區及住戶之影響。

知識小補充

臺北市政府都市發展局 住宅企劃科
楊少瑜 科長

社宅的興辦不只是透過盤點公有土地資源以新建方式辦理，更透過都市更新、EOD市有建物複合使用、平價住宅改建、出租國宅轉型及修繕市有閒置眷舍等多元方式取得之房舍均可作為社宅資源。

社宅推動歷程中，如何扭轉過往之負面印象至關重要，市府結合都發、民政、交通、社會福利等部門的力量，第一線向里長說明、地區說明會、於社宅底層部提供多元豐富的公共服務，對於環境及交通的影響分析，一場次一場次的在地溝通，以及完工後的實際品質，慢慢地消弭外界對於社宅進駐的負面疑慮，讓社宅成為臺北市一種新的居住選擇。

Q7 臺灣社會住宅面臨的難題：取得平衡的模式

A7

「社會住宅」是否容易形成貧民窟或被標籤化的弱勢住宅區？早期臺北市興建5處提供低收入戶居住的「平價住宅」的確出現過這樣的問題，由於集中大量低所得家戶居住，其居住生活議題多元複雜，使社福專業備受考驗，加上社工人力不足，於社福照護之際又身負住宅管理，輔管角色矛盾，致使平宅環境日趨破敗，住戶也易多產生福利依賴、少能脫貧。

目前臺灣社宅除了擁有新穎的建築設計、引入專業物管公司管理維護、將區域公共與社福設施納入規劃配置，承租人組成為40％弱勢戶與60％一般戶混居形式，將承租所得資格提高，以混居減少社會隔閡、增進社會學習，部分社宅更導入徵選「社區營造種子住戶」制度（如：臺北市青年創新回饋計畫），活絡社區與鄰里關係，改變社宅的印象。

隨著社宅的發展，對比出租國宅或平價住宅的軟硬體升級，已逐漸樹立社宅給民眾的新印象。但在規劃、興建的過程中，總會有擔憂社宅帶來大量入住人口，將會造成周邊公共設施、交通甚至是教育資源的服務水準下降、資源稀釋之情形。

興辦社宅不僅是需要政府的推動，也需要民眾的支持，故社宅興辦過程中需透過不斷溝通，不論是政府部門間的協作互助，或是政府民眾間的協調傾聽，透過各層面綜合評估規劃，達成雙贏的成效。

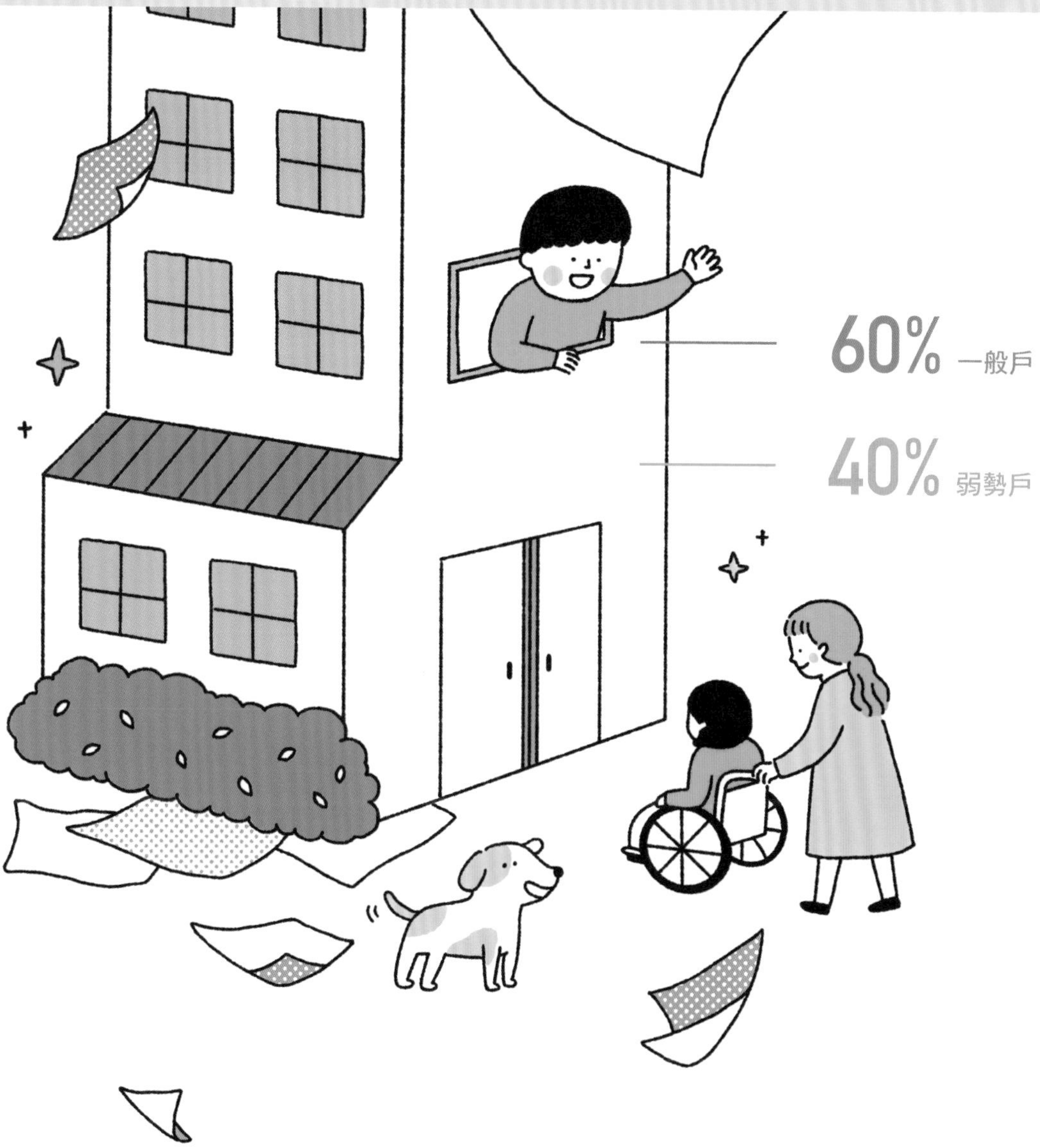

社會住宅推動聯盟
林育如 主任

知識小補充

國外對於「混居」，是指社宅不應集中於特定區域，容易引發族群對立歧視、貧民窟聚集等問題。例如法國巴黎市政府認為，社宅應要平均設置在每一區，即使在高級住宅區，也應要有社宅提供有需要的市民承租，包括新建住宅也必須提供一定比例的社宅，這些措施都在促進落實「社會混合 (social mix)」。

而在臺灣，多以單處社宅社區談「混居」，主因為臺灣的社會價值觀對租屋者多負面偏見，認為是不夠努力或有各種行為問題者，所以買不起房、只能租屋，沒有意識到高房價等社會結構問題。於是社宅提供不同收入、職業、身分族群、家庭類型等住戶混合居住，以及建立社區鄰里關係，去除社宅負面標籤，使租屋也能是一個適居選項。

Q8 社會住宅對於當代社會的存在意義

「社會住宅並不是為了打擊高房價而生，而是提供市場新的居住選項。」

以社宅作為「反思居住的定義」以及「打造居住文化」的發動者，創造開放討論的契機，刺激社會思考居住的意義，讓住者「適」其屋的居住正義落地生根。

長期以來，「有土斯有財」的價值觀與社會輿論鼓吹，加上房地產稅制不良、租屋市場不發達、社宅稀少，使得臺灣人有著購置資產才有居住保障的觀念。在居住權與財產權的混淆下，造就現階段臺灣的居住權立基於財產權上的現實情況。當前台灣認知的「購屋較有保障」，關鍵並不是在「購屋」，而是在於沒有其他可以安心居住的選項。

反觀房屋自有率低於台灣的歐美先進國家，因著政府制定「保障多元」的政策機制，人民不須透過購屋，即可滿足國民的居住需求。

從臺北市社宅的中籤率可看出國民對於社宅的迫切需求，不同於市場商品房的邏輯，社宅由頂尖建築師的規劃設計，有著人性化的公共空間，因地制宜的完善低樓層公共設施或社會福利服務，多樣化的住戶與各類的社區活動，打造一處以人為本、社區互助的集合式住宅社區，提供大眾有別於過往經驗的新選擇。

引言：

第二章〈生活可以不一樣嗎？〉以及第三章〈共創生活的火花〉是以一篇篇臺北市社宅的生活群像故事，引領讀者看到由政府推動的社宅政策，與一般因市場機制而組成的社區有何不同。社區通常有管委會等組織，也可能會不定期舉辦中秋摸彩等活動，但是住民與住民之間的連結，僅依賴電梯或公共設施裡偶遇的一兩句寒暄，很難有深入的互動與連結。

而社宅的組成，除了硬體的建築設施外，其中的軟體機制更是因為政府考慮到社宅是「從零開始的社區營造」，住民的背景可能有所差異，且沒有對該地區的歸屬感，因此在前期規劃的過程中即導入了社會福利、青創計畫以及公共藝術等軟性元素，使得住民之間的連結可以更加深入，透過報導寫作呈現社宅中面對不同議題的生活樣貌，及社宅中重要的促進關係者的經驗提出下階段課題，未來更多社宅如何透過這些組織與活動自然而然地發生互動及交流，長出都會社區裡的新生活關係。

Chapter 02

生活可以不一樣嗎？

臺北市社會住宅生活群像

在城市中為自己撐出一個角落——低薪社會中的社宅家庭故事

所謂的貧窮，其實有多層意涵。人們未必是在金錢上感到欠缺，也可能因時間、收入、空間等資源的匱乏而感受到「侷限感」。人們在生活中不免得面對各種景況：例如，長期處於非正式受雇關係，而成了薪貧窮忙族，就算工作時間長，仍無法累積存款、因房債而長期焦慮、為了各種原因而籌錢貸款、支付子女日漸高漲的教育費，或由於身兼照護年邁家人和維持工作收入，完全失去生活品質。

人們之所以感受到侷限，未必總是因為收入，更可能是因為成家立業或食衣住行等基本開銷成本過高所導致。根據聯合國統計，房價所得比高於四倍以上屬於負擔沉重，六倍屬於極為沉重。而臺灣二〇二一年第三季統計資料顯示房價所得比為九點二四倍，其中臺北市的房價所得比更高達十五點八六倍，換句話說一個家戶得將近十六年不吃不喝，才能存到買房的錢。

當都市人選擇落腳社宅，租金壓力獲得紓解後，人們確實迎來了新的居住想像。只是，收支的平衡、難以言喻的心理狀態與人際關係，工作加班的無限迴圈、租屋寓所的疏離感、對未來的盲然……種種壓力持續累加堆積的情況下，社宅的實行如何改善這種都市生活的「侷限感」呢？

接下來，我們一起看看發生在我們生活周遭的真實故事，並且一同思考背景各異的人們為何於社宅落腳。

「我買到的是安全感。」──娜娜的安全感匱乏

「我是真的很幸運抽到這裡。」四十二歲的娜娜一邊隔著窗向在外玩耍的小兒子揮揮手，一邊回頭笑著說道。出生、成長於臺北的娜娜，現在是三個分別就讀國中與國小孩子的母親，同時也是一家五口的經濟支柱。

一個沒學歷、沒家庭依靠的女人要撐起一家之主的頭銜，娜娜除了正職助理工作的微薄薪水，平日晚間與週末都積極尋找各種打零工的機會。她最大的擔憂與其說是錢，不如說是家人的生活品質。

當年結婚時，娜娜從媽媽租賃的三房公寓搬遷出來，和一同在餐廳工作的先生選擇承租了福民平宅，十二坪的空間有客廳、兩個房間、一間廚房與一間衛浴，周圍鄰近環南市場，不僅交通便利且租金極為便宜。他們希望努力打拚存錢，未來找機會再搬去其他地方。

然而，即便租金壓力減輕了，租屋本身的問題卻成為生活上的無助和焦慮的真正來源。平宅屋齡過大，壁癌無所不在，誘發兒子的氣喘問題，因此醫療支出與孩子的健康，都帶給娜娜很大的壓力與焦慮。此外，也因為建築物老舊，屋頂漏水嚴重，即使重新上漆也很快被滲透，房間的空間無法妥善使用，漏水的一間只能放置雜物，一家五口只得擠在同一間生活。

除了前述的硬體問題，還有安全上的考量。娜娜的先生在晚上工作，某天早晨娜娜與三個孩子出門後，先生聽到喇叭鎖喀啦喀啦地轉動，若非先生因為不放心加裝了內部門閂，恐怕早已被人闖空門行竊。雖然沒什麼家當，娜娜回想起來還是心驚：「如果是孩子單獨在家呢？」

或許是整體生活環境的問題，雖然房屋密集、鄰里相近，福民平宅卻沒有建立起人與人之間的互助與守望精神，反而因為過多弱勢戶的聚居，造成平宅被貼上負面標籤，繼而粉碎了居民對社區、自家隔壁鄰居最基本的信任。

在福民平宅，一道鋁門與一組喇叭鎖阻隔的不僅是樓梯間的積塵，還有住宅整體昏暗陰沉的氛圍。娜娜發現，作為母親的她深刻感受到後者是最難、也最無奈的一點。福民平宅竣工四十多年，許多居民長期處於貧窮邊緣、受困於低薪不穩定的工作而難以脫貧，造成不少住戶久住喪志。這讓娜娜不禁擔心，若孩子每天接觸到陰鬱絕望的人們，該如何培養出對積極生活的正向態度？因此，當娜娜得知有機會入住社宅，她的內心是興奮的，因為她想要轉變，對生活也還有期待。

在娜娜眼中，自己受幸運之神眷顧，得以抽中青年社宅。但實際上，即便青年社宅兩百七十三戶中有八十二戶保留給福民平宅的弱勢戶，卻不是每個弱勢戶都願意搬遷。雖然社宅提供分級租金補貼，其租金仍遠比借住平宅時所需繳納的維護費高上許多。以娜娜的狀況來說，她申請的社宅房型是三房兩衛，月租金八千六百元，雖然相對市價已非常便宜，相對於平宅每個月只要六百四十元的維護費，仍貴了一大截。

然而，對娜娜一家人來說，較高的房租換來的是安全。分樓層的磁卡感應，杜絕了外來人士進入同一樓層的安全顧慮。除此之外，笑口常開、多話又善於記人的物業管理警衛，更讓娜娜對新家建立起不曾有過的安全感。

另一方面，青年社宅擁有開闊的公共空間，讓住戶得以相遇、相識甚至相交，而大樓周遭有馬場町與青年公園。娜娜說：「地方變大，人的視野也會變大，生活周遭的人文和環境不同，這邊的人比較積極向上。」她發現這裡日日充滿兒少的笑語喧譁，還有青年創新回饋戶（以下簡稱青創戶）的青年夥伴們定期舉辦活動，協助她融入社區、主動認識來自各行各業的鄰居。隨著對生活的體驗不同，「視野也跟著變大了」。

最重要的還是安全感。因為有安全感，人能從防衛的姿態放鬆下來，才有機會敞開心胸遇見不同的人、認識鄰居，建立起新的社會關係，進而享受到不同的生活。此外，因為社區環境十分安全，自己更能放心讓孩子在家，得以夜以繼日為家庭的經濟打拚。當被問到只能住十二年的感受時，娜娜爽朗地笑了出來，並說：「十二年打拚，孩子也大了，我也撐過最難的日子了。只要這樣就夠了，剩下的我自己也要站得起來啊！」

娜娜的小兒子小楷隔著便利商店的玻璃落地窗，對娜娜扮了個鬼臉，見娜娜笑著做出趕人的手勢，便轉身跑進對面蓊鬱的青年公園中。「從這裡可以看到一〇一煙火，還有整個河堤。」青年社宅的大樓承載著娜娜一家人對安身的願景：一處乾淨、安全且居民互相信任的居所，讓孩子可以安全、正向地成長，娜娜也才有餘力，去面對壓在肩上的經濟重擔。

「如果不是社宅，我們可能只剩我。」——吳桑與小婷的緊張關係

「搬進社宅當然有影響啊！經濟壓力啊！租房啊！」小婷和三十八歲吳桑是一對年輕夫妻，兩人入座後，不約而同、開門見山地說起搬進社宅的外顯原因。

社宅給人的第一印象或許脫不開錢的因素，但決定住進社宅卻也不是如表面上那般容易。決定成為社宅的一員，這對於小婷和吳桑的婚姻而言，不單純只是經濟利弊的計算，更是個五味雜陳的里程碑。

同是臺北人，成長在萬華的吳桑對於臺北的生活可說是不敢恭維。「臺北不是可以追夢的地方，這裡是一個詐賭的賭局。」吳桑如此說道，但在他瞪視臺北都市生活的批判眼光背後，難掩的仍是對生活品質的渴望。他不願將青春的週末時間消耗在加班，只為了存錢買房。於是，吳桑在婚後說服妻子一同移居臺中，希望能以一個月一萬四千元的房租，換取舒服的空間和生活品質。

然而事與願違，從小生長在景美的妻子小婷卻無法習慣臺中的生活。住慣臺北的她懷念兒時老家的鄰里互動，同時也懷念臺北便利的交通、通順的人行道與舒適的生活。於是，小婷開始提議遷回臺北居住。吳桑一方面能感受到小婷的困擾，但另一方面內心卻相當抗拒。吳桑只得使出拖延戰術，對於小婷挑選的幾個租房挑三揀四；小婷雖然也對於租屋條件不算滿意，但依舊堅持，導致兩人意見分歧，形成拉鋸。此外，吳桑與小婷兩人性格迥異；他瀟灑浪漫，而她謹慎細膩，兩人既是互補的相互支持，卻也經常因此產生衝突

與矛盾。「我們品味差很多！」對於性格上的不同這點，兩人有著不約而同的共識。

當時從事接案工作，吳桑撰寫劇本，小婷則做接案設計，兩人的工作收入不算穩定。在找臺北房子的時候，這項因素也曾阻礙過兩人。幾次看屋機會，不是距離工作地點太遠、條件不適合，就是房租超過預算太多。想要在臺北住到跟臺中一樣的空間，房租至少要兩萬五到兩萬七。為了維持生活的水準，兩人都分別投入更多時間在工作存錢，這段時間反而讓兩人減少了溝通與相處的時間。

在時間匱乏及預期支出大增的壓力下，社宅被納入了兩人的選項清單。當時吳桑從朋友圈輾轉聽聞社宅的青創戶計畫，決定在最後一週死線前嘗試申請。申請前的週六，兩人還因提案方向無法達成共識、僵持不下，面對未來租房經濟壓力，以及預期臺北工作生活狀態的焦慮，時時充斥於彼此之間。

順利申請到社宅之後，相對低廉的租金緩解了令人窒息的租房壓力，而在喘口氣的同時，兩人也得以重新調整生活的步調。現在，小婷進入新公司做客製化禮品設計，從自由接案者變成了朝九晚五的上班族；而吳桑除了接案過渡期，也找到政府部門的小編工作，預計明年可以擁有更穩定的收入。吳桑說：「等明年收入穩定一點，就算遇到房租分級級距調整也比較能支應。」

雖然兩人總收入還是不多，但隨著步伐漸漸調整一致，兩人的關係也變得更穩健。穩定下來後家庭才得以扎根，也得以從長計議規劃未來。吳桑和小婷開始佛系地規劃生小孩、開始構想在臺北育兒的時間分配與生活作息調整，也更有餘裕全盤地討論一家人在六年後走出社宅之時，要如何共同面對臺北高房租的壓力。不過更重要的是，隨著入住社宅，兩人的關係出現了新的可能。

吳桑與小婷的青創提案計畫是「拍攝與記錄社宅生活的各種樣貌」。為了執行計畫，他們參與了許多活動，不僅與其他青創戶熟稔起來，也深入接觸了來自不同背景、擁有不同人生經驗的鄰居，更在與鄰人的交流中獲得意外的收穫。例如，吳桑曾經透過鄰居的介紹，陪伴一位曾在安康平宅長大的青年參與電影角色試鏡；從打扮、模擬情境到試戲練習，過程中不僅讓這位青年能夠體驗電影的幕後工作、得到難忘的經歷，對吳桑而言，更成為深刻在心底的回憶。

社區裡的人事物成了兩人新的共通話題，雖然還是圍繞著柴米油鹽，但似乎多了點什麼。吳桑和小婷說，應該就是生活。

不同於以往的租屋經驗，小婷和吳桑現在常去其他人家串門子、借工具借東西。久而久之，朋友們的孩子也放心地跑來找吳桑打電動。這種熟悉感還能延伸到寵物的行為上：另一位朋友家的貓咪經常來訪，相當熟悉吳桑和小婷的家。隨著熟悉與好感度提高，貓咪開始主動跑來兩人的家，喝喝水，或是窩在吳桑的衣櫃抽屜裡放鬆。而貓咪的主人為了找貓，也只好順道敲門進來，聊聊天、話家常。這些互動超出了夫妻二人對社宅生活的預期，成為最美麗的經驗。對小婷來說，這更是懷念的生活滋味：不僅重現過去童年時期與鄰居相處的緊密連結和親密互動，同時仍維持一定距離，保有彼此獨立的空間。

正是這些比起柴米油鹽多一點的日常互動，點亮了兩人的生活。夫妻間多了共同關心的話題，更多了與社區其他住戶的支持網絡。

對吳桑和小婷而言，申請入住社宅以減輕經濟壓力從來不是終點，而是一個喘息的機會。透過一段緩步的時間，這對年輕的夫妻得以抽空、重新校準彼此的步調，他們一面儲備能量，一面思索如何兩人三腳，迎接往後都市生活的挑戰。

突破侷限性──重建生活網絡，重新與人連結

娜娜家與吳桑家面對的生活困境有所不同。娜娜因為經濟困境，犧牲環境條件，反而造成生活的不安，繼而難以全心投入新的職涯規畫，改善現況。吳桑與小婷則是因為租屋壓力，迫使工作與生活難以平衡，造成婚姻觸礁。

不論是娜娜還是吳桑遇到的問題，追根究柢都來自工作結構的不穩定與低薪資，但是生活仍得過。已經搬入社宅的人們實際上如何善用社宅提供的喘息空間，為未來的生命鋪陳規劃呢？我們來看看幾個案例，看看入住社宅之後的人們如何生活、如何成為彼此實質的支持。

布置安穩的家──ＪＪ的床墊[1]

[1] 更多關於ＪＪ的故事，請參閱本章第二節〈成為一位媽媽──少子化社會中的社宅育兒故事〉。

「我搬到社宅之後就毅然決然地買了新的床墊。當我躺上新的床墊，看著窗外，看著貓空纜車和窗外灑進來的陽光，我覺得，這就是幸福的感覺。」ＪＪ如此說道。

ＪＪ一直想要一個家。過去，她在臺北輾轉租屋，即使每次都盡力布置，希望營造家的溫馨感，但總覺得是「為他人作嫁」。長年不買床墊就是最直接的投射：由於難以搬遷，也不確定未來的床型尺寸，床墊於是成為第一個被刪減的奢侈投資。但當ＪＪ簽下搬入社宅的租約，她馬上買下了屬於自己的床墊。

對ＪＪ而言，營造一個家的幸福感，是從選屋開始就環環相扣。從房型選擇、樓層到安全逃生規劃，ＪＪ在選擇的過程中體驗到的是對生活品質的掌控感。她為了可以從陽臺看見兒子就讀的學校，選擇了高樓層的房號：「這個房子的整個視野和整個環境都讓人覺得很幸福。」

緊湊高壓的都市生活，曾經讓ＪＪ希冀的家庭生活無以維繫，但隨著遷入社宅，選床墊、看著孩子上學，中長期且合理的人生規劃終於得以實現。

相互照應生活——愷伶的LINE平臺

「以前回到家都累得只想躺在沙發上，現在會因為有義務處理一些事情、參與一些活動，只好爬起來。然後那種感受是好的。」愷伶感嘆地說道。

公共行政專業出身的愷伶，對於社會連結與公共性有深刻的認識，於是她與好友小飯一同申請青創計畫，提出建立社宅統一對外平臺的想法。

青創計畫期待青創戶透過創意發想行動，攪動社宅內外：對內促成來自多元背景的落腳人彼此相識、相交的互惠網絡，對外則期待居民與社宅周邊鄰里有更多連結，去除一般大眾對社宅的刻板印象。

這樣的簡單想法，最終得以多彩的方式落實在青創戶的生活中。愷伶的想法是透過青創夥伴協力，共同經營幾個面向社宅居民與附近鄰里的主要社群平臺，並在平臺的經營過程中讓青創戶之間彼此更加連結，也提高青創計畫參與者整體對內與對外宣傳的效率。

這樣的串聯很花時間。在執行初期，愷伶的手機每天有百則訊息，小從居民詢問管理室電話、借螺絲起子，大至回報有人在附近徘徊、甚至有人家暴。愷伶搭起青創戶之間、青創活動與一般居民之間、甚至社宅居民與政府和物業管理之間的橋樑，也改變了她的生活。現在，她在下班時間習慣回到居所，去面對生活周遭人們的生命故事。

看著跳不完的LINE群組通知，愷伶笑笑地說：「就是相互照應而已。」主動去接觸周圍居民的青創戶，以及他們在幾棟大樓中穿梭的身影，逐漸形塑出資訊網絡的交換中心，串聯起新竣大樓中上百戶彼此陌生的住戶，讓住戶在面對轉換環境、重建人際連結和生活節奏的關鍵時期，搭上彼此的生活線。

為生命搭一個舞臺——淮媽的買買買群組

「當你的生命走到我們這個年紀，就會好奇自己還有多少能力。」淮媽這麼說道。

資深主婦淮媽在看到提案入住社宅的青創計畫時，第一念頭是好奇社宅的生活有什麼不同。淮媽一直有團購的習慣，一開始是與孩子國小同學的媽媽們，只要看到品質優良的產品，大家就會一起團購，以壓低價格。從肉類、雞蛋到有機蔬菜，淮媽一向對廠商要求較高，並為家庭做最好的品質控管。她說，這一直是她過去社交生活的重要面向。

這個簡單樸實的想法，成了淮媽在社宅生活的主旋律。淮媽主動開設群組、揪人團購，並負責分裝和面交，這也讓淮媽成為社宅的節點。透過團購的品項清單，淮媽對原本僅是擦身而過的鄰居多了許多實質上的認識，例如從買牛絞肉與鮭魚鱈魚，推敲出家裡有食用副食品的幼兒，繼而多添家常話題。

面交時與人多聊幾句話，更讓淮媽與不同的家庭建立連結。住戶間有人製作手作甜點、油飯、蘿蔔糕、泡菜，也有麵包師傅會提供小試身手的糕點。透過團購，住戶們的好手藝被挖掘，讓他們也開始以分享的心情將自己的拿手品項放進「買買買群組」販賣。雖稱不上商業化，最多是讓住戶有小小的業外收入，但這不只實現住戶間的交換，更讓住戶彼此信任，也鼓勵更多的互動。

分享好物的信任網絡逐漸擴張，使得群組內的成員從原本只有幾棟社宅的住戶，擴散到周圍的居民。附近早餐店老闆的進貨管道提供的原料品質不錯，而他偶爾也會讓社區的團購群組小量地跟進；附近值得信任的商家的相關資訊也會在團購群組中流通。

這份信任默默在居民間流動，從最基本的「生活所需」開始，將社宅毫不違和地融入當地生活中。

小結：不一樣的生活網絡──社宅成家

揪人一起達成自己本來想做的事情，需要多花一點點心力，但也能走得更久遠。當每個人在生活中多向外延展一點點、再畫個圓，圈與圈之間必然會產生交集。

「我們一方面住在這，另一方面也有自己想要過的生活。當我們將自己喜歡的生活樣貌帶給居民，將我們部分的生活時間分享出去，就能讓生活透過活動、交流，和彼此有所連結。」愷伶笑著談社宅的生活。

對於在社宅成家的人們來說，負擔得起的租金讓生活得以步上正軌。在擁有安全感與穩定的居住環境後，居民們多了一點生活的餘裕：像是娜娜和許多媽媽們能更無後顧之憂地投入工作；吳桑和小婷從緊繃的關係中鬆了口氣，能再次站穩步伐，面對接下來將在社宅打拚協調的六年生活，攜手邁向未來。

或許對許多住戶來說，入住社宅從來就不只是重建都市陌生關係、創新宣導友善都市生活等口號說的那樣。實際上，社宅提供建立人際交往的空間資源，以及保證一段時間定居的穩定感。在社宅，共同居住在這裡、緊貼彼此生活的人們，每天從自己家門內的生活向外延伸探索，找到彼此舒適的互動方式，然後相互依靠著。這樣的生活方式或許就緩解了年輕世代在都市生活所感受到的侷限，讓他們逐漸體會到生活的溫柔餘裕。

社宅臉譜

低薪社會中的社會住宅

圖片來源：本書攝影
所謂的貧窮，其實有多層意涵。人們未必是在金錢上感到欠缺，也可能因時間、收入、空間等資源的匱乏而感受到「侷限感」。（照片為示意圖，非當事人）

圖片來源：本書攝影
生活成本飛升，卻低度成長社會中，越來越多人選擇投入非典型勞動工作，或許拚得了經濟，卻也壓縮了好好生活的時間與空間。（圖片為示意圖，非當事人）

圖片來源：本書攝影
緊鄰著青年一期社宅，正在興建中的建物為青年二期社宅。社宅緊鑼密鼓的興建，提供更多住宅資源給需要的民眾。

圖片來源：本書攝影
帶腳傷的娜娜緩步和孩子去社宅樓下的便利商店挑選零食。前陣子因工車禍受傷，養傷中的娜娜不得不將兼職工作停擺。

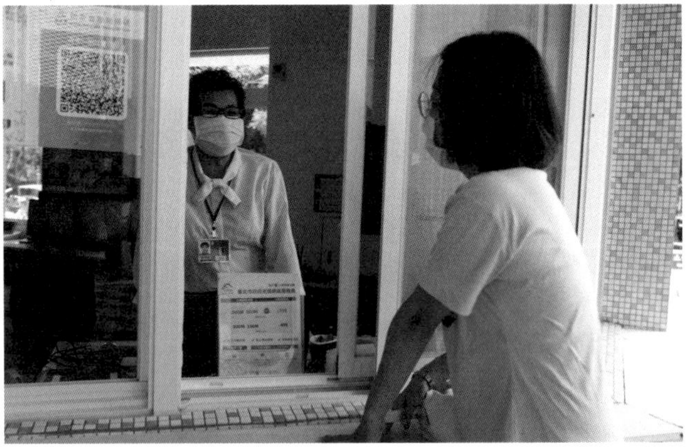

圖片來源：本書攝影
社宅的分樓層的磁卡感應，杜絕了外來人士進入的安全顧慮，再加上笑口常開的物業管理人員，讓娜娜對新家建立起不曾有過的安全感。

圖片來源：本書攝影
娜娜與孩子在可以眺望青年公園、景美溪、101的青年社宅頂樓，享受開闊的視野。

成為一位媽媽──少子化社會中的社宅育兒故事

二〇二一年，美國中央情報局（CIA）公布全球人口生育率預測報告（Country Comparisions: Total fertility rate），其中數據指出臺灣的生育率在兩百二十七個國家中排名倒數第一，而每名十五至四十五歲的臺灣女性平均只會有一點〇七個孩子，落後於同樣倒數的南韓（一點〇九）、新加坡（一點一五）、澳門（一點二一）與香港（一點二二）。

臺灣生育率持續下降，不僅對經濟造成影響，也對社會安全網的強化帶來挑戰。造成低生育率的原因，社會目前已有諸多討論。有些人認為，臺灣人的生活方式和家庭觀念已和過去有所不同，因此導致生育率降低；也有些人提出，房價持續高漲等經濟壓力，或許也導致當代人深恐難以負擔而選擇不生孩子。不過，生與不生，其實每個人心中都有自己的答案。

面對少子化的狀況，社宅的住戶在養育子女方面更有多的資源可以使用，得以減輕他們育兒的壓力。那麼，居住於社宅的備孕與育兒家庭又是怎麼看待生養孩子的問題呢？低居住成本會是提升低迷生育率的「最佳助攻員」嗎？

本書採訪的備孕與育兒家庭恰巧都是青創戶家庭。他們以提案計畫甄選入住，用執行計畫的方式換得入住社宅的機會，因此由他們觀點出發的社宅育兒故事，或許能為臺灣社會的「生與不生」，得到一些不同的解答。

「有限的薪水該買房子還是養孩子？」──元維的兩難

三十四歲的元維，是住在臺北市南港區東明社宅的青創戶。她在接受採訪的前一個月，剛跟交往數年的同齡男友步上紅毯。

打扮入時的元維是企業護理人員，先生先前則在士林開設一間小餐館。他們在入住東明社宅前都各自跟家人住，東明社宅是他們第一個一起生活的家。如同許多新婚家庭，元維與先生也默默期待著孩子來到生命之中。但在這份期待之下，也潛藏著許多時間、心力、經濟等種種考量與擔憂。

元維認為，其實自己的心態還沒有轉換好，會覺得自己才剛大學畢業，好像還在理解自己的生活和興趣，卻在轉眼之間就到了必須為人生做出重大決定的歲數。學護理的她清楚，三十五歲上下就是生孩子的最後期限，但未來若有孩子，卻又將為自己已逐漸上軌道的生活帶來無數改變。

「養是一個問題，育也是一個問題，要找托嬰、學校……不能讓小朋友輸在起跑點，有限資源要怎麼分配也是很大的考驗。」元維認真地思索道。不只教育，孩子出生後該自己照顧或請誰照顧，以及居住空間是否足夠育兒，也都需要好好思考。

元維曾說，她目前的薪水雖然足夠生兒育女，但是如果要考慮買房，就變得較為困難。她不想跟朋友一樣，為了養孩子與房子，徹底犧牲了生活，不僅每個月的月底都過得十分窘迫，有時還得跟親友調頭寸。確實，對無後援者而言，買房子、養育孩子與生活，三者若要同時兼顧是一大挑戰。

元維認為，若孩子能在居住社宅的期間報到，承租兩房或三房型六年，會讓他們比較敢於想像育兒的日子。「優先減輕的負擔就是租金和這六年的穩定生活。小朋友一到六歲都可以固定住在同一個地方，即便工作有異動，也不會那麼慌，至少有個根。」曾經歷房東臨時收回房子的元維，深刻體認居住穩定性的重要。儘管不能一輩子住在社宅，但相對於租屋市場的不確定性，明訂居住年限的社宅反而讓人安定許多，而且每月一萬多元的房租就能住在理想且可負擔的空間。

元維直率地說，她並沒有覺得這輩子一定要買房，以自己目前的薪水來說，養自己、小孩、爸媽，扣掉這些花費後怎麼會有多餘的錢？此外，考量到資源與居住空間都有限的情況下，她覺得一個小孩就夠了。然而先生嚮往生兩、三個小孩，也因害怕「居無定所」而想要買房。在物價、房價皆高的時代，所謂的理想家庭生活仍像是位於看不到盡頭的彼端，他們也只能咬牙向前。

「我們發現青創戶的條件都不是太差，也很努力打拚，但是都還是被歸類為在臺北買不起房的人，這會讓我很好奇究竟臺北這些房子都在誰的手上！」為買房努力、但又深深體認高房價現實的元維半無奈地說著。

居住、生活與生養孩子的品質，三者的重要性在這個世代的育兒家庭中相互拉扯著。對元維夫婦來說，居住在社宅，為他們即將到來的忙碌育兒人生，提供了一個稍稍喘息的機會。

「生孩子容易，有品質難。我也想當從容的媽媽。」——ＪＪ的心聲

前文提到的ＪＪ是當代典型的職業婦女，工作、育兒兩頭燒。這天，ＪＪ晚上六點多一下班，就匆忙地趕回位於臺北市文山區的興隆Ｄ２區社宅，邊吃晚餐邊接受訪談，而本來要一同過來的八歲獨子因為隔天要月考而留在家。

這個尋常的晚上，只是ＪＪ漫長育兒戰鬥人生中的一晚。她的另一半在新竹工作，待在臺北的時間少，平常主要都由她自己帶孩子。

「我是土生土長的臺北人，住在文山區至少有三十五年了。」ＪＪ開門見山地介紹自己在七歲就搬來文山區居住的過往。但在搬來社宅前，ＪＪ其實帶著兒子搬了好幾次家：母子兩人跟爸爸在新竹住了兩年，先是因為不習慣而搬回住了三十多年的娘家，再因兒子長大、弟媳搬入，空間不足的情況下，母子倆再次搬離娘家。

他們就近搬到娘家旁的社區，一個月租金加管理費要一萬八千元，而房子也只有十幾坪大。「房子很小、家具很破、不通風、牆壁長霉，主臥室也會漏水。」ＪＪ如細數前任情人缺點般地一一點出前房子的「缺失」。

此外，對ＪＪ而言，那段時間不僅居住品質不佳，育兒生活緊湊讓她每天都有如打仗，在通勤時間長的狀況下更是如此。ＪＪ提到，她平常的通勤時間隨便都要四十分鐘以上，晚上要看小孩功課，要早睡，然後隔天早上七點五十分要到校。長期下來，她覺得和孩子之間的生活變得越來越沒有品質。這場戰役的主將ＪＪ無奈地述說：「雖然是我們自己想生小孩，但我們不是想要過這樣的生活。我也很想當個從容的媽媽。」

ＪＪ提到，許多雙北家庭為了居住空間，更是以拉長通勤時間來換。她說：「有朋友的家在土城，常常一家人早餐、晚餐都在車上解決，每天都要通勤兩個小時，回到家都晚上八、九點了。每天都過這樣的生活很痛苦。」

生孩子容易，但要有品質的育兒生活卻一點都不容易。這也是ＪＪ當初選擇住在娘家附近的原因。有時她可以請娘家父母協助接送小孩，至少讓這場偽單親的育兒之戰有了一點後援。

於是，當ＪＪ得知娘家附近在蓋社宅，全新的房子和每月尚可負擔的租金更是大大地吸引了她。為此她認真寫了提案計畫、爭取入住。「與其被選擇，不如主動爭取。」ＪＪ這麼說道。此外，她也讓屆學齡的兒子就讀社宅對面的國小，得以每天在上班之前親自送兒子上學。

「整體很滿意。我們選的是二十四坪的兩房型，比之前的租屋大，分級租金補貼後實際繳納的房租又比過去便宜，而且生活品質比之前好很多。」在ＪＪ的形容下，住在社宅兩年多，如同來到滿是幸福泡泡的居住生活。「住了社宅，讓我開始覺得『住』真的很重要。入厝那天，我還慎重地買雞腿和弄一碗飯去廚房拜地基主。現在，我完全把社宅當自己家，也希望未來不要再住得更差。」ＪＪ心滿意足地說。

另外，住在社宅不同於住在一般電梯大樓那樣鄰居間互不相識，社宅的青創計畫讓住戶之間的連結加深不少。ＪＪ隨手拿出手機，秀出豐富的社宅生活。不僅大人之間多了團購、運動夥伴，獨生子也有了玩伴。

ＪＪ執行「小小沙發客計畫」，邀請了幾位鄰居的孩子來家中看電影、玩桌遊。ＪＪ分享，她之所以想到這樣的計畫，主要是因為自己只生一個孩子，常看他一個人在玩，就希望幫他在社區找些玩伴。

儘管為了理想的居住環境，ＪＪ必須花很多心力執行青創計畫，也讓她原本就忙碌的職業婦女生活更加繁忙，但換來的是大幅增加的自在感。「現在，孩子睡了的時候，我有自己的地方跟時間，很自在。跟我媽媽住的話，她還可能會看不順眼我帶小孩的方式。」ＪＪ笑著說。

當了媽媽後，忙裡偷閒的片刻就足以讓人感到很滿足。對ＪＪ而言，夜深人靜時擁有一個自己的空間，能與自己好好地相處，就讓高壓緊湊的育兒生活多了一絲餘裕。

「我們一直想要買房，卻不太敢再想。」——三寶媽媽Lina的選擇

若說不生孩子或只生一胎是現代家庭的常態，那擁有三寶的Lina夫婦就是許多人會刮目相看的「關鍵少數」。

Lina夫婦是住在臺北市萬華區青年一期社宅的青創戶，育有兩個女兒、一個兒子，分別是五歲、三歲和六個月，都還是十分年幼的年紀。三寶家庭常會被外人開玩笑說「老公

賺很多或婆家是不是『很有』」。言下之意，人們常常認為就是要夠有錢，才有本事生那麼多胎。

但其實，就連他們的父母都為他們感到擔心。「我答應先生生第三胎後，我爸爸給了我一個很大的紅包，要我答應不能再生第四個。」Lina笑著分享。對Lina的父母來說，他們深知現代社會的生活開銷和壓力都大，所以捨不得Lina夫婦因為多生養小孩而影響生活品質。

實際上，為了有品質地陪伴孩子，他們的確做出許多取捨。例如Lina在老大出生沒多久就毅然決然地遞出辭呈，回家照顧孩子。除了從雙薪家庭變成單薪，家庭支出必須有效控管之外，也因為孩子數多，夫妻倆必須再重新尋覓合適的居住環境。

Lina婚後與先生在萬華一棟舊公寓的五樓住了七年，在那懷了老大和老二。有了孩子後買菜變得十分不方便；Lina跟媽媽常是一人先上五樓去放菜、另一人在樓下顧孩子，然後兩人再一起把嬰兒推車扛上去。Lina獨自帶孩子出門買菜則是前面揹著孩子、後面揹著菜，同時再牽著另一個孩子的手。Lina笑稱，這樣的日常就像一道難解的數學題，總不能把菜或其中一個孩子扔在樓下。

「要有電梯，空間又足夠一家五口住，租金預算有限，同時也期望不要住得離雙方父母太遠。」這幾個條件下，Lina他們找了兩、三年房子都不太順利，甚至曾想過買房。但是只要居住成本變高，Lina就必須找份正職工作來分擔家計，就無法再花大把時間參與孩子的成長歷程。「生了孩子卻沒有辦法陪他們，生了好像也沒有意義。」Lina一語道出兼顧經濟與育兒的兩難之處。

當夫妻倆聽說租屋處附近的青年社宅將招租，租金相較於周邊同類型的房屋要來得便宜，還有分級租金補貼減輕負擔，這讓兩人覺得社宅就像是實現熱鬧家庭生活最好的解方。後來，Lina一家承租了二十七坪的三房型，分級補貼後是一萬一千八百元，比舊家坪數更大、環境更好。對他們而言，這裡只比上個租屋處貴了八百元，卻是他們夢想中的房子，而且這在一般租屋市場內，租金可能要兩萬五千元上下。

同時，社宅一旁的新店溪水岸、馬場町、青年公園也很適合帶小孩來此玩耍。Lina認為，這邊雖然沒有舊家熱鬧，但在家就很舒服，不一定要出門。有時候她覺得落地窗好像是Discovery頻道，孩子會去看窗外，觀察大自然，看鳥或看臺北一〇一有沒有被雲遮住。入住一年多來，Lina覺得社宅帶給他們一家與以往非常不同的居住體驗，不僅這裡的採光和通風非常好，還有前後陽臺可以曬衣服，公園跟交通也很方便。

如同許多人，在入住社宅以前，Lina夫婦心中一直存有讓居住品質變好的期盼，然而迫於現實，他們將這份期盼一直深藏於心中不敢多想。雖然一直想要買房，但是看到不成比例的房價和居住品質，他們也只好轉念，盡量讓現有的環境住起來舒服。

臺北居，大不易，無論是對非臺北人或臺北人來說都是如此。「我們是天龍國的孩子，常常會覺得有點原罪，既沒有鄉下也沒有透天厝在等著我們。娘家附近的房子一坪要價九十八萬，不用說買，就連租屋都很貴，我還找不到這輩子自己會歸依在哪裡。」Lina傳神地描述臺北人為居住所苦的心聲。

Lina也曾經想過，不如把舊公寓裝潢成自己喜歡的樣子，但沒有想到那麼快可以住進理想的房子，儘管不是自己的房子，只是短暫地擁有而已。

Lina像個天生的媽媽，但其實現在育有三個孩子的她，與以前的自己有很多不同。「以前，我不覺得自己會是全職媽媽。我很愛賺錢，當媽媽這件事情完全扭轉我的人生，但現在的我甘心樂意在家裡陪孩子長大。」Lina描述道。

工作、家庭、居住、夢想，當人年紀越大後，總是得被迫在其中做取捨。Lina選擇了以孩子為優先，暫時放下了全職工作，但後來反而誤打誤撞地成為身兼多職的斜槓媽媽；她既是一位母親，也是一位國小代課老師、翻譯社校對、插畫家，現在更籌辦手把手地陪伴多位母親育兒的青創計畫、長者藝術計畫。

入住社宅，讓Lina夫婦有了不一樣的人生選擇：在居住成本降低之後，他們不用賺多，也能夠過上嚮往的熱鬧家庭生活。在少子化社會中，擁有三寶的Lina夫婦是關鍵少數，卻讓人相信儘管是平凡家庭，還是有機會擁有多孩的陪伴，並過得幸福。儘管他們不是因為居住社宅才成為三寶家庭，社宅仍扮演著幸福生活中十分重要的催化劑。

延伸思考：對幸福的家抱持的想像

生與不生之間

當被問到什麼是幸福的家，每個人腦海中出現的畫面都不一樣。可能是一張舒適的沙發椅、一張可以好好吃飯的餐桌、一張得以徹底放鬆身心的床，也可能想到一個能有充分陽光注入的空間。不過在這個空間中，是安靜地獨自一人，還是一家人吵吵鬧鬧的呢？儘管本篇五組受訪的社宅家庭對家庭的想像存有許多不同，他們共同的期盼都是「成為父母」。

但這是個人們想要有孩子，卻必須節制地不敢生、或不敢多生的時代。在現代工商社會，薪水跟不上物價的漲幅，雙薪家庭工時又長，每個人每天幾乎都在與時間賽跑，緊湊得幾乎塞不下其他事務，更別說是塞入孩子。比起養不起孩子，更怕給不了孩子有品質的生活，像是充足的陪伴時間與成長空間。於是，有些人乾脆不生了。另外也有不少人是在工作與經濟狀況都比較穩定後，才敢生孩子。

對元維來說，房子、小孩、自己、父母，綜合起來考量後，就產生了資源如何分配的巨大課題。顯然，養孩子與買房子還未發生，但這兩個選擇相互影響。想要孩子，就難以買房。儘管退而求其次，選擇先租房，在預算有限的情況下，她也只能承租不怎麼滿意的環境，而這也會影響著生育小孩的數量考量。

此外，生與不生，不只需要考慮經濟狀況，還得考量時間分配的問題。

青年社宅的青創戶小惠與阿政兩人都是三十七歲，是大學同學，相識相戀十多年，養著一隻狗狗，而二〇一九年年中，女兒可可加入了這個家庭。可可出生後沒幾個月，就跟小惠夫婦一同搬入社宅，在這裡學爬、學走、上學。訪談中，小惠不時溫柔地與坐在她腳邊玩耍、牙牙學語的可可講起話來。

「當了媽媽之後，我才發現原來我可以這麼愛一個小孩，」小惠當媽媽的種種快樂，「有了孩子之後，就發現孩子怎麼那麼可愛，會反覆看她的影片。現在去哪都會想到可可，去哪裡吃東西也都是以她為考量。」可可出生後，小惠的人生重心更是轉到了可可身上。工作方面，小惠從原先充滿挑戰的外勤記者工作調到內勤。她說：「目前我都是以能夠陪伴孩子為優先來做取捨，即使工作不再有趣。」

不過，當問起洋溢幸福神情的小惠是否還想要更多孩子，出生於三個孩子家庭的她說，三個孩子是很棒的平衡，孩子彼此可以相互支應，但她只希望最多再生一個，讓可可不孤單就好。「我其實不敢想像生了老二之後，我的日子會多可怕。」小惠直率地吐露。這也是許多人的心聲，畢竟生養孩子不只要衡量經濟能力，還包含個人時間的壓縮及種種變化。

然而，居住社宅的這幾年，讓小惠與阿政最感謝的是可可在公托獲得的成長。小惠認為，住在社宅對自己的影響很大，他們一家很幸運地候補到社宅樓下的托嬰中心。學校重視培養孩子的生活自理能力，會讓小孩練習自己備餐、清潔桌面和洗抹布等。而且公托旁邊有一塊綠地，所以只要是晴天，老師都會帶小孩在社區散步，每週也會去一次附近的青年公園，這對小孩的成長有很正面的幫助。

然而，可可即將滿兩歲、得從公托畢業了。小惠與阿政在附近尋覓不著滿意的幼兒園，於是認真考慮並決定為了可可的學習，提前搬離社宅、離開臺北。雖然他們選擇前往外縣市，但小惠強調，之所以能下定決心如此決定，社宅經驗絕對是一大因素，正因為在這裡體會到居住品質和教育、休閒對孩子的重要性，才促使他們追求更好的生活。

從社宅長出的育兒互助網絡

有些人會好奇，社宅的居住成本比較低，是否可能鼓勵生育。不過決定生兒育女的考量非常複雜，而入住社宅雖然舒緩了居住負擔，但仍有日常生活開支等問題等著夫妻共同思索。此外，社宅的六年居住年限說短不短、說長不長，小孩的就學問題也必須一併納入思考。

但對於沒有小孩的家庭，他們卻覺得在社宅生育孩子會比較不辛苦，也盼望孩子能在租期相對穩定的社宅長大到五、六歲，減輕新手爸媽期的大小衝擊。

興隆D２區社宅的青創戶吳桑和小婷夫婦倆約三十五歲上下，也同樣在等待孩子於居住社宅期間報到。他們認為，住在社宅除了租金比較省，也認為可以請其他青創戶相互照應。吳桑和小婷半開玩笑地說：「像我們都想當小辰[②]的小孩，或是給ＪＪ、愷伶、小飯、玟秀[③]帶，就不會餓著，給朋友或家人帶反而可能還要考慮一下。但從青創戶辦理親子活動的過程，還有他們對待孩子的方式，就感覺他們很可以。」

在一般都市生活中，來自五湖四海的鄰居互不相識，更遑論相互幫忙，但社宅的青創計畫強化了住戶之間的聯繫，也因此長出了另類的育兒互助網絡。除了ＪＪ的「小小沙發客」青創計畫，既幫鄰居育兒，也幫兒子找玩伴，小惠的「可可媽媽故事屋」跟Lina的「培力媽媽」計畫也提供了免費的育兒資源。

ＪＪ的小小沙發客計畫是讓小孩子來參加活動，像是一起做剉冰、玩桌遊，爸媽則可以陪同或在家稍事休息。有次下午兩點到四點的活動，小孩子玩得太盡興，到五點半才離開。ＪＪ分享道：「當媽媽後，兩個小時空檔就很珍貴。我希望讓家長喘口氣、去放空。像有個孩子的家長就跟我說他睡了一場很好的午覺。小小的計畫，造福了六個家長。」

小惠執行的可可媽媽故事屋，則是講繪本故事給小朋友聽後，再帶小朋友做與故事相關的活動。她曾帶小朋友做聲音遊戲，也曾經請吉他老師來現場演出。「我滿得意的，我的活動都秒殺。」小惠笑著說道。而且，不只社宅住戶，附近社區的家長也常帶孩子來參加小惠的活動。「可可在社宅有很多小玩伴。」小惠分享道。她說，入住社宅的一大優點是參加青創計畫，因此結識很多鄰居，有些小朋友年紀差不多的就會玩在一起。以前住在其他地方都是獨來獨往，在這邊則跟鄰居有比較多的互動，這些都是之前沒有過的。

在社宅中，不只有陪伴孩子的活動，還有媽媽們的培力活動。Lina的青創計畫除了請由社區住戶組成的保母老師協助帶小孩，讓媽媽喘口氣，還會教媽媽如何育兒、與配偶

②更多關於小辰的故事，請參閱本章第二章第五節中的〈自然永續的日常〉。

③更多關於玫秀的故事，請參閱本章第三章第四節中的〈跳脫傳統框架，「青創視角」中的社造日常〉。

相處，也會組織共學團。Lina說道：「媽媽可以在上課這段時間專心思考孩子和丈夫的關係，並讓他們在這個氣氛下得以自我肯定。之所以組織共學團，則是希望媽媽們從同學變成朋友，建立友誼。」

在Lina的計畫裡，每年參與的十位媽媽，到了隔年就會擔任保母老師。這項從入住社宅前就發起的計畫，目前已辦了三年。一起辦活動、聊天過程中，藉由共事彼此建立信任感，讓這些住戶不單單僅是鄰居的角色，也成為大家的戰友。Lina一一細數著與社宅鄰居的珍貴互動並接著說道：「我們曾經在大半夜為了煮宵夜去跟鄰居借刀具，很悶的時候也會去其他人家裡串門子，小孩則一起到他們家打電動。」

綜觀前述，社宅相對緊密的人際網絡，不僅讓許多獨生的小孩多了玩伴，也讓不同家庭間得以在生活中相互補位協力，真正實踐「遠親不如近鄰」，也讓彼此的心靈有了另一種依靠。

小結：相伴一段育兒人生

本書採訪的幾個雙薪家庭，他們每月的理想租金都是一萬多元。這樣的預算若放在一般都市租屋市場上來看，很可能租到空間不足、較老舊的老公寓。相仿的租金，選擇社宅卻可以享有夠充足的空間，以及充足的陽光與風。此外，電梯對時常要推嬰兒車進出的育兒家庭來說也是一大福音，而許多社宅樓下設有的公共托育中心與幼兒園，更讓育兒家庭方便接送、減少通勤成本。

形同國家安全問題的低生育率問題很複雜，絕非以高房價等於低生育率，或是低房價等於高生育率可一語概括。就算社宅越蓋越多，也不可能就此大幅改善原本就低迷的生育率。但可以確定的是，當一個人除了無力買房，也在租屋市場上載浮載沉，需要不定期地搬遷，連安穩居住都是奢求時，如何要他勇敢想像安心成家的可能？若一個社會能讓人民有更好的居住生活及合理居住的機會，就可能讓人民在面對「生與不生」這件人生大事時，更加拿回自我選擇權。

在諸多大環境條件仍未改善下，少子化社會依舊可能繼續朝少子化的方向前進，而孩子也仍是父母肩上既甜蜜又沉重的負荷。但居住在社宅的這些年，仍讓本書採訪的這些家庭，在這個時代創造了一段相對美好的育兒歲月。

社宅臉譜
媽媽們的社宅生活

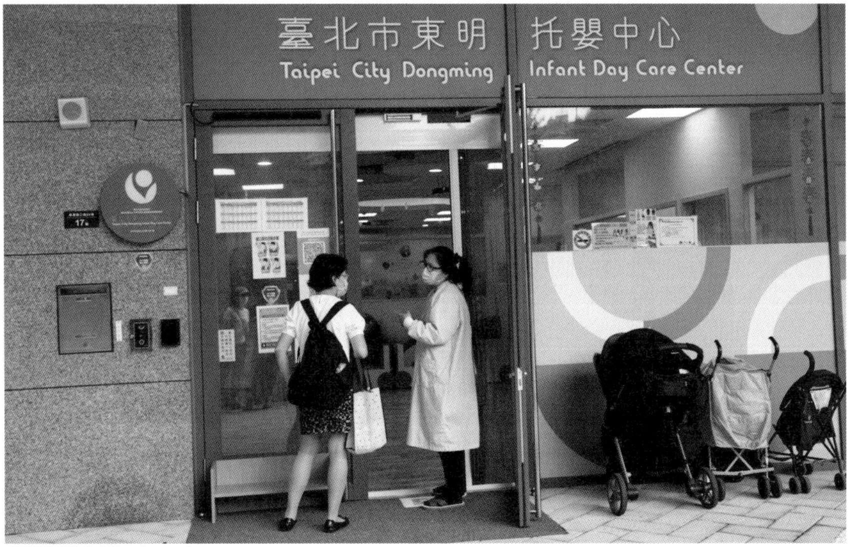

圖片來源：本書攝影
社宅低樓層的社會福利設施，托嬰中心、幼兒園是其中常見的服務類型。部分社宅家戶如青年的小惠、興隆的小辰，得以幸運地將孩子就近托育，而孕媽媽元維也期盼寶寶出生後能順利抽中東明托嬰中心。

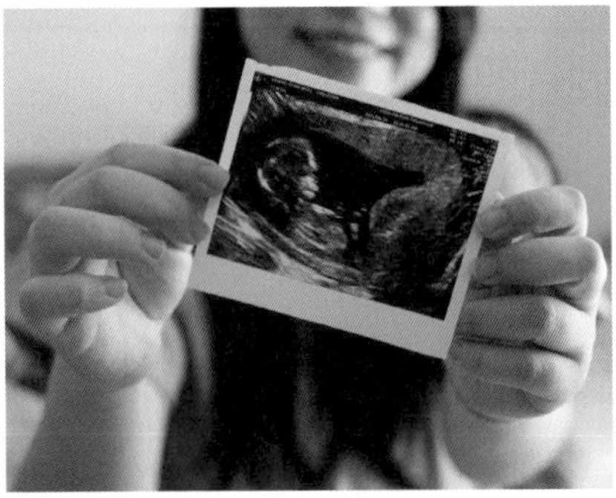

圖片來源：本書攝影
在採訪後幾個月，得知了元維懷孕的好消息，原本在生與不生中抉擇的她，開心迎來第一個寶寶。

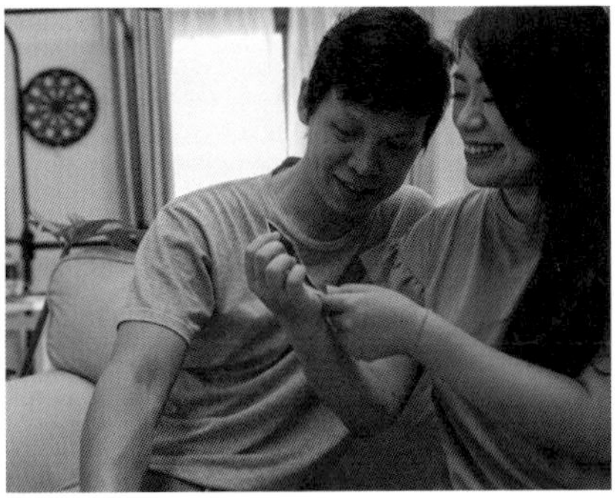

圖片來源：本書攝影
東明社宅是元維和先生第一個一起生活的家，在這之前他們分別各自跟家人同住。拍攝當天元維剛好做完產檢，和先生一起欣賞最新的超音波照片。

圖片來源：本書攝影
JJ 平日的一天從早上六點半的鬧鐘開始，忙著準備早餐、梳洗，七點叫兒子元元起床，七點半送兒子到家對面的國小上學後，再騎機車去上班。居家上班、上課期間，媽媽有了稍微喘口氣的時間，和兒子共進早餐。

圖片來源：本書攝影
開學倒數，媽媽居家工作之餘，也要盯著元元的暑假作業進度。這樣的場景也是日常晚間 JJ 的例行工作之一。

圖片來源：本書攝影
住進社宅後，元元擁有了自己的房間，他說自己最喜歡在地毯上拼樂高。

圖片來源：本書攝影
家中客廳的窗戶可以直接俯瞰兒子的校園。JJ 分享道「有幾次聽到下課鐘，往操場望，就能窺見兒子正在踢足球。」

圖片來源：本書攝影
住進了有電梯的家，三寶媽 Lina 總算能獨自一人，輕鬆地帶著三個孩子和大包小包的行囊一起出門。

圖片來源：本書攝影
鄰近青年公園、馬場町的青年社宅，是育兒和養寵物的好居所。青年公園的魚池是 Lina 和孩子散步的中繼站。

圖片來源：本書攝影
和 Lina 一家在社宅旁邊的青年公園散步，路上孩子輪番因著不同事件有情緒。耐心的 Lina 向我們說道：「兩個較大孩子都了解父母共同訂出的規範為何，所以他們可以抉擇做出正確決定的結果，或是承擔做出錯誤選擇的後果。這是孩子學習長大的過程。」

圖片來源：本書攝影
可可畢業於青年社宅樓下的蒙特梭利托嬰中心，讓小惠和阿政更加重視可可的幼兒園學習環境，為了尋找更親近自然的學校，他們決定離開臺北移居宜蘭。

圖片來源：本書攝影
同為在臺語母語家庭長大的阿政和小惠，平常和可可溝通的日常語言是「臺語」，當天小惠用臺語對可可說故事。

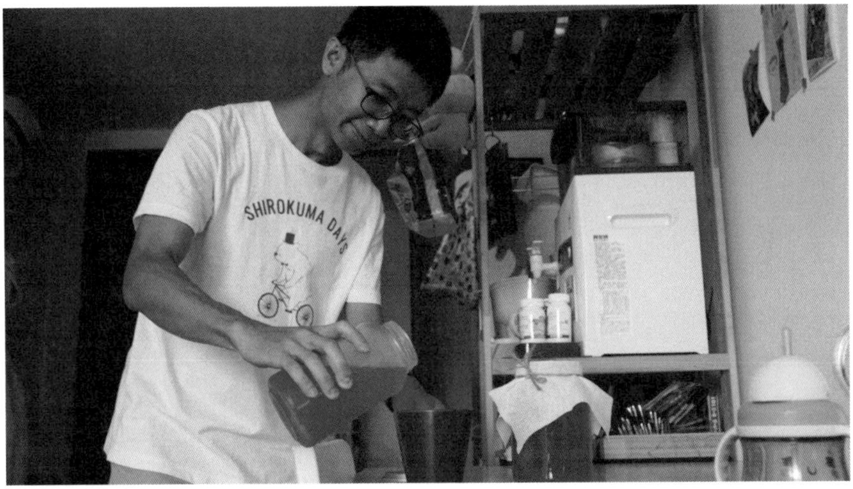

圖片來源：本書攝影
阿政和小惠參加藝術家陳科廷的發酵工作坊後，開始培育康普茶。康普茶需要定期餵「糖」，因此家中除了小狗麵麵外，又多了另一個另類的「寵物」。

圖片來源：本書攝影
Lina 和小惠兩家人，因為年紀相仿，也有著年紀相近的孩子，在社宅結為好友，拍攝當天兩家在社宅中庭巧遇。

圖片來源：本書攝影
小惠家的狗麵麵，會兇陌生人，足夠空曠的馬場町是小惠一家遛狗的好去處。

漂泊的靈魂能靠岸嗎？──高齡社會中的社宅長輩故事

二〇二〇年，臺灣人口首度負增長（即死亡率高於出生率），而這與社會的老齡化與少子化有著必然的聯繫。

對於臺灣社會而言，社會的老齡化導致長期照顧、高齡獨居及孤獨死等問題，成為正在面臨且亟需解決的問題。面對各式各樣的討論，社宅是否能成為「善待老人」的其中一條路徑？尤其，在始終居高不下的房價背後，沒有房產的獨居老人在租屋市場中困難重重，而社宅如何為他們在荊棘中開闢出一條道路？入住社宅的長輩都有著什麼樣的故事、又有著怎樣的居住經驗？社宅提供了什麼、又有哪些不足之處？

接下來，我們將一起來看兩位長輩的人物故事：一位是自年輕時候就從南部北上打工的張霞奶奶，另一位則是遠嫁臺灣的大陸籍新住民李曉怡奶奶。她們在北部都沒有自己的房子；張霞奶奶一直在臺北輾轉租屋，李曉怡奶奶則一直居住在安康平宅。對她們來說，隨著年紀增長，在外面「租屋」成為一件越來越困難的事，而社宅不僅為她們提供了一個庇護所，也為她們開啟了嶄新的生活。

顛沛流離異鄉人，無處是歸家——張霞奶奶的北上租屋歷程

照顧八十歲張霞奶奶的社工告訴我們，住在東明社宅張奶奶一直以來都是社會局列管的照顧對象。長期以來，其實有不錯的社福資源支持著奶奶；她的家正好在物管辦公室對面，讓她偶爾會在家門口巧遇總幹事，可以藉著不期而遇默默的關心。奶奶有一點戒心，需要幫忙，卻又不希望別人太干涉自己的生活，所以總幹事找社工來協助。久而久之，奶奶也便信任且依賴這位社工了。

了解大致情況後，社工才引我們去見張霞奶奶。鈴響開門後出現在我們眼前的是一個小小的身影。奶奶的頭髮看上去是自然捲，但被梳得服貼、素樸乾淨。她跛著腳迎接我們，上頭則纏著紗布。奶奶一邊叨唸道傷口反反覆覆好多年了，一邊讓社工幫她查看傷口。她的雙腳患有蜂窩性組織炎，目前左腳好了，右腳則有個大傷口需要清創。而她似乎總是忘記藥品的種類，總是抗拒前來協助的護理人員，以至於傷口未被好好照顧而潰爛。

張霞奶奶身上有一種長期獨處之人多少會有的警戒與敏感，但長期和她相處過後，就知道一旦她信任了你、願意與你聊下去，便會越聊越深，告訴你關於她的那些往事、那些孤單。

八十歲的張霞奶奶未婚，膝下無子女，是低收入戶。她大半輩子都在臺北租房，這是她第一次住進社宅。

二〇〇八年的時候，因為原本住的吉林路空軍的房子要拆遷，她就透過社工的幫忙住進了位於八德路的一所民宅，是合租屋，裡頭有四間雅房。「我覺得房子看起來還可以，不用買床鋪，打地鋪就可以，還有一個衣櫥可以放棉被。」於是張霞奶奶和年輕的房東簽了一年合約，租金五千元。這位房東很和善，張霞奶奶也一直住到二〇二〇年；那時房東離開臺灣，於是房子被移交給另一人打理。

高齡者在外租屋很困難，這也讓奶奶有些難過：「現在的房子不租老人，但老人跟年輕人一樣都要繳錢，為什麼不租老人？這很不公平，老人會動會做事，租給我們有什麼關係？」

後來，張霞奶奶用特殊戶去申請健康社宅，排到了候補，後來又申請東明社宅，很幸運地排入了名單。但面對可以搬入社宅的幸運機會，奶奶其實評估了很久。要搬入社宅，她必須從原本住慣了的區域搬去陌生的南港；而且社宅沒有附家具，冷氣、洗衣機都得自行購買，其中光冷氣就要三、四萬。不過最後張霞奶奶在決定只用電風扇的狀況下，在二〇二〇年五月正式遷居東明社宅。社工說，奶奶常常一個人去社宅樓下的全家便利商店坐著乘涼。對老人而言，離開了原本的生活圈，其實也就失去了不少連結。

環顧張霞奶奶的住所，她的臥室中有一張單人床，正對著一臺小電視，而外面的客廳有些清冷，有著不成套的大小兩張沙發、疊起來的圓凳、一張茶几，還有幾個紙箱。奶奶的廚房沒什麼開伙的痕跡；雖然她說自己會用電鍋簡單煮點東西，但廚房裡卻沒有多少醬料。此外，她在廁所外放了一塊瓦楞紙墊著，就充當了踏腳墊。種種看來，她的家簡單到彷彿可以隨時搬走一樣。但這樣的簡單，其實是過往的艱苦所致。

原來，張霞奶奶自小就沒有母親，三歲的時候則失去了父親，和姊姊兩人相依為命，後來搬進叔叔家後，就在家鄉種田。

十幾歲時，張霞奶奶離開家跑到臺北工作，友人也幫她介紹了在臺北車站附近的工作。「那時候我住在中華路那邊的房子，每次聽到火車來，心裡就會好難過、就會哭，很想家。」但那時的她還不太知道要如何買火車票回去，只好半夜三、四點去臺中，再坐車回南投，只是回來了反而又覺得不習慣，種了一陣子田以後，又回到臺北工作。

「我以前在臺北什麼都做，到別人家裡帶孩子、煮飯，去到電子工廠，有什麼工作就做什麼，手也因為這樣做到歪掉，都會痛。」張奶奶邊說邊伸出自己的雙手。她的手是一雙做工的手，指節無法展平，呈現出一種樸實、操勞過度的樣子。奶奶身上有許多病痛。有天早上她要去馬偕醫院，走在中山北路的一條巷子裡時發生車禍，當時的骨折舊傷導致她現在只要天氣熱，腳就會發癢。

張霞奶奶唯一的姊姊已經去世了。她的姊姊結過婚、有兩個孩子。雖然張霞與他們的關係並不親近，但這次搬家，她原本一直找不到人幫忙，最終也多虧了侄子們的協助。她補充道：「我這張床，也是他們用不到，所以給我的。」

奶奶不喜歡搬家，常常覺得搬家是件麻煩事，尤其每次搬家都要丟掉一堆東西。但當她知道自己可以在東明社宅住上十二年，她便感到有些心安了。至少接下來這些年，她可以有個穩定的落腳處。即便她用不慣社宅的電磁爐，所以平時大多就是煮個米飯配點罐頭，以及在菜市場逛逛買一把青菜回家燙了吃。

張霞奶奶本來就沒什麼朋友，平常不是出去散步，就是在家看電視。或許，從小到老的生命經驗，讓自我封閉成了她的保護機制，也讓她更不容易對人產生信任感、卸下心防。「我自己心裡苦，跟外面的人講也沒用。從小沒有父母在身邊，心裡就很苦，也不知道人老了之後會走到這一步。一個人在這個地方，租這個房子住，身邊沒有人。但還好有租到這個房子，否則的話現在也不知道會在哪裡。」張霞如此述說社宅對她的意義，讓她有可靠且穩定的環境，繼續走接下來的人生。

也許這間屋子不盡完美，但社宅足以庇護一顆堅韌的靈魂。也許入住社宅的這段期間，能讓主人的心和屋內空間都漸漸豐富起來。

陸籍「新住民」，從安康到興隆──曉怡奶奶的嶄新生活

七十二歲的曉怡奶奶是九〇年代從中國來到臺灣的新住民。她出生於一九四九年，在一九九〇年嫁給一位榮民。她說，那年她剛下飛機的時候，就覺得臺灣很好。

曉怡奶奶祖籍南京、在湖南長大，即便已經來到臺灣三十年了，言語間仍舊有著一股軟糯的口音，講話給人的感覺平穩而親切。她一頭白髮整理得乾乾淨淨，身上的衣裳也洗得清清爽爽，如果湊近一點，彷彿就能聞到陽光的味道。

當年，中國大陸的「新住民」要來臺灣可不容易。和先生結婚後，她要先在大陸待滿

兩年，才有資格來臺探親。第一次探親是三個月，期滿後得回去，第二和第三次也是三個月，之後則是半年，才能申請居留。遠嫁的路漫漫，但李曉怡的內心是滿足的——在大陸的前夫有外遇，而臺灣這個新環境讓她有了新生活、新生命、新期盼。

不過，在那個年代，剛到臺灣的大陸新住民不能立刻工作。曉怡奶奶認識一對外省老夫妻，丈夫有失智症，妻子便雇用她來照顧自己的丈夫。奶奶告訴我們：「我從來沒照顧過這樣的人，但她是空軍醫院的護理部主任，她就教我。」

有了照護經驗，後來曉怡奶奶拿到長期居留可以工作後，也便繼續從事這一行，而被她照顧的人都很喜歡她。房子也是，自從她和先生在木柵路的安康平宅住下後，他們一住就是幾十年。後來，安康平宅要原地改建，由於她所住的那棟平宅首先拆除，她便被安排搬去另一棟平宅。而拆遷那年，曉怡奶奶的先生離世，她於是和一位大她十二歲、來自河南的馬大姐同住一間十四坪的屋子。

曉怡奶奶性格溫和，一副與世無爭的樣子，所以當年其實是馬大姐「相中」她，邀她一起住。「那個大姐好有意思，她曉得如果有人搬進來，卻來了一個合不來的，日子就會過得不舒服。有一次她看到我、聽我講話，心裡就想是分房子來跟我住就好了。」後來，兩人同住了至少五年。

最後，兩人所住的平宅也迎來了拆遷之日，安康的住戶有一部分將遷入興隆社宅。興隆D2區社宅剛建好，奶奶成功申請到第一順位。曉怡奶奶說：「里長說我是帝王，第一個看房子、選房子，有十六坪、十二坪可以選。那時候，很多朋友問我要不要選十六坪，但我是低收，到時候三年後如果漲價了，錢少怕住不起。」

「我住十二坪的就好高興了。我看房子選這個方向，坐北朝南。小時候，媽媽講選房子一定要選坐北朝南。冬天的時候，太陽會進來，而到了夏天，光就不會進來。我都讓我的被子放在床上曬，用免錢的太陽殺菌，被子晚上睡起來好舒服。」曉怡奶奶露出滿足的表情，透著老人家的可愛。

從曉怡奶奶的神情，看得出來她是真的喜歡興隆社宅，尤其問到和安康平宅的對比，溫和的奶奶對後者還是有一些抱怨。她覺得安康平宅的人員複雜，因此她在安康很少跟人打交道。有些人會喜歡帶話走，這樣容易惹紛爭，但她能避就避，免得惹是非。此外，曉怡奶奶也說，安康的環境不好；尤其她當時住在一樓，屋內容易有螞蟻、蟑螂和老鼠，為此她還特地去買了梯子和油漆，粉刷了一遍屋子，因為剛搬進去時「好髒好黑」。

如今搬到新社宅，曉怡奶奶感到安全多了，而且鄰居也很安靜。如果太嘈雜，頂多敲敲門說一下，還能直接跟管理員說。此外，家裡若有東西壞了或有什麼困難，就直接向物業管理人員反映，隔沒多久就會有人來修理。只可惜，與她同住多年的馬大姐沒享到這份福，她才剛被分配到這邊的房子，馬大姐就離開了人世。

面對弱勢住戶最長十二年的居住年限，曉怡奶奶希望這樣的幸福可以延續到生命終結的那一天。「以我來講，我很滿足的，很有幸福感了，沒什麼要求可提的……我是希望一直住到我不能住為止，就是我掰掰的那天。」她如此說道。確實，這是大部分高齡獨居老人的憂慮：老年人不容易租到房子，就算租得到，也未必住得舒服。

曉怡奶奶是個堅韌樂觀的人。她打十五歲開始，就在湖南的紡織廠做臨時工，十七歲時成為正式學徒。那時候，她的薪水是十八塊人民幣，而很多細碎的小事都會讓她覺得好玩。即便後來和出軌的丈夫離婚，成為單親媽媽撫養一個孩子，曉怡奶奶也沒太多怨懟。

曉怡奶奶說，她來到臺灣後心情相當好。換了地方，換了心情，而換了地方就改變了她的人生。雖然曉怡奶奶沒有參加過青創團隊主辦的活動，但她在社會局委外進駐的愛鄰協會可「忙碌」得很。愛鄰協會的社工和青創園藝老師小辰一起組織活動，帶大家一起做手工、種菜、做園藝、分發豆芽菜。奶奶覺得，住在這邊不僅多了更多朋友，生活也變得更多采多姿。

除了照顧自己，曉怡奶奶也很樂意照顧別人。同一棟樓的朋友骨頭受傷，沒辦法處理家務，她就跑去幫忙處理陽臺和廚房的衛生，有時洗冰箱還洗到半夜十二點。曉怡奶奶認為，如果自己是獨居一人，就要知道不能依賴別人照顧。自己要能照顧自己，也能照顧別人，所以她都會好好注意自己的糖尿病。此外，奶奶也說，雖然自己反應慢、動作慢，但是比較穩；例如，朋友家裡堆滿了東西，奶奶就幫她整理，不是隨隨便便就把東西丟了，而是分門別類，不該丟的她是絕對不會丟棄的。

話說到一半，曉怡奶奶打開了自己的背包，裡面就像一個百寶箱，鑰匙圈、別針、針線、乾淨的塑膠袋、繩子……收納得整整齊齊，而且每樣東西都有自己的用途。例如，包包裡的繩子是她從紙袋上取下來的，有時候晾在外面曬的衣服容易被風吹走，這繩子便正好拿來固定。她說：「我捨不得丟。好多東西都是人家不要的，我當寶。」

曉怡奶奶這種樂觀自足的個性，也許為她的生活增添了很多微小的快樂。除了舒適整潔的生活空間，平時在頂樓種種菜、曬曬被子、幫助需要照顧的朋友，社宅就像是一個百寶箱，讓曉怡奶奶這樣的獨居長輩在日常生活中也能盡情探索。

延伸思考：獨居老人的憂愁與喜樂

沒人願意租房子給老人

如同張霞奶奶與曉怡奶奶的經驗，實際上本書所採訪的高齡住戶都指出了同一個問題：在租屋市場，人們不願意把房子租給高齡者，導致他們沒什麼選擇。

住房就如同人生中的一門「必修課」，因為那是我們生活的最基本需求。然而，在如今這個房價居高不下的社會，買房子並不像去菜市場買把青菜那麼簡單。年輕時可以選擇租房子，但等到年老、獨居，又沒有太多存款時，住房便成了獨居老人嚴峻的生存問題。

例如，七十一歲的黃阿姨過去住在頂樓加蓋的租屋，後來以「特殊身分」申請到東明社宅。「住這邊比養老院好，養老院還更貴。」黃阿姨如此表示道。此外，她也說：「以後這邊不能住，到那個年紀（在外面）就更租不到（房子）了，除非你叫小輩去租。但小輩也要說個謊，說我跟她一起住才行。」

同樣住在東明社宅、七十一歲的邱伯伯也說：「之前，我和別人合租舊公寓，是八坪左右的套房，租金八千元。我不喜歡那個房子，環境很惡劣，又狹小破舊，採光、通風都不好，還有房東連公共的水電或維護都讓我們付錢。」

雖然社宅對獨居老人來說是友善的，卻有居住年限的問題，讓這些老人在期滿後又將面臨「無家可歸」的狀態。邱伯伯就說，他希望可以繼續住下去，因為臺北市區有許多房東不願意租屋給六十歲以上的老年人，老年人離開社宅後，要在外面找房子幾乎成了不可能的任務。確實，社宅在資源有限的狀態輪替使用會造成一些無可避免的問題，但社宅可以如何配合國家政策處理高齡化問題，或許也是未來能夠進一步思索與完善的方向與目標。

青創經營高齡社群的難處

雖然有了安居之處，但獨居老人離開原本的社交圈後，都需要重新適應環境、結交朋友。於是在社宅，青創夥伴和社福機構藉由活動、共餐等形式，嘗試建立高齡社群，讓移居社宅的長輩有被關心、甚至彼此關照的機會。然而運作下來，他們也還在摸索什麼才是長輩們需要的，而怎麼做長輩們才會欣然接受。

我們在一場青創戶針對長輩舉辦的「假新聞媒體識讀活動」中，認識了前文提到的黃阿姨和邱伯伯。那場活動參與的人數算「正常」，大多數活動的長輩參與人數大概都是十位以下。

這是黃阿姨第三次參加青創戶舉辦的活動，前兩次是參加電腦課和去附近爬山。黃阿姨平時會去讀書會、社區大學，還會在外面當義工，生活很豐富。搬來東明社宅後，她覺得社交圈有些不便，而且親戚也都住得比較遠。至於邱伯伯，他也參加過約莫三次的青創活動，而他自己還主動主辦過餐飲課程，講西餐和洋酒。邱伯伯很喜歡分享、聊天，但因為每個人個性不同，偶爾會讓別人覺得跟他相處有點「壓力山大」。

年輕人和長輩之間，似乎總有一道難以逾越的鴻溝。青創成員表示，大部分的長輩都是獨來獨往，通常都是我們要先跟他們當朋友，相處上也常常只是小聊幾句。此外，青創戶建立長輩社群的困難之處還在於，長輩通常不太會收電子郵件，他們要去實體信箱、一個個投遞資訊，但這麼做能達到的效果也不好。

有位青創戶也提到，長輩比較喜歡游擊的活動，他們不太常來固定舉辦的那種。比較常是直接來現場。尤其是在社宅樓下那種開放空間的，能路過、短時間參與的那種活動，人就會比較多，而要提前報名、繳費的，參與度就不高。就像住在興隆社宅、六十三歲的林玲玲阿姨也提過，她常常不知道活動什麼時候舉辦，有時公告貼樓下也沒注意到。

東明社宅的現任總幹事陳宏源曾是興隆D2區社宅的總幹事，他也觀察到獨居老人對青創活動的參與度不高、互動少。「我覺得青創可以辦一些對於老人照顧、陪伴的活動，帶他們走一走，不要在社區裡面。一開始相處上會有些距離，但可能要多嘗試。青創大多都是提供特定的互動，但是陪伴也是一樣重要。」不過回到現實面，青創戶畢竟不是社工，他們都有正職工作，下班後還要負責執行計畫，即便已經非常努力，要做到高強度的陪伴仍舊是困難的。

即便有難處，青創戶依舊有所堅持。由於靠自身的力量要打入長輩社群有難度，他們也開始嘗試與社宅內既有的社福機構和組織合作。例如，有著桌球專長的青創戶志遠選擇和長照中心合作，每週辦理一次桌球「對打」，以對打之名但將球打在長輩面前，以達到讓長輩活動筋骨的目的，同時也找回長輩對控制自己身體的成就感。除了志遠，有著園藝專長的小辰則與進駐興隆社宅、關照弱勢住戶的愛鄰協會合作，讓長輩透過親手種植新居環境中的植物，提高對於新居的認同感。透過借助社工人員的專業，以及與社宅長輩朝夕相處建立的信任感，讓有著專業才能的青創夥伴也能在自己的位置上好好發揮，在自己的能力範圍試圖和長輩建立更好的聯結，這也讓整個社宅團結而多元。

社宅提供的便利與舒適

除去那些「不便」，社宅也為高齡獨居者提供了很多「便利」。對林玲玲阿姨④來說，她之前的租屋只有樓梯，但社宅有電梯、有警衛，很安全。以前，林阿姨都和孩子一起住，所以剛開始獨自住在社宅時，會感到有些孤單；但住了一段時間後，她覺得生活起來滿不錯的，尤其房間裡有智慧設備，有什麼問題都可以及時通知樓下保全。此外，她也在房間裡裝了攝像頭，讓女兒可以隨時觀察她的狀態。

社宅的頂樓有菜園，林玲玲阿姨說自己之前不會種菜，但到了這邊，跟著別人學了很多。在接受採訪的前一天，她才採收了芝麻葉、茄子、小黃瓜、萵苣。她每天都會上去頂樓施肥、澆水、拔草，甚至還會放一點音樂給植物聽。她笑著告訴我們：「人聽歌會高興，植物也會的。」她邊說邊往我們手裡塞上一把薄荷葉、小辣椒、地瓜葉，新鮮的植物泛著一股清香。

蔬菜有了，那麼肉類食品呢？林阿姨加入了「買買買」群組，是興隆社宅青創戶玟秀所建立的Line線上平臺。玟秀還為了團購活動，自行買了一個冷凍櫃放在家中，方便大家可以把買來的東西暫放在裡面。群組成員一起團購各式東西，不用出門就能在社區解決許多需求。

對於社宅的多元混居這一點，林玲玲阿姨沒有特別在意，反而覺得很熱鬧。她說自己喜歡熱鬧，也喜歡安靜。想要安靜的時候，她就把門關起來，想要熱鬧的時候就出去找人哈拉聊天。

和林玲玲阿姨一樣，黃阿姨也喜歡現在不用爬樓梯的環境，但她最滿意的是套房戶沒有明火而是用電陶爐，這讓她感到安全。此外，對於社宅的環境，她也表示：「因為我沒住過九樓，我覺得這是一個很新奇的經驗。我會在家裡欣賞夕陽。我的窗子是朝西邊，春天和夏天都可以看到夕陽。」

即便社宅這種集約式出租住宅型態，讓長輩需要花時間適應，且制度仍有可精進之處，但黃阿姨也說，這裡的住戶都會努力遵守規定，對像她這種沒房子的人來說，社宅是滿好的選擇，因此社宅的優點還是多過缺點。

同樣地，邱伯伯搬進東明社宅後，也覺得生活有很大改變。社宅是新蓋的房子，比較安全，而且生活機能優良。此外，社宅周圍有公園，而社宅所在的南港又是三鐵共構的地方，交通方便。大樓內有物管、保全、電梯、門禁，還有二十四小時洗衣間，甚至有人專

④更多關於林玲玲阿姨的故事，請參閱下一小節。

門收垃圾。房間內的家具、廚房設備、衛浴都是新的，而屋子的採光也好。

小結：讓高齡者得以安居之處

儘管本書採訪的高齡獨居長輩也許不能代表所有人，他們仍舊讓我們看到了長輩在高齡化社會中和在租屋市場上遇到的困難，以及社宅對他們的重要性。

在人口結構不可逆的前提下，高齡化只會日趨嚴峻。社宅或許是當今面對高齡居住問題的可能解方之一，提供了租屋市場中弱勢長輩一處友善的居住環境，不僅硬體設備滿足長輩逐漸老化與失能的身體需求，社宅明確的租期保障，也讓生活得以穩定。但在入住幾年後，有限的社宅資源，終究得面對資源輪替的限制：現住長者遷出的問題。這樣的美好正在倒數計時，更悲傷的是，在本書採訪的過程中，部分長輩也多少暗示希望自己能在居住社宅的租期內走完生命最後一段路，這無疑顯示著當他們想到離開社宅後要獨自面對居住市場，對於是否可以過得更好，幾乎沒有信心。

我們都會老去，這些長輩的需求和困境，也許就是我們未來的需求和困境。從這些長輩的例子，我們或許還能進一步探問，高齡居住照顧是否能走得更遠，理想的友善高齡居住場景是否有機會擴大實現，讓漂泊的老靈魂得以停泊，過上安定、有尊嚴的生活。

社宅臉譜

高齡長輩的社宅生活

圖片來源：臺北市政府都市發展局
位於南港的東明社宅，臨近三鐵共構的南港車站，社宅緊鄰東明公園，方便的區位、充滿綠意的環境、全新的居住空間，受到居住其中長輩普遍的青睞。

圖片來源：臺北市政府都市發展局
有別於許多長輩過去居住低樓層步登公寓經驗，社宅配有電梯，不需再爬樓梯是所有長輩一致認同住進社宅最大的好處。

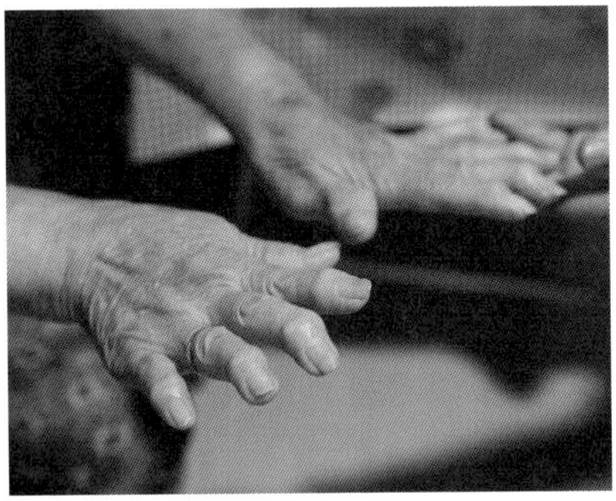

圖片來源：本書攝影
張霞奶奶伸出自己的雙手。這是一雙做工的手，指節無法展平，顯示出樸實、操勞過度的模樣。

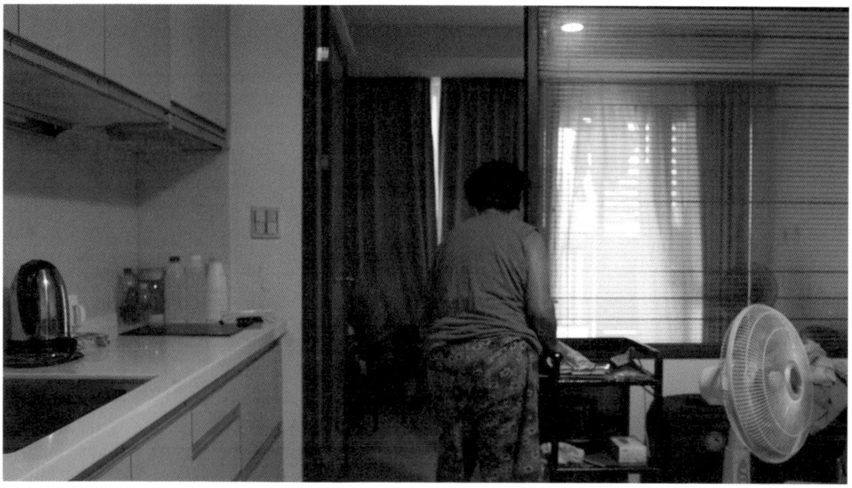

圖片來源：本書攝影
張霞的住所擺設十分簡單，彷彿可以隨時搬走一樣。

圖片來源：本書攝影
獨居的林玲玲阿姨與兩隻愛貓相伴生活。

圖片來源：本書攝影
林玲玲阿姨為自己泡杯茶開啟一天生活。坐在能夠遠望窗外的下午茶桌欣賞路上風景是每天的儀式，跟著電視做健康操也是她每日的例行保養之一。

圖片來源：本書攝影
熱衷於參與青創活動的林玲玲阿姨，最喜歡的活動是「唱歌」，她是社區歌唱比賽的常勝軍。在疫情期間青創夥伴舉辦的每週六線上卡拉 ok 活動，她也是其中的固定班底。

圖片來源：本書攝影
林玲玲阿姨每天為植物澆水、拔草，甚至還會放一點音樂給植物聽。此外，她也在園圃認識許多年齡相仿的朋友，如照片中的李阿姨。

水泥森林裡的多元共居——向社宅遷移的平宅住戶故事

在城市中，各式各樣的人們在此共居、共生。城市看似豐富多元，但實際上卻充滿各式各樣隱形的隔閡。例如，臺北市的信義區和大安區經常被認為是精華地帶，那裡的房價也讓一般人望塵莫及；反觀，當人們提到萬華區，則多少會帶有該區域貧窮且過時的刻板印象，甚至認為萬華區的房子普遍破舊、價格較低。此外，同一個區域內也會存在各式各樣的社區。像是文山區雖被普遍認為是文教區，位於同一區域的安康平宅，卻往往被貼上「弱勢」、「治安差」等標籤。

所以，雖然居住在同一座城市，但因著前述的刻板印象，城市似乎並未更加「多元」。但是，社宅打破了社區的「同質性」，因為社宅接納了各式各樣的住戶，有一般戶、青創戶和弱勢戶，讓「多元共居」真實發生。

以臺北市的健康、興隆、青年和東明等四處社宅為例，社宅的一般戶由在地里民、市民、在臺北市就學就業的民眾、青創徵選戶組成。除此之外，各社宅也包含其他類別的住戶：健康社宅的住戶還有低收戶、特殊戶和原住民；青年社宅有原本住在福民平宅的住戶、低收戶、特殊戶和原住民；東明社宅有台肥國宅的現住戶、低收戶、特殊戶和原住民；興隆社宅則因安康平宅原地改建的關係，弱勢住戶中多為安康的現住戶。

為了解平宅住戶來到社宅後的生活經驗，本書採訪了安康平宅辦公室的前任督導黃筠媛；她在安康平宅住戶入住興隆社宅的過程中，給予了不少居住輔導，也向我們分享了安康平宅的故事和社區文化等。此外，本書也採訪了前安康住戶艾莉媽媽，從她身上，我們則看到了社宅共居對一個家庭的轉變和影響。

要注意到的是，過去國宅和平宅未能達成共居的理想，而實際上的「共居」亦絕非僅因弱勢住戶與其他住戶同住一個社區就真正達成。如今，面對高房價、高租金的社會環境，社宅透過政府資源挹注、社群再造，希望創造出人與人之間跨越族群和世代的互動，讓城市逐步向「多元共居」邁進。

「改變的力量，來自家庭內部動能。」——臺北市社會局平宅督導黃筠媛的期許

長期以來，安康平宅被外界貼上許多負面標籤。平宅內的住戶多為低收入戶，人口組成包括未成年人、單親家庭、身心障礙者、越南華僑等。歷史悠久加上平宅本身的特殊性，種種因素都讓人們想到安康平宅時，很容易和「骯髒、混亂、貧窮、犯罪」產生種種聯想。

遠遠望去，平宅的外牆顏色是淡淡的土黃色，樓與樓之間靠得很近，樓梯狹窄。平宅每層樓有兩戶，大抵門對著門，而樓梯間經常堆滿個人物品，還有冰箱、鞋架、晾衣架、鍋碗瓢盆等各類雜物。

提到平宅的空間，督導黃筠媛說，這樣的格局優點是讓鄰里關係比較近，缺點則是太

靠近而導致住戶在公私領域間的摩擦。在她看來，社宅反而是讓家戶之間的空間變大、鄰里摩擦變少，但缺點或許可能讓鄰里關係疏遠。

平宅的住戶想要入住社宅，一定要符合「安康現住戶」和「低收入戶」這兩項條件。黃筠媛說，現在平宅內的家庭戶比較多，而家庭戶通常比較嚮往搬進新房子，因為家裡有孩子，父母普遍就會想要給孩子更好的環境。所謂更好的環境，一方面是指硬體環境，另一方面也指向安康平宅的其中一個亞文化——青少年群聚。黃筠媛表示：「這裡有些中輟生，他們不去上學，而是喜歡在社區群聚。社宅的青少年就比較沒有這樣的狀況。」黃筠媛也說，會群聚的孩子，基本上不愛念書，也已經不在學校的制度裡，原家庭的親職照顧也相對比較差。他們聚在一起，閒晃、抽菸、打手遊、在社區裡亂丟東西；有時候，有些舊平宅的頂樓沒有上鎖，他們就會上頂樓去關掉別人水塔的馬達。

「以青少年的年紀，通常是哪邊的拉力大就往哪邊去。他們已經不想去學校了。在社區有被接納和同溫層的感覺，就會讓他們離學校越來越遠。一直生活在（平宅）那個小圈圈裡，他們就不會跟不一樣的人事物在一起。長期下來，這對青少年很不利，我認為社宅混居有助於解除這樣的亞文化。」黃筠媛如此說道。

在社宅裡，混居打散了原本會群聚在一起的孩子，與此同時，孩子們也可能因為看到不一樣的生活方式，或多或少產生一些不同的想法。

從安康平宅遷移到興隆社宅的過程中，不同家戶的適應度是不同的。黃筠媛在其中扮演了資源的媒合和轉介，以及試圖提升家庭內部能量的角色。她說，有一位住在平宅、七十多歲的越南華僑奶奶，平時都會把自己打理得很好，在平宅也有不少朋友，平時都會去要好的朋友那串門子。但在搬去社宅以後，這位奶奶和里長說自己現在很憂鬱，因為她不認識新地方的鄰居，覺得很孤單。即便她仍然可以去找前平宅的老友，但畢竟生活不如從前那樣，好友都在附近。

黃筠媛得知後，請社工打給奶奶，發現情況和里長說的一樣，於是她就委託社會局委外團隊愛鄰協會協助。後來，愛鄰辦活動的時候，都會叫上奶奶一起，其中尤以電鍋料理班讓奶奶最為享受。因為奶奶喜歡做越南料理，上課時和教別人做越南菜就很開心，此後黃筠媛就再也沒聽到奶奶提起自己很孤單了。

此外，黃筠媛也遇過一位從安康搬至興隆的獨居身障者；他有憂鬱症，年紀大約五十歲出頭，過去住在安康平宅的時候，就常常有想自殺的念頭。他會跟社工說又吞藥了，然後被反覆通報至自殺防治中心。然而，在他搬進社宅之後，黃筠媛幾乎沒再聽過他要自殺或吞藥。後來，愛鄰的社工去訪視他時，發現他的身心狀況都很穩定。黃筠媛說：「從這樣的案子，可以很明顯地看到，場域的改變會帶來滿大的差別……也有憂鬱症住戶在看屋的時候覺得採光很好，就說如果每天住這邊應該很開心。過去，平宅住戶搬到社宅前會對比較貴的租金感到焦慮，但看了社宅後會對新房子有所嚮往，焦慮就會減少。」

對於一些適應不良的住戶，如果可以居中處理，黃筠媛就會盡量幫助他們。例如，有一位有重度智能障礙的阿姨，先生和孩子在兩年內都去世了，在住進社宅後，鄰居經常聽見她半夜在陽臺哭。黃筠媛的做法是先讓阿姨不要在陽臺哭，然後幫她申請居家服務，讓人幫忙她做家務，並且同時陪伴她。好在這個阿姨喜歡外出，也會主動找人攀談，這個狀態便慢慢有所好轉。

當然，偶爾還是有輔導失敗的案例。例如，黃筠媛遇過一位患有思覺失調的媽媽，平時和她二十幾歲的兒子同住。這位媽媽沒有固定服藥，因此狀況不太穩定。她常常在家拖地，但拖地時常常把水桶裡的水都潑出去，導致積水從家裡一直蔓延到公共空間的走道，甚至有時會淹到別人家去。社工用了很多方式，例如在他們家門口放吸水墊，但情況始終不見好轉。社工希望兒子可以幫忙處理，但兒子和媽媽的關係並不親近，處理和回應都相較冷淡。最終，這對母子因為難以調整、適應社宅的生活規範，不得不選擇搬出社宅。

對此，黃筠媛曾無奈提到，他們也想要找到資源去協助這位媽媽，但他們本身的家庭動能不夠。如果缺乏內在資源，即便有了外在資源的幫助，還是很困難。

但整體來看，黃筠媛認為社宅的混居生活對安康住戶帶來了兩個效果。住在安康平宅的人多為弱勢家庭，家裡的依賴人口多（老人、小孩、身障者），居住在這裡很容易被貼上帶有汙名的標籤。這樣的標籤多年來被貼在安康平宅上，但居民搬到社宅之後，身上的標籤似乎就被拔除了。另一方面，社宅的混居生活帶來的第二個效果，是讓安康住戶得以看到其他的生活方式。尤其是對於一些親職能力較弱的家庭，在與其他住戶的互動中，會帶給他們一些積極影響。

「天黑後必須趕快回家。」——前安康平宅住戶艾莉的轉變

「我到現在還有這個習慣，就是天黑後就會趕緊回家。」前安康平宅住戶艾莉在訪談

中如此說道。

艾莉出生於一九七四年，是單親媽媽，有兩個女兒，一個已是社會新鮮人，一個則還在讀小學二年級。艾莉家目前是中低收入戶。

艾莉從小就生活在安康平宅，曾搬到馬明潭居住，不過因為當時男友的關係，後來又搬回安康平宅。小時候，家裡姊妹多，一家子七、八個人擠在十四坪的空間裡，小朋友都打通鋪睡一排。艾莉的姊姊在國小五年級輟學後，就開始學著吃檳榔、抽菸、蹺家，後來他們一家人就搬去了馬明潭。「我以前都不知道怕，是後來搬出去（平宅）後，才知道外人看安康平宅那麼亂。我是看到社會新聞都在報，才知道這些事……以前，這裡弱勢家庭比較多，小孩子都沒人在管，籃球場全部都是小孩在玩耍，所以我天黑就習慣趕快回家。」

在經歷了第一段婚姻成為單親媽媽後，當時的艾莉認為自己雖然是單親，但還有賺錢能力，不需要申請低收入戶。但後來未婚生了第二個孩子，經濟負擔變重，為了小孩的生活教養及學雜費，她便申請了低收入戶，同時申請搬回安康平宅。

艾莉說，那時她的姊姊和她們同住，兩人平常上班下班都騎車出門，也不會跟鄰居打交道，而她自己則是晚上天黑就不出門，也不會帶著小孩獨自出門。此外，艾莉的大女兒讀的是寄宿學校，每次假日回家時，她們都會約好回家的時間。如果是九點、十點以後，艾莉就會去路口接女兒，要保持電話通暢，而且會走比較亮的那條巷子。

除了人口組成「複雜」，安康平宅的屋況也不太好。那時候艾莉住四樓，颱風過後牆壁經常會滲水進來。後來，安康平宅要拆遷，艾莉一家因為是輔導人口，所以有優先入住權。艾莉帶女兒去看房子，孩子很喜歡，於是她們和艾莉的姊姊就一起搬進了社宅。

對於社宅，艾莉起初有些戒心，尤其是跟有不同經驗背景的住戶混居在一起。此外，對於參加青創的活動，艾莉剛開始也是抱著觀望的態度。除了擔心會遇到安康平宅的前住戶，她也擔心由於自己學得不多，而那時候也不知道青創是什麼，很怕自己和別人格格不入。她擔心青創的人學識都很高，害怕自己不知道怎麼和他們相處。

不過，抱著試探的心情參加過幾場青創活動後，艾莉開始放下心，並且越來越積極。她對於親職教育、親子互動、兒童心理等活動都有濃厚的興趣。剛好青創夥伴俊傑與玟秀的小孩和艾莉的小女兒同班，讓艾莉開始漸漸認識到「不同的族群」。艾莉分享道：「我們互相觀察，磨合了半年多，就彼此認識。我感受到他們的努力和用心，所以只要時間允許，我都會參加活動。」

青創夥伴也向我們反饋，艾莉都會很認真地幫忙填寫問卷，還會幫忙推廣青創的課程。艾莉說，以前自己上班的公司就在附近，她會把同學和朋友都叫來參加活動。由於艾莉自己本身也喜歡學東西，青創舉辦的活動讓她可以既學東西又交到朋友，這讓她有了許多突破。艾莉告訴我們，她以前不運動，現在都會運動了，會固定跳Zumba和做瑜伽。

不僅自己有所突破，艾莉也非常重視對小女兒的培養。她坦言，年輕的時候脾氣不好，對大女兒很專制，自己也只顧著賺錢。如今，她會花心思去培養和教育小女兒。但艾莉一直擔心小女孩的情緒問題。她說：「她小時候會四處認爸爸，她希望有個爸爸。」在平宅的時候，艾莉的小女兒完全沒有朋友，但住進社宅以後，會在活動上認識鄰居的孩子，大家就玩在一起。剛好艾莉提到，她的小女兒也喜歡手工藝品，像是做乾燥花、黏土等，有相關活動就會帶上她一起，女兒也樂在其中。艾莉更是表示：「我現在是沒有防備心了，因為我在這邊成長很多。住到這邊以後，安全感提升了很多，但天黑了就還是要在家，因為這也是已經養成的習慣了。」

除了青創活動，艾莉也會跟著鄰里一起「買買買」或「斷捨離」。「買買買」是因為自己是上班族，有時候沒時間去採買，就會跟著大家一起團購。「斷捨離」則是可以和鄰里以物易物、彼此分享，又不會造成浪費。艾莉指著休息室一角的書櫃說：「這裡面有五分之一的書都是我送的，想看的人都可以來借。」

無論是青創活動，還是其他鄰里之間的互動，這些都讓艾莉感受到了和社群的強烈連結感，而這與她以前在平宅的生活感受是完全不同的。雖然艾莉作為曾經的平宅住戶，在言談中多少會「自我標籤化」，但社宅生活讓她獲得更大的安全感，也啟發了她的內在動能。

除了平宅之外，艾莉也對比了社宅和一般大樓的不同。她以前做過大樓的物管秘書，覺得一般大樓鄰里之間很冷漠。大家不會打招呼，也不會知道隔壁發生了什麼，有些人甚至很傲慢。但在社宅，她感到鄰里的互動很自然且充滿熱忱。她說：「不像以前淳樸社會那種，現在這種是很有愛的、無私的。大家都是用分享的心態，以前比較像是禮尚往來，那種心情和感覺是不一樣的。」提到未來，艾莉則表示：「就算離開這裡以後，我應該還是會想持續參加社宅的活動。」

延伸思考：青創夥伴創造社群連結的心路歷程

青創住戶是這場混居實驗中特殊的角色，不同於過往平宅住戶熟悉的社福系統，青創戶是社區裡有機的創意階層，他們身兼住戶與社區凝聚者的兩種角色，部分青創夥伴富有社福相關領域專業，然而多數的青創夥伴則是在開始準備入住提案時，才開始認識過往不熟悉，卻即將成為鄰居的弱勢群體。

社宅對青創住戶而言，是社區營造工作的田野，同時也是讓人安歇的家，面對混居社區的特殊性，這兩種身分的平衡在不同的青創夥伴有著各自不同的探索與磨合經驗，而這些經驗也隨之影響其是如何看待混居。不僅弱勢住戶在重新適應新環境，其他住戶也在學習如何和社會中其他樣貌的人互動。

社福專業的青創視角

婉婷是青創戶，也是醫院的兒童臨床心理師。她會在社宅中舉辦一些兒童或親職教養等方面的活動，前文提到的艾莉就是很熱衷於參加類似的活動，而艾莉也是最早自主參加婉婷舉辦的活動的前平宅住戶。

後來，為了讓弱勢住戶更好地參與，婉婷在第二年做了一些轉型，加上愛鄰協會的幫忙，婉婷才得以接觸一些以往住在平宅的住戶。對她來說，其實不管是什麼類型的住戶都沒什麼差別，尤其孩子們都很開心地玩在一起。唯一的不同，可能在於一般戶自主報名的比較多，而平宅住戶會由社工溝通後，才會嘗試去參加活動。

婉婷也觀察到，有些家長太忙碌、親職能量較低，親子活動會由孩子獨自出現或是隔代教養。例如，有個阿嬤照顧一對姊妹，孩子們參加活動的時候，她會覺得活動內容跟自己沒什麼關係，常常想要趕緊回家煮飯。在活動中，姊姊都會比妹妹強勢一些，所以阿嬤在接送的時候都會跟姊姊說，不要搶妹妹的東西。活動結束後，婉婷會把自己的觀察告訴阿嬤，她說：「我會跟阿嬤說，姊姊看起來好像很霸道，但她們一起玩的時候，姊姊其實是很保護妹妹的，她們有流露出姊妹彼此都很在乎對方的感覺。阿嬤聽了我這麼說，會覺得很窩心。」到後來，阿嬤有時候也會不著急回去做家事，在旁邊坐著，想看看姊妹們都在幹嘛。婉婷分享道：「平宅戶的家庭有一些生活壓力，加上過去成長經驗也是打罵教育，對孩子的愛可能沒辦法直接說出來。當我回饋給他們一些很正向的東西，他們聽到後，我覺得他們對孩子的表情都會比較緩和，也對孩子比較溫柔。」

對婉婷這樣的助人工作者而言，看見這些家庭和孩子細微的改變是很窩心的。她說道：「每天早上的上班上課時間，一打開電梯看見滿滿的孩子，覺得能陪伴他們在長大的過程走一小段路很溫暖。」這和她過往在醫院工作感受截然不同，是同在一個社區生活才有的獨特經驗。

創造互動機會的青創視角

青創戶愷伶和多數的青創夥伴一樣，沒有社福相關專業，更是社區營造的生手，回想初期將入住混居社區因為不了解多少有些擔心，不知道實務工作以及日常居住會遇到什麼狀況。本身就膽小的愷伶帶著未知而假想的害怕，在入住初期沒有辦法接受一個人住，但如今在社宅，她從未遇到原本想像的狀況，居住經驗是感到安全、放鬆的。

和愷伶一同舉辦活動的室友小飯說：「社宅就像一個小型社會的縮影，素質不佳跟戶別之間沒什麼關係。」在日常生活或是投入社區工作時，通常他們認識一個人時，不會特別去想對方是不是安康戶。

問起她們主辦的活動是否會有平宅住戶參與，她們也觀察到，安康住戶比較不會主動參加社區活動，通常要有一些誘因，或者本來就輔導他們的愛鄰協會介紹他們去參加活動。愷伶認為，這些都是正常的。她說，在外生活，大家其實都還是對外人有戒心，對此，小飯也補充，因為安康戶剛好是原本就被貼上「標籤」的一群人，他們剛好有對陌生人抱持戒心的特質。但反過來看，一般戶也對陌生人有些戒心。聽了小飯的話，愷伶也接著說，很多人一開始難免對青創活動有戒心，到現在兩年多了才會慢慢參加，但還是稍微有防備。例如說，有些人是活動打開門的時候會在外面站著觀察，這跟是不是安康戶或是一般戶沒有關係。

不過，隨著時間累積，青創戶也和安康戶建立了一些聯繫。有些安康的青少年很常聚集在十二樓寫功課或聊天，有一次，小飯剛好看到他們在玩音樂，就邀請他們參加社宅的吉他社。現在，吉他社就有四位安康的小朋友。小飯說道：「大多數安康住戶需要一些契機，例如比較頻繁地在公共空間見到面，或在吉他社，產生一些互動。久而久之面孔熟悉了，建立了信任感，他們就會把自己擔心的事情拋出來跟我們分享。很多人不是先從活動認識我們，而是從日常的接觸中認識的。」同為青創戶的小辰也認為：「如果單純只是把人放在一起，比較難產生共鳴，還是需要一些契機去產生互動。從互動中人們才會產生連結，而這種連結也需要去經營。」

愷伶和小飯也曾透過舉辦一些較為輕鬆、沒有門檻的活動，來提高住戶的參與度；例如每月固定的快閃斷捨離和週二電影院，住戶不需要特別報名，隨時就能參加。愷伶說，像斷捨離這樣沒有門檻的活動，安康住戶參加的意願就比較高，而小飯也覺得這些比較不像活動，更像是生活上的交流。

而同樣的問題，問起同樣熱心投入社區公共事務的青創戶小辰，她有著不同的看法。對她而言混居不是件容易的事，她說：「因為混居是需要學習並在生活中進行調適的。誰都不會希望旁邊住著生活習慣太不一樣的鄰居，但這是在每個社區都有可能遇到的事情。俗話說孟母三遷，要找到跟自己契合的鄰居，不論是在哪個鄰里、哪個城市，我想都是一門重要的學問。」

小結：混居是社會學習的過程

社宅的「混居」實踐，賦予著破除汙名標籤、向上流動、建立社區意識的理想期待，以混合收入及身分為基礎分散貧窮，避免弱勢群聚的問題。但從這些故事中我們能看見，成功的混居並不是單純地將不同收入的人放在一起生活，而是一段相互適應的社會學習過程。

誠如前文所述，社宅只是我們社會的一個小小縮影，要實現真正的城市共居，還是一條漫長的道路。然而，社宅也確實掀開了這個水泥森林的一角，讓我們看到共居的可能。在現在這個人際似乎越來越疏離的社會，社宅也起到了重新連接不同族群、從而形成多元社群的功能。透過重新抹除了「你我」之間的界限，社宅生活也讓人們彼此看見、彼此理解、彼此關照。

社宅臉譜

從安康到興隆的混居生活

圖片來源、本書攝影：戴嘉慧建築師事務所
坐落於文山區興隆路上的「安康平宅」，是臺北市最大的平宅社區，長期以來被外界貼上髒亂、貧困、犯罪等汙名化標籤，在 2012 年臺北市政府宣布全面改建，圖中興隆路四段 105 巷為最後一處等待改建的安康平宅社區。

圖片來源：戴嘉慧建築師事務所 建築攝影：趙宇晨／丰宇影像有限公司
從安康到興隆的遷徙，對平宅住戶而言是件不容易的抉擇，不僅需面對提高的房租，還要適應新型態社區大樓生活環境與遵守公約。圖為高樓層集約大樓興隆 D2 社宅與低樓層屋齡超過四十年的安康平宅對照。

圖片來源： OURs 專業者都市改革組織
安康平宅的住戶全為低收入戶，人口組成多為依賴人口，如未成年人、身心障礙者、高齡者，亦有不少單親家庭及越南華僑。許多家戶的經濟來源為社會局提供的代賑工工作。

圖片來源： OURs 專業者都市改革組織
安康平宅辦公室黃筠媛督導說，現在平宅內的家庭戶比較多，而家庭戶通常比較嚮往搬進新房子，因為家裡有孩子，父母普遍就會想要給孩子更好的環境。圖為安康平宅住戶家內布置，貼滿了家中家人及孩子的照片。

圖片來源：興隆 D2 社宅青創夥伴吳俊佑
艾莉是第一個捐書到圖書室的住戶。她希望能傳承這個有意義的活動，好書大家看，想看的人都可以來借。圖為興隆 D2 社宅閱覽室漂書基地啟用典禮活動照片。

圖片來源：興隆 D2 社宅青創夥伴吳俊佑、艾莉提供
2020 年，艾莉和女兒參與興隆 D2 社宅萬聖節變裝活動，
為規律的日常生活增添不少樂趣。

從水泥城市創造花草綠洲——都市化社會的社宅綠生活故事

短短一百年間，水泥建築蔓延臺北盆地，「自然」似乎變成零碎的奢侈品。在臺北市，保留的公園綠地乾淨又美麗，但都市人卻再也難以「自然地」與植物共存，甚至忽略了身邊植物花草的存在。在都市化的影響之下，自然綠地被柏油道路劃分，再被水泥建築占據。根據行政院農委會的統計資料，臺灣的耕地面積逐年下降，從二〇〇六年仍有八十三萬公頃的耕地，到了二〇二〇年只剩七十九萬公頃，而實際用來種植的農糧耕地只有四十七萬公頃。農耕減少最嚴重的地區，正是高雄市、臺中市和臺北市等大都會地區，這些地區的土地被競相開發、切割為工業或商業用地，綠地則成為建築開發的犧牲品。農耕地和天然綠地減少，原生動植物被迫退讓，使得本該與自然共榮共存的生活型態已經難以復見。

臺北市自二〇一五年推動「田園城市」政策，推廣新型態的都市農耕，在高密度發展的城市中，利用閒置空地、屋頂、中小學校園或城郊的農業區，設置快樂農場、綠屋頂、小田園和市民農園等城市園圃。在社宅，田園城市的構想也獲得實踐，永續發展與生態共榮的目標被納入社宅的建築規劃、景觀設計和應用思維，設置了屋頂農園，預留綠地、公共設施供社區鄰里使用。這也讓居住在都市的人們，有機會在居家周圍擁有一片綠地，帶來與自然環境接觸的一絲契機。

在社宅裡，不光農園、公共教室等硬體空間，生活在社宅的「人」才是活化這個空間的關鍵。尤其，來自不同背景的青創戶夥伴們，成為對生態環境及下一世代懷有使命的實踐者，透過自己的專業領域和熱情，舉辦花草工作坊來療癒身心，也用植物布置公共大廳、組織農耕隊串聯感情，以及開辦永續環境的剩食計畫和田園間的親子共學。這都帶領人們接近自然，讓生活更加豐富有趣。除此之外，透過讓社宅居民一起參與，在實踐過程中展開新的想法、碰撞出新的火花，也創造了與生態環境連結的無限可能性。

植物如同有機的生命體，把這群都市人串聯在一起，在繁忙生活中獲得灌溉和滋養，拋出嶄新的感知和觀點。他們正在為臺北市展開一篇新的故事。

植栽感知生活流轉──妙禎與和為帶給都市人的花草療癒

打開妙禎的房門，映入眼簾的是天花板倒掛著的幾束乾燥花。櫃子之間有新鮮花草點綴，營造了溫暖的氛圍，而床頭牆上貼著「旬味」的海報，上頭畫著一條水嫩多汁的鮮綠絲瓜，讓人忍不住吞了口水。

大學就讀園藝系的妙禎，從以前就很喜歡植物和農業。身為三十一歲的北漂屏東人，她形容自己剛上臺北時，用將近一萬元的租金住在士林的套房房間，起居空間只有一坪多，簡直過著「蝸居」生活。正好，她要找房子的時候看到了社宅青創計畫，她於是決定提案，計畫內容則是活用園藝系背景的「拈花惹草」，希望以花藝和綠意為核心推廣居家園藝。除了青創計畫以外，妙禎也和同樣有園藝背景的青創夥伴安琪創立了「花草日常」品牌，在社宅裡從事植物手作課程和相關活動。

「植物會帶給人開心，尤其你在那個一個半小時會安靜下來，忘記難過、煩躁的情緒，讓心情沉澱。當專注在眼前作品上，你會得到成就感，這個過程很療癒，也是我喜歡做這件事情的原因。」妙禎如此說道。她告訴我們，因為她自己是上班族，所以課程大多也是辦在假日，如此讓忙碌的都市人也能趁著空檔感受植物帶來的療癒。

同樣提案植物園藝類型的青創夥伴，還有帶著陽光般的笑容、年輕卻不顯得青澀的和為。二十八歲的他，大學時就讀生命科學系主修植物學領域，以「生活綠意」為提案入選青創後，也在臉書創立社團，推廣植物講座課程、從事公園生態導覽等活動。因為熱愛栽種植物，和為常因屋內種滿植物、陽臺空間不足而煩惱。「有陽臺可以種植物是很奢華的事情。」他笑說搬進健康社宅之後，一坪大的陽臺仔細數過有一百五十盆盆栽，很不可思議。他在植物講座課程，就拿這些盆栽與居民分享交流，帶著大家學習換盆照顧、欣賞植物緩慢地生長，他提供的植物也常常成為居民在新家陽臺的第一盆植物。

和為在典型的步登公寓長大，卻不受空間侷限，對居住環境的公共空間頗有想法，如果別人在公寓樓梯間放鞋櫃，他就會在鞋櫃上面放花。和為的青創提案，有一部分投入在社宅公共空間的綠美化布置。第一年的「大廳綠意」計畫，他擔任空間策展人和植物魔術師，與另一位青創夥伴亭昱合作，透過盆栽與物件的搭配，讓大家對公共空間產生連結並感受到溫馨感。踏進健康社宅的大廳，你會看到一盆前所未見的盆栽，有著綠色絨毛葉脈、獨特的暗紅色葉肉、自然垂墜的弧度，與大廳空間相呼應。這株「紅寶石秋海棠」是和為這兩年在社宅陽臺培育出的新品種，每一個盆栽有些許不同、每一株植物的樣子都不一樣，卻是如此恰到好處地和諧。

「每種植物都有自己的個性，有各自喜歡的光線、水分、濕度。植物有自己適應的生長環境，而我的任務就是找到適合這個空間的植物。」和為根據空間的環境和用途挑選適合的盆栽，達到畫龍點睛的效果。他設想綠意如何陪伴人們的日常生活，而植物和空間又如何共生。若是環境友善，人們會很自然地進入空間，而點綴在公共空間的植物正是催化劑。在社宅大廳蓬勃生長的「紅寶石秋海棠」滿懷著和為對於植物與空間的想法，持續在人來人往的社宅，扮演連結人與空間的重要角色。

妙禎和安琪也參與大廳布置，在母親節或聖誕節等節日，她們用花藝點綴大廳，營造節慶的氛圍。妙禎認為，雖然在都市之中的日常生活，一般人沒有太多機會感知到季節流轉，但可以透過植物給予的提醒，帶給生活一點點變化。她說：「我會放一些鮮花，讓人一進門、到大廳就會覺得『今天是什麼日子！怎麼會有這些花？』我想透過一些植物，帶來一點點改變，給大家不同的氣氛。」

不光是手作植物課程和大廳空間的綠美化，妙禎對於如何在社宅留下綠意的種子更是有長遠的願景：「今年會稍稍把活動比例降低，把公共性計畫的比例拉高。我們在思考有什麼東西能留在這個社區，再長遠一點，能連結不同時間、穿越這個空間的居民。」妙禎接下來也想要走出社宅，做社宅周圍樹木的介紹名牌，向經過個人介紹行道樹和景觀植物。「走在路上看到一棵樹，覺得這棵樹好美喔！我就想說能不能讓媽媽和小朋友能夠抬頭看看，認識周邊的植物。」她笑著說道。此外，妙禎提到，現代城市環境強調精緻化的維護管理，認為把樹剪得圓圓的才高級，但搞不好以後的人都會覺得樹就是長的整整齊齊、像棒棒糖一樣，而忘了欣賞自然原始的美。她期待，如果都市中的生態更多元化，就會有更多昆蟲、鳥類在都市裡棲息，而人們能夠在環境接觸自然的機會也更多。

看著老樹廣場中流蘇樹的季節流轉、喜鵲忙著擰下流蘇樹的枯枝回去作巢，滿樹的花蕊正等著春陽照耀，就會發現其實綠意一直在我們身邊。以社宅為起點，無論是植物手作活動、公共空間的綠意點綴，到擴大認識周圍環境，綠意的種子正在萌芽。即使是忙碌的上班族，透過日常生活一點一滴的累積，重新喚起對環境的感知能力，並且因為綠意盎然的空間，保有一處心靈的綠洲。

社宅農園秘密基地——Kelly、玫姐與黃姐共同促成的農園生活

綠屋頂社區園圃是臺北市社宅的一大特色，提供居民交流與耕種的空間。只要是對農耕種植有興趣的社宅住戶，皆可申請認養一塊綠地來耕種，體驗都市農夫的生活樂趣。這樣別出心裁的公共空間設計，也吸引青創戶提案以社宅農耕作為計畫主軸，在社宅這個秘密基地展開充滿鄉野趣味的都市農耕生活。

Kelly家中有一對活潑的雙胞胎女兒，搬到健康社宅以前，全家承租臺鐵的舊宿舍。當時，宿舍一樓前有一小片土地，她就嘗試改建成花圃，帶著孩子一起踩踏泥土、動手從育苗種植到採收料理，向大自然學習。彰化出身的Kelly，老家是種稻的農家，她在閒談笑語間說道：「我是在鄉下稻田埂間奔跑長大的小孩，希望自己的孩子也能體驗在農村生活、奔放自在的日子。」她在提案青創計畫之前，就得知健康社宅設有「開心農園」的公共設施。她說：「當時在臺鐵宿舍的我們也種出漂亮的大絲瓜，離開的時候很捨不得，覺得很

可惜。看到社宅設計屋頂有田園空間時很開心，因為我又可以帶著孩子們玩泥土、抓蚯蚓了，可以陪著她們從學習改善土壤到種植採收，成為快樂的都市小農夫。」

入住健康社宅之後，Kelly在屋頂花園與居民互動熟識，逐漸發起更多構想。第一年，她搭配當年施行的「公共住宅入住服務計畫」⑤，每週舉辦「餃子聚」，用園圃種植的食材包成餃子，並與社區老服日照中心裡失能失智的長者們分享，同時辦理社區共餐活動。在家裡或公共教室，大家分工負責清洗、切末、拌料、烹煮、加工，在活動中認識隱藏在社區裡的素人料理師。有人擅長做優格、辣椒醬或釀醋，大家彼此互相分享，甚至還傳出口碑！因為這些交流，讓Kelly產生社區循環經濟的想法，換句話說就是結合園圃的生產、加工後再販售。如此一來，也能讓退休長輩或家庭主婦在家有事情可以做。

聊天聊到一半，一頭烏黑長髮的玫姐走進大廳，熱絡地跟Kelly打招呼。她們開始笑著說起前幾年農園剛開始的時光，那段有著酸甜苦辣的豐富回憶，是她們心中珍貴的寶藏。玫姐本名蔡玫專，五十五歲的她是因為參加青創活動才和Kelly認識。平時，兩人除了一起去農園，也一起做堆肥、包餃子和共餐。玫姐生動地說：「我以前不敢吃苦瓜，自從有一次參加Kelly的活動，發現苦瓜餃子好好吃，從此之後就開始愛吃苦瓜。重點是要配上居民共作的蒜蓉辣椒醬，真是絕配！」玫姐平日從事塔羅牌諮詢師，曾在住戶服務計畫的活動

⑤二〇一七年「臺北市公共住宅入住服務計畫」為整合性社區服務平臺，係提供公宅住戶更好的居住服務品質，透過執行團隊現場服務，輔導公宅住戶入住及生活協助、社福資源轉介、公宅意見反饋等社宅居住事宜，並辦理社區活動，進行公宅行銷推廣，以提高公宅住戶對居住服務品質滿意度與社區凝聚力。二〇一九年八月一日起，臺北市正式將「公宅」正名為「社宅」。

分享她的專業。她和Kelly相處熱絡，Kelly會跟著她學氣功，而她也會到Kelly的工作室參加活動，兩人從陌生人變成分享生活的好鄰居、好朋友。

Kelly與玫姐也是健康社宅「二八五號農耕隊」（門牌兩百八十五號）的創始成員，第一年就投入農園認養和耕種。第二年開始，因青創輔導團「原典創思」的引薦，邀請松山社區大學的老師到健康社宅授課，展開一系列的農藝培力課程，讓二八五號農耕隊的成員因此成為社區內的種子講師。越來越多住戶加入之後，「共耕食代」團隊逐漸開枝散葉，成長為四十多人的社宅農耕團隊，也和周圍社區的交流互動更加密切。二〇一九和二〇二〇年，健康社宅參加臺北市政府主辦的田園城市競賽，共耕食代的《愛心田》一舉獲得綠屋頂組鄰里社區類的「社會公益獎」，讓團隊中的所有人在這個過程中獲得滿滿的收穫和鼓舞。

玫姐笑說，她結婚後從南部搬到臺北，雖然在舊家就有過種菜的念頭，但完全沒有農耕的經驗。她說：「我一開始完全不會種，連換土都不會，是來這邊慢慢學的。社宅有現成的園圃和專業課程，還能和鄰居互相交流，這是住進來前完全沒想過的！」玫姐的孩子已經大學畢業，不過玫姐散發年輕朝氣的氣質。開朗的她說，是因為住進社宅，讓她好像變年輕了，而且交友圈擴大許多。由於參與園圃栽種的人來自各個年齡層，雖然大家一開始大多都沒有種植的經驗，不過大家一起到園圃澆花、施肥，後來也常常互相揪團、分享收成。他們會一起看著菜園說「欸，你的菜怎樣了？」、「快要黃掉該採收囉！」，就算每天見面，仍可以有源源不絕的種菜話題，從農園聊到彼此的生活。玫姐說，菜圃是一個可以凝聚情感的地方，因為在那邊種菜又可以閒聊紓壓，氣氛很輕鬆。

除了各自認養的區域之外，社宅還有「公田」制度，是由青創戶與居民一起負責耕作，而成果也與社區共同分享。健康社宅公田的靈魂人物，非「黃姐」黃蘭英莫屬。身材瘦小、五十七歲的黃姐總是露出靦腆的笑容。在訪談那天，黃姐拿了一袋金棗與大家分享，有點害羞又誠懇地分享園圃的經驗。黃姐是跟著女兒一家搬進社宅，平常在家照顧五個孫子，但早上五、六點就會上公田「巡田水」，澆水、施肥、除草和看看作物生長的狀況。黃姐是住戶們公認最無私貢獻的人，就像Kelly形容的那樣：「黃姐是公田的隊長，沒有黃姐就沒有公田！」

黃姐以前住三峽，在搬來社宅之前並沒有農耕經驗。但來了社宅之後，她開始自己看書、上網學習，甚至嘗試授粉育種，更不吝嗇把成功經驗和自己培育的菜苗分享給其他人。黃姐說，她看這裡原本的泥土不太好，都是沙土，她就從三峽帶了很多本地的泥土。後來她發現排水也不好，於是就敲出一點縫隙，讓水能通過。此外，她也有把三峽那裡、她覺得比較好的菜苗帶過來種植，也自己做了一些堆肥。現在，公田在黃姐的悉心照護之下，從一片空地到去年的絲瓜收成了好幾百條，接下來她還想挑戰更有難度的「牛奶南瓜」。黃姐說，很多年輕人都要上班，她就主動來照顧園圃。她靦腆地笑著說道：「種植物很像照顧小孩，我們每天都要去看看，看著他們成長。」

傍晚時刻，黃姐邀請大家一起到五樓的園圃走走。她看著公田每一片盆栽，對它們的生長狀況和故事瞭若指掌。此外，她也喜歡幫作物拍照記錄，她最愛的角度是：結實纍纍的絲瓜、果實與垂下的枝葉，以淡淡的臺北一〇一天際線和社宅大樓為背景。她說：「這樣才看得出來我們在社宅園圃啊。」平時，她喜歡坐在園圃中央的長椅，看著孩子和狗狗奔跑玩樂，並且跟一起耕種的夥伴打招呼、聊聊天。對黃姐而言，每天到園圃的時光，讓她的生活更有意義。因為黃姐和大家的參與，社宅的園圃繼續茁壯生長，也為社宅居民帶來更多生命的養分。

自然永續的日常——小辰、Kelly、Miyo為下一代建立體驗生態循環的簡單生活

「都市裡生長的小孩很少碰到泥土。在小的時候，我們對什麼事情都好奇，會採摘種子、摸摸花草，仔細觀察，但等我們漸漸長大，也就離花草樹木漸行漸遠了。」三十一歲的小辰在〈興隆你農我農的一天與一年〉這篇文章中，如此寫下她看見都市孩子逐漸遠離自然的想法。

小辰家的客廳有一整面溫馨的木頭書牆，擺滿繪本和圖書。她的兩個兒子會坐在沙發上看書和玩美術勞作，時而獨自認真閱讀、時而跟家人活潑玩鬧，看得出來小辰對於孩子的用心陪伴。園藝景觀背景畢業的小辰，從大學時就參與青年社區規劃師的培訓，關注都市邊緣的園圃，也組織「大猩猩綠色游擊隊」。小辰在二〇一七年成為興隆社宅青創戶之後，除了持續在社宅園圃、與愛鄰協會合作帶領園藝課程，身為兩個孩子的媽媽，也在社宅發起一系列親子課程。

在親子植物課程，小辰會先以有趣的繪本介紹植物，並細心說明如何操作手機顯微鏡。課堂上的活動會分成種植和觀察兩組，前者讓孩子親手接觸泥土和水，一起動手玩得不亦樂乎；後者則讓孩子們嘗試用手機顯微鏡，透過小小的鏡片看到植物細胞和花粉，讓

那些不曾關注的細節、小到眼睛看不見的枝微末節被無限放大，孩子彷彿進入另一個神秘奇幻的世界。小辰在課程上充分活用她的專業能力，從介紹植物生理，說明植物為什麼開花，以及該如何用低溫刺激植物的生長發育等等，在有趣的體驗過程中，巧妙地傳遞知識。

同樣以園圃為基地，開啟孩子與自然連結的還有前文提到的Kelly。除了投入健康社宅「共耕食代」園圃計畫，Kelly的重心一直都圍繞在親子共學課程。自從二〇一五年雙胞胎女兒誕生之後，她為了跟孩子擁有共同成長的時光，開始探索親子共學與自學的型態。從事多媒體設計業的Kelly，之前在家就會替孩子精心設計學習單，包括蒐集廢棄材料自製塗鴉畫筆、用蛋殼玩育苗等活動。她在入選青創計畫之後，正式創立「Babytree寶貝樹親子共學堂」，結合社宅的社區園圃開辦實驗班，與更多家庭共學共作，在過程中注入生活的應用美學。在「小小食農家公益共學」計畫中，她和參與共學的家長們發揮所長，設計小小園藝師、親子藝術工作坊與花草ＤＩＹ等多元課程，讓大人跟著孩子們一起體會耕作和收穫的快樂。

Kelly投入親子共學和共耕，對她而言是應用所學並將之與生活，就如自然、美學和生活其實一直都息息相關。親子共同育苗、種植養護，到收成共享、共餐，實踐這樣的生活形式就像在孩子心中埋下一顆種子，期許有一天會開花結果。

為下一代開展的生態實踐，也展現在三十九歲的Miyo與周圍市場進行的剩食計畫。笑容甜美、很有想法的Miyo以前是程式工程師，平時一直都有在關注環保議題。她說明，她的「聖食廚房」是跟菜市場的攤販配合，老闆會把賣不完的菜留下來，由她彙集整理後放到健康社宅的大廳桌上，提供需要的人自行拿取。剩食隱含著循環、交流和永續的觀念，是Miyo投入「聖食廚房」的主要原因。她第一年的計畫是用剩食來推動共餐，第二年則將剩食作成堆肥，帶著兩個孩子跟園圃的夥伴一起參與農園的親子耕作。這除了讓孩子們從看到螞蟻會叫、看到蚯蚓會跑，到願意主動接觸。有了很大的蛻變。Miyo說：「把剩食做成堆肥再做成食材，就是一個良善的循環啊！」

Miyo也說，若非執行這項青創計畫，她也不知道原來市場丟棄的東西那麼多。平時，她大概會在下午一點時去市場晃一圈，通常會看到攤販用比較便宜的價格，來看東西能不能賣出去，再晚一點回收車就會來收今天賣不完的東西，數量非常多。她無奈地說，臺灣已經面臨嚴重的糧食危機，農業生產無法自給自足，但同時也是浪費大國，處於很矛盾的狀態。對Miyo而言，剩食是人們現在要去重視的事情，因為如果不去重視，我們的下一代就得花更多力氣去跟自然環境拚搏。

她認為，把食材從社宅對面的菜市場拿到社宅大廳，也符合「從產地到餐桌零里程」的剩食概念。她說，臺灣有很好的環境，如果能把市場當成冰箱，或許就不用那麼浪費。若剩食的觀念一定能夠融入在生活之中，只要每個人拿足夠的東西、吃剛好的份量，就不會留下過多廚餘，讓廚餘丟進焚化爐燃燒，還製造空汙。如果每個人多做一點，下一代的環境就會更好，不用花太多力氣去對抗這些東西（汙染），而他們也可以花更多的時間和精神，專注在自己的事情上。接下來，Miyo想要讓剩食再次「發酵」，例如準備剩食料理和設計菜單，在公共空間進行展覽，也計畫帶著孩子們一起到菜市場闖關，讓大家更加認識剩食，進而熟悉自己社區與環境。

訪談過程中，住戶於社宅大廳來來往往，所以今天Miyo放在桌上那擺滿絲瓜、番薯的剩食籃子不知不覺已經空了。Miyo笑說，大家已經養成一種默契和習慣，這張桌子有時候還會有其他二手物品的交換。無論是食材還是物品的永續利用，或許正如Miyo所想，她的計畫在潛移默化中為社宅生活產生了化學變化，有一天或許會讓大家習慣成自然，漸漸發展出生態永續的生活。

小結：成長茁壯，往下個生命旅途前進

城市的綠地環境和自然生活逐漸消失，社宅像是高樓大廈、水泥建築中的一座座島嶼，留下一片讓植物和人們共同生長的空間，也讓各行各業、各年齡層的住戶在這裡安居樂業、成長茁壯，開展生活的無限可能性。

擁有景觀植栽專業背景的年輕人，例如妙禎與和為就透過青創計畫入住社宅，不只活用專業知識，也帶給社宅居民新鮮的生活態度，而他們在展開自我實踐的過程中，也獲得了意想不到的收穫和寶貴經驗。又例如小辰、Kelly和Miyo，身為家長的他們，懷著對孩子成長與對社會的關懷，在社宅投入創造永續生活的經營理念，更為下一代帶來了親近自然生態的可能。此外，屆齡退休、開展第二人生的玫姐與黃姐，也藉由親近自然，重拾人與人相互連結的溫度，在社宅開啟多元生活圈。

擦肩而過的陌生人們在社宅暫居，如同隨風飄散的蒲公英種子一樣落地萌芽、生根茁

壯。在社宅，住戶彼此照應、經營環境，除了回饋給土地和社會，也為自己帶來更多能量與新的成長。這也對城市帶來微小而重要的改變：社宅住戶以花草植物為媒介，懷抱著生態永續經營的理念並實踐在生活中，為都市找回一點點自然。這些在社宅居住的經驗，有一天也許會像隨風飄散的蒲公英，被住戶帶往其他地方，開啟下一個生命旅程。

他們的故事，現在也還在繼續。

社宅臉譜

在社宅創造都市綠生活

圖片來源：健康社宅青創團隊「花現綠意 園來有你」、「大樹下的交換日記」
臺北市自二〇一五年推動「田園城市」政策，在社宅裡田園城市的構想也獲得實踐，永續發展與生態共榮的目標被納入社宅的建築規劃、景觀設計和應用思維，設置了屋頂農園，預留綠地、公共設施供社區鄰里使用。這也讓居住在都市的人們，有機會在居家周圍擁有一片綠地，帶來與自然環境接觸的一絲契機。

圖片來源：河馬叔叔一高繹豐

285 號農耕隊名稱取自於健康社宅門牌兩百八十五號，成員恰巧皆住在同一棟社宅大樓，多數為二、三房型小家庭、三代同堂的退休長輩，相較於一房型的上班族，他們有更多足夠的時間和人手共同經營農園。

圖片來源：本書攝影

Kelly 是親子共學、農耕隊，乃至社區經濟商品推動的靈魂人物，是把大家拉在一起的關鍵角色。起初 Kelly 想透過種植豐富雙胞胎女兒們的自學生活，卻因著自身的興趣、看見社區的需求，開啟了一連串因農耕而起的行動計畫。

圖片來源：本書攝影
玫姐是 285 號農耕隊的草創成員之一，原本對種植一竅不通，參與青創活動後認識了 Kelly，因而被拉進了農耕隊，已退休的玫姐，住進社宅有了農園生活後一點也不無聊。

圖片來源：本書攝影
黃姐是 285 號農耕隊的公田隊長，她喜歡幫作物拍照記錄，最愛的角度是：結實纍纍的絲瓜、果實與垂下的枝葉，以淡淡的臺北 101 天際線和社宅大樓為背景，她說：「這樣才看得出來我們在社宅園圃啊。」

圖片來源：本書攝影、河馬叔叔一高繹豐
接受我們訪問的當天，Kelly、妙禎正忙著準備健康園圃商品募資上線的影片拍攝，有著影像拍攝專長的青創夥伴河馬叔叔是這次募資視覺影像的幕後推手。

圖片來源：本書攝影
園藝系畢業的妙禎，從海報到擺設足見她對植物的熱愛。在臺北經歷了幾年的蝸居生活後，住進社宅能擁有寬敞舒適的居住環境，讓辛苦的北漂生活變得充實滿足。

圖片來源：本書攝影
為了符合健康社宅大廳光照不足的植物生長條件，和為費時兩年在社宅陽臺育種耐陰、耐乾的「紅寶石秋海棠」。

圖片來源：本書攝影
和為的陽臺有將近兩百盆植物，這些植物會在一次次的活動中，陸續分送給鄰居，進駐鄰居家陽臺。和為說：「我猜想或許從我家分送出去的植物，會是許多健康社宅住戶家的第一盆盆栽吧！」

圖片來源：本書攝影
從小在民生社區長大的和為，搬進健康社宅後，第一次擁有了自己獨立且完整的生活空間。和為最滿意社宅的陽臺設計，畢竟能在臺北擁有足夠寬敞且日照充沛的陽臺很不容易。

Chapter 03

共創生活的火花

社會住宅裡的關係促進者

混居與管理的平衡點——社宅物業的現場觀察

社宅的落成除了象徵舊社區的蛻變，同時也為城市帶來了截然不同的居住模式：混合居住。其中，「物業管理人員」正是這些新興都會型社宅的守門員，肩負社宅的管理維運任務。為了面對租期短、屬性不同的多元住戶，社宅由政府委託民間專業物管業者進行管理，這些業者宛若政府延伸至社宅的觸角，在混居社宅中，執行由政府訂定的新規範。

攤開所有的維運工作項目①，不外乎是一般公寓大廈管理員的職責與任務，舉凡宅配物流、管理維護、清潔保全等。不過，社宅與一般公寓大廈的「物業管理」又有哪些不同呢？關於這點，我們得從社宅的混居文化與生活談起。

混居文化的萌芽

混居在國外早已行之有年，為了解決公有出租住宅長期以來的「標籤化」現象，讓社區容納更多元的人口組成，似乎成了一種解方。換句話說，透過讓一般住戶、甚至是經濟水準較高的住戶進入社區，不同社會階層的混居或許能消弭相對弱勢、貧窮住戶集中居住而產生的刻板印象。

依照臺灣的《住宅法》規定，無論是政府或民間興辦的社宅，至少應該提供百分之四十的戶數比例保障經濟或社會弱勢者承租。這項規定落實了混居的設計原則，同時也成了臺灣社宅混居文化萌芽的土壤。不過，以此規定為基礎，混居社宅在臺北開枝散葉，卻也長出不同形式的枝枒。

以地理位置相對靠近市中心的社宅而言，例如健康社宅、東明社宅與明倫社宅，無論入住的是弱勢戶或一般戶，皆為來自四面八方的市民或民眾。而相較於這類的社宅，興隆Ｄ１區社宅、興隆Ｄ２區社宅以及青年社宅則因政府加速老舊平宅改建，將部分戶數用以安置特定平宅社區住戶，進而形成另一種樣貌的混居。以興隆Ｄ２區社宅為例，部分安康住戶經由社會局的協助，從舊安康平宅社區遷移至新落成且鄰近的興隆社宅。當從前的平宅居民還在適應新環境的同時，亦有另一群來自四面八方、互不相識的住戶，在同一時間遷入社宅。人們遷移及扎根的過程中，形成了混居的不同樣貌。

新落成的社宅，看似提供了人們不同的居住選項，但面對不同群體組成的混居生活，又可能出現哪些挑戰？管理上又會有哪些問題呢？

夾在新式規範與人情之間——管理的兩難

①依據二〇〇三年行政院核定的《服務業發展綱領及行動方案》，「物業管理」為所有建築物使用有關業務之管理活動，其目的在使建築物使用者擁有清潔、健康、舒適、方便並兼顧自然環境保育之生活空間。

「社宅的包裹來囉！」物流大哥一進大門就精神抖擻地喊道。與此同時，穿著背心的物管人員也跟著忙碌了起來，一邊清點包裹數量、一邊將資訊登錄到社宅APP系統上，以提醒住戶來領取包裹。這樣的景象有點吵雜，卻又帶著某種秩序，這是走進社宅的大門，再常見不過的風景。

改採高強度管理模式的社宅設有「嚴格的門禁機制」。在社宅內，每一戶的門禁卡僅能到自家樓層，住戶無法在大樓內任意穿梭。相較之下，原先的安康平宅社區，住戶可以倚著綠樹長椅，閒話家常。社宅的門禁機制就像兩面刃：對管理單位而言，門禁制度方便管理，也有助於扭轉一般民眾對於公有住宅出入混雜的印象；但另一方面，門禁制度多少也可能阻礙了鄰里關係的建立。

除了對鄰里關係改變的不適應，原安康平宅住戶也因為過去既有的生活習慣，在新落成的社宅社區碰到不少衝突與挑戰。

興隆Ｄ２區社宅是三十七歲的宋總幹事第一個接管的社宅。宋總不管在年紀或資歷上，在物業管理這行都顯得相當年輕。每次碰見宋總，總能看到他穿著整套西裝、繫著領帶，足見他對工作的重視。他笑說，這樣的習慣是源自於過去在五星級飯店擔任管理職所養成的，但轉職成為住宅大樓物業管理，又特別是成為了社宅的總幹事，對他而言是一項不容易的挑戰。「我這年紀當總幹事很吃虧，大部分的人會覺得老一點的人來當總幹事比較穩重，而我也是第一次管理社宅，不知道會遇到那麼多狀況。」宋總撓著頭，如此說起自身經驗。正因為這些狀況在一般大廈管理並不常見，如何面對混居的社宅，也考驗物管人員的應變能力。

不同於過去的安康平宅，興隆社宅的走廊空無一物。雖然在一般公寓大廈裡，不免也有「住戶不得將私人物品擺至走廊」等相關規定，但公寓大廈規定是否有強制力，實際上還是得視不同的管理單位而定。然而在社宅，政府設有「扣分機制」[1]，並由物業管理人員來執行。例如，若未經同意，住戶就在公共空間張貼廣告、在住宅內部堆積垃圾或廢物而產生氣味，或在公共空間吸菸，物管首先會進行勸導，若住戶仍屢勸不聽，就會執行扣分，而當扣分累積到一定程度，該住戶便無法繼續住在社宅。這些規定十分繁雜，對原安康住戶來說尤其如此。

宋總向我們談起他在執行職務的過程中，曾遇過各種一言難盡的狀況。例如：

有位獨居的長者因為保持過去在安康平宅舊有的生活習慣，總會在家門口掛著燒香的支架，此舉卻不時觸動火警煙霧警報。又或者，有位坐著輪椅的身障人士住戶，因為初期社宅無障礙空間規劃尚未周全，在狹窄的電梯空間中寸步難移，於是曾經不小心撞破電梯裡的玻璃。

住戶如何適應看似「中立」的新式規範，看似大哉問，卻也是最基本的問題根源。面對種種層出不窮的情況，宋總也坦白地說：「管理上只能軟硬兼施。我都保持行政中立，一切依法管理。或者向社福單位尋求合作，請社工協助與違規的住戶溝通。」從宋總的話語中，不難看出他在執行這些規範時的種種為難：畢竟管理與人情孰輕孰重，實在不好衡量。

因此，社宅的混居模式讓其物業管理與一般公寓大廈有許多面向上的差異。除了搬進的安康住戶以外，還有許多在臺北市就學就業的一般民眾也在此生活。在混居社宅中，不同階層、背景的族群是否能友善互動？混居政策的美意，是否能為原安康住戶帶來一些生活上的改變、甚至形成新的都會居住文化？這些問題都值得我們進一步關切。

不僅是大廈「物業管理」，更多的是「照顧陪伴」

一位男子站立在馬路邊，而他的眼神所及之處正是興隆社宅。他彷彿正在確認與檢查些什麼。原來，這位中年男子是宋總的前手：陳總幹事。要不是大家都喊他為總幹事，光憑親切的外表，路過的人可能會以為他只是某位住在附近的老伯伯。但陳總卻已待過兩個社宅，算是資深的社宅物管員工了。

或許是這份親切與年紀，陳總還在興隆社宅工作時，總有許多獨居老人時不時來找他。興隆社宅的管理室櫃檯位於一樓，不時就會看到獨居老人拿著附近街坊購買的自助餐，坐在櫃檯附近，一邊吃著、一邊與物管人員話家常。日子久了，物管人員自然也會擔憂，像是今天怎麼沒看到某個長輩。於是，他們在管理室設置了長輩們的「簽到表」，邀請這些獨居老人每天都要到櫃檯來「簽到」。如此的每日問候，似乎也為城市一隅妝點上一抹溫暖的色彩。

陳總說道。

「那些獨居老人一開始也不信任物管人員，但住久了，反而常常下來跟我們聊天。」

興隆社宅中住有許多獨居老人。在這裡，偶爾會看到一些長者坐在櫃檯旁的沙發上、望著門外，看似在思索著遙不可及的青春與過去，抑或遠方的家人。這些長者多半有專屬於自己的故事，在布滿皺褶的臉孔下，藏著一些不適應新環境的生澀感。

陳總提到，有一次一位獨居老人搭電梯時，因為身體不適，人還未走出電梯便失禁了。但當陳總去問這位獨居老人，他卻矢口否認，直到看到監視器畫面，這位獨居老人才驚覺問道：「我是不是快死啦？」陳總聽了就告訴他：「沒事啦！別想太多，你要多多注意身體健康。」隨後，陳總交代其他物管人員協助清潔環境。陳總回憶起來說道：「獨居老人其實不是不知道規定，而是沒辦法照顧自己。」針對陳總的做法，這位長者雖然未將感謝說出口，但仍默默地透過眼神表情表達感激之情。

從陳總的經驗來看，他從事的工作雖是物業管理，但無形之中，他其實提供給住戶不少的「照護陪伴」。如果從內政部《社會住宅規劃設計及營運與管理作業參考手冊》[2]說明而言，臺灣物業管理服務可依服務範疇概分為三類：第一類為「建物與環境維護」，包括管理維護、清潔、保全、公安、消安及附屬設施檢修；第二類為「生活與商業服務」，包括代辦及諮詢服務、行政事務管理、商業支援、食衣住行育樂等生活產品及社區通路、照顧服務、宅配物流；第三類為「資產營運與管理」，包括不動產的經營管理諮詢顧問、開發租賃及資產管理、財務、法務與管理等服務範疇。在前述定義下，臺灣社宅所提供的物業管理服務應該可以歸類於第一類至第二類之間。此外，從物業管理的角度來看，以「營利」為導向的公司經營策略，最重視的是預防保養與管理，以及大樓收支、工作與人員規劃等。但對像陳總這樣實際在社宅中工作的人而言，他可以很明顯地感受到，住戶需要的陪伴遠比想像中來得更多。

在與陳總的談話中，與其說是聽他分享如何管理社宅的經驗，更像是偶然在大樓轉角遇到鄰居老伯伯，陪伴他如數家珍地翻出這些珍藏的鄰居故事。也許，對陳總而言，社宅總幹事的工作不單只是份管理工作，也提供了人們邁入中高齡生活時，所需要的互相照應與陪伴。

小結：打造讓所有人能「共居」的社宅

從宋總與陳總的實際經驗看來，社宅的「混居」模式或許不如想像中那麼美好。畢竟，日常生活的相處與不同生活習慣之間的拉扯，必然會讓社宅中有著各式各樣背景的人們產生新的衝突。他們如何在社宅中找到平衡點、尋求相互理解與包容，是一大課題。但參與其中的物業管理單位，或許也能以不同於一般公寓大廈的管理人員角色，一同參與這場大型的混居實驗；當社宅不再像過去的「貧民聚集」讓人聞之卻步，從中反而長出不同的居住可能與文化。有著不同背景的人們，如何在社宅中找到平衡點，透過物業管理單位參與在其中，不再僅是扮演一般公寓大廈管理人員，或許能以「照顧陪伴」的角色參與這場社宅裡的大型的混居生活實驗。在這裡，每個人都逐漸為生活帶來變化。

社宅臉譜

社宅物業管理工作直擊

圖片來源：本書攝影

在物業管理這一行相對年輕的宋總幹事，每天西裝筆挺的至社宅上班，因著過去飯店管理的經驗以及年輕人善於數位操作的特質，他接管興隆 D2 社宅後開始嘗試資訊系統彙整、物業管理 SOP 程序化。

圖片來源：本書攝影

從物業管理的角度來看，以「營利」為導向的公司經營策略，最重視的是預防保養與管理，以及大樓收支、工作與人員規劃等。但無可避免地，在社宅中，住戶需要的陪伴遠比想像中來得更多。

圖片來源：本書攝影

擔任過興隆 D2 及現任東明社宅的陳總幹事像是偶然在大樓轉角遇到鄰居老伯伯。也許，對陳總而言，社宅總幹事的工作不單只是份管理工作，也提供了人們邁入中高齡生活時需要的互相照應與陪伴。

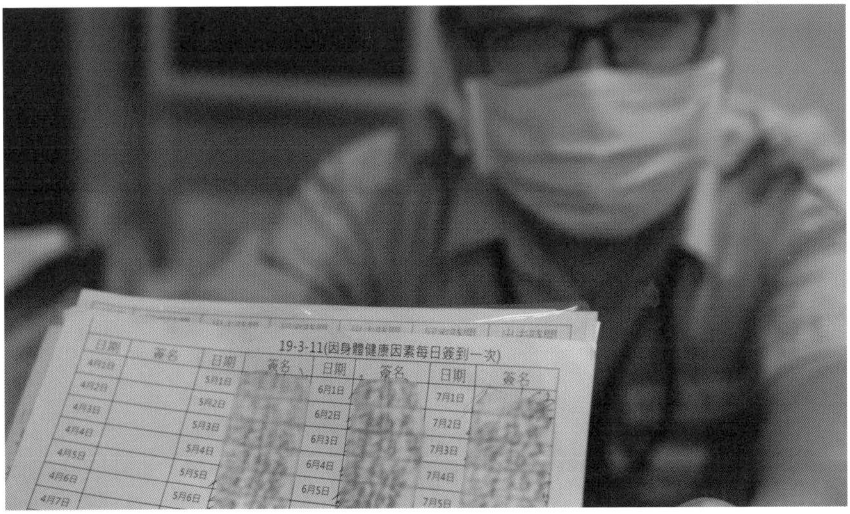

圖片來源：本書攝影

在管理室設置了長輩們的「簽到表」，邀請獨居長者每天至櫃檯「簽到」。

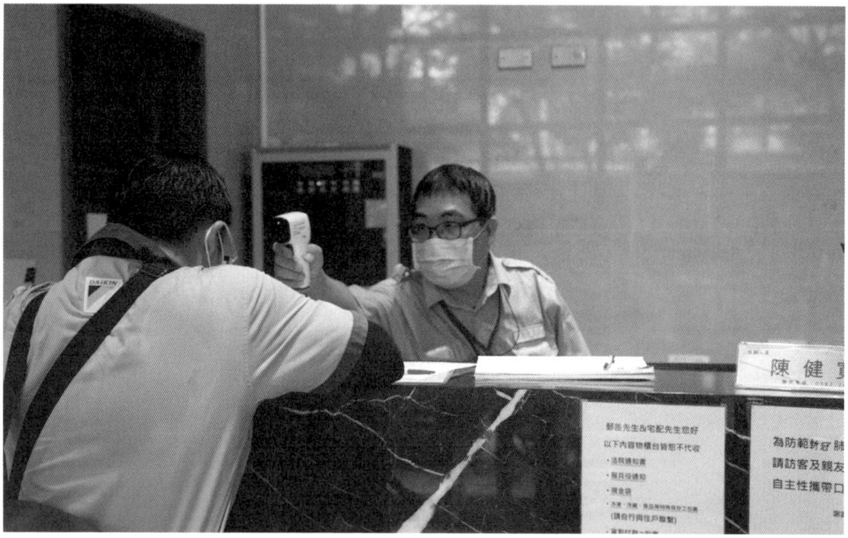

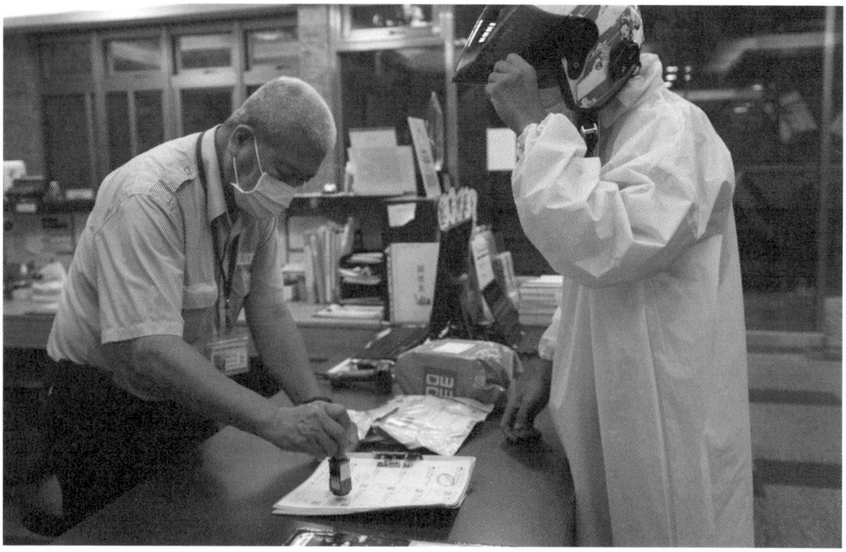

圖片來源：本書攝影
第一線面對住戶的保全人員，日常工作以管理門禁、包裹收發為主，在日漸與居民累積信任感後，更是這場混居實驗的關鍵角色。

從居住重新打造的照顧體系──三個社福機構進駐社宅的故事

理想社會的願景關乎於人們願意如何生活在一起。社會上有各形各色的人，從男女老幼、有不同學經歷、不同的工作與收入，乃至不同的身心狀況與疾病的人。我們帶著自身的獨特性、共同生活在同一個社會中。這與社宅所面對的挑戰相似，因為社宅不只是要讓不同的人們能找到安居之所，更要讓人們能夠共同生活、互相扶持。

共同生活的挑戰可大可小：大自個人居住需求如何與政府或民間資源連結，小至我們生活的社區能如何支持身處其中的成員。或許，關鍵就在於找到橋樑，足以連結政府與居民、嫁接起鄰里的生活。其中，社會福利機構的故事顯得特別突出。

當我們談到社會福利機構與社工的工作，會想到什麼？可能是他們在窮困、高齡或其他特殊處遇的家戶中穿梭，為這些人織起一片片的安全網。但是當社會福利機構進到社宅，他們肩上的負荷往往就不只是個別的個案，他們需要協助特定群體在社區中與他人共居、共同生活，任務小從社會局委託的特定類型弱勢者的照顧業務、大到整個社宅的敦親睦鄰與社區性的照顧。本書訪談了三個性質不同、但都駐點於社宅之中的社會福利機構。接下來，讓我們一起看看他們在社宅之中與人們共同生活的實際經驗。

築一座給廢墟少年的橋──善牧基金會在得力住宅

二〇一八年年底，善牧基金會在臺北市興隆Ｄ２區社宅內，開辦了全臺灣第一個青少年自立住宅「得力住宅」。善牧基金會的游雅婷主任向我們解說，他們的服務主要是承接臺北市政府社會局兒童及少年福利科委託的業務，而主要服務的對象是在替代性安置照顧系統裡面的兒少。這些青少年可能待過寄養家庭或安置機構但無法返家，所以他們在離開社福機構後，需要到社區自立生活。游主任告訴我們，由於很多受照顧的青少年沒有在外面租房子的經驗，所以社會局會希望陪伴他們一起走這段進入社區生活的最後一哩路。游主任說：「我們都希望陪伴他們走得更穩一點點，於是決定先藉由最基本的居住問題來協助他們。」

「我覺得我們的角色像是橋，」主任說，「因為過去在替代性照顧系統裡面的兒少生活相較單純，但當他的生命階段走到要從『被照顧』到『自立』，我們就希望在居住這個議題上扮演一座橋，陪他從受保護的地方跨到社區裡面。」

二〇一八年，非營利網路媒體《報導者》出版了《廢墟少年：被遺忘的高風險家庭孩子們》，這是一本由調查報導集結而成的書，書中深入採訪上百名在高風險家庭中長大的少年。根據《報導者》從衛福部資料所做的推估，全臺灣可能有約兩萬名出身於高風險家庭的兒少，而在替代性安置機構的兒少，更只有百分之五的人會選擇接受自立方案，接受社會局或委辦機構的協助與追蹤。現行追蹤系統的量能不足，自立兒少的追蹤大多透過委辦等方式，由社工來處理案件和青少年們不穩定的生活。在這樣的脈絡下，得力住宅的建立就變得十分重要，不僅提供青少年們穩定的生活、讓他們學習自立，也協助基層社工更好地完成業務。

游主任跟我們說明這裡的運作「我們這一層樓，扣掉辦公室有七戶，其中有四戶是單人套房，另外三戶則是三房型，全部加起來有十三個床位。我們的青少年在這裡就像在外租屋一樣，我們是偽二房東，大房東是市政府。我們模擬租房子給這些青少年。」和在外頭相同，青少年們在得力住宅，一樣要練習妥善分配收入，學習每個月要像在外面租房子那樣繳納租金。

得力住宅特別的地方在於，由於這些青少年們還是在政府的福利措施裡面，因此繳納租金僅作為自立生活訓練的一環。「通常，他們住進來時需要準備一個只進不出的存摺託給我們保管，他們所繳的租金，都會由我們來幫他們存在存摺裡，等到他們要搬出去的時候，我們就會把他整筆存下來的租金返還給他，作為他的自立生活基金。」游主任如此解釋這種「偽二房東」的運作方式。

得力住宅的性質不同於一般社宅，因此從租金、租期到整體目標也有所不同。在這邊最多只能住兩年，因為這裡是一個轉銜之處，最終大家都需要過渡到社區生活。但實際上，居住時間長短的決定權仍在青少年手上。無論他們認為自己需要半年、一年或一年半的時間，才能準備好到外面開始租屋自立、展開新生活，都是由青少年提出他們的需求，然後與得力住宅的工作人員們討論、擬定計畫之後再執行。

社宅租金比一般租屋市場的租金低，而得力住宅提供的租金又是社宅租金再打折。他們考量協助的孩子從替代性照顧系統出來的時候，經濟能力可能不是那麼穩定、存款也沒那麼多，所以租金的起點就會比較低。游主任說，得力住宅的「租金」標準，從獨立套房一個月五千六百八十元，到比較大的雅房四千四百八十元，比較小的則是三千七百元，都是評估青少年們的經濟能力後做出來的折扣租金。

「可是我們都知道，這樣的價格在一般租屋市場是租不到房子的，所以我們每半年就會小幅度調整房租。我們希望隨著他住的期程拉長，他的收入跟花費也可以有一些調整，讓他到要搬離的時候，所付的租金可以更貼近一點點租屋市場上的行情價，避免白做一次這樣的練習。」游主任進一步說明道。

為了培養過往在安置照顧系統內的青少年自立，得力住宅協助這些青少年從受照顧的生活，過渡到自主決定、自己照顧自己。這樣的過程有許多困難需要克服，當然也會有不那麼順利的故事。

善牧基金會在得力住宅有訂一個積極性與消極性遷出的指標。積極性遷出就是他們協助的青少年已經達成原本討論的目標，在居住期程內完成希望在這裡練習到的一些技能。如果是這樣，那他們就會讓他在完成了階段性任務後遷出。另外一種消極性的遷出，一部分是關乎在住宅裡面是否做出傷害自己或他人的行為，但還有一個非常重要的指標是，如果青少年連續兩個月沒有繳房租，就必須遷出。游主任說，這就像在外面租屋，當你繳不出房租的時候，房東也會請你搬走，是很現實的狀況。

其實善牧基金會同時扮演輔導者跟現實狀況的軟性執行者。社工會去注意有沒有人遲繳或未繳房租，然後會去跟住民了解原因。如果他們遇到困難，善牧就會去跟他們討論解決方案，並評估這是不是短期內能解決，最後再來討論例如房租的分期繳納等辦法。

游主任和團隊曾遇過一個男生，工作不太穩定、依賴福利資源。他們嘗試過陪他一起進職場，了解他的就職狀況，但他亦不希望受到干預或是被管。在他滿二十歲前，會協助他取得資源，但在滿二十歲後，他就得自食其力，避免養成對福利資源的依賴。最後，這位男生決定搬出，到外縣市跟哥哥一起住。游主任提到，還有許多青少年和這個案例類似，他們除了工作不穩定以外，也有部分人會期待藉由搬離這裡，拿回工作人員以「租金」名義為他們存下的自立基金，來做其他運用。

對於得力住宅的工作人員們來說，扮演既是管理者又是輔導者的角色，雖然不乏矛盾，但他們的初衷仍然是希望做好一名陪伴者。游主任說：「在這裡，我們就是陪他們，我們希望得力可以是一個平安的環境，讓他們開始學習自立。在這個過程裡面，我們會陪伴他們一起生活，那當未來他們離開這邊、開始成為一個有力量的人，他們也可以把自己的經驗傳遞給未來可能跟他有同樣經歷的人。」最終，透過青少年的自立與共居，再加上工作人員的陪伴，得力住宅希望打造出青少年的支持網絡，讓青少年彼此扶持。

游主任認為，雖然這些青少年可能沒有原生家庭或親屬資源，但是在得力住宅，如果有一些好的互動經驗，那未來這些青少年就可以一起租房子，或是知道有問題的時候可以找誰。現在，他們也會透過一些團體活動，讓青少年固定聚會，討論以前自己在機構的時候，對自立生活的想像是什麼，現在出來之後感受到的差別又是什麼。

當兩年期滿後，青少年們要離開得力住宅時，社宅也逐漸成為一個很好的選項。對這些青少年來說，社宅有幾個優點。第一，這是他們熟悉的生活環境，如果在外租屋則需要漸進離開與適應新環境，但申請社宅後，他們可以透過特殊身分戶制度，有機會入住社宅。再者，社宅的租金有階梯性，以得力住宅目前的服務個案來看，他們身分上可能滿足家庭弱勢、低收，或是可能還是就學中，因此相較於一般租屋，社宅更適合他們。然而，社宅也不是沒缺點，游主任明言，現行機制就是社宅要求滿二十歲的民眾才可以申請，使得部分個案就因此而無法申請。

社宅的環境不只是青少年們自立的基礎，友善的環境也可以是他們認識世界的一扇窗。游主任回憶，他們會在節慶時辦一些聚會。例如去年的中秋節，青少年們決定去河堤烤肉，後來許多青創戶因為平時和這些青少年有來往，也帶著小朋友來參加。「我覺得那個過程滿特別。青少年平常不會主動去跟人互動，可是當有比較小的弟弟妹妹出現時，他們不但會一起玩，我們那時候有辦一個小比賽要烤肉與做創意料理，他們也一起參加。另外也有看到青少年們跟青創戶閒聊，然後發現青創戶居然是同校的學長姐。雙方聊聊受教育與出社會的經驗，這無形中也擴大了青少年們的人際交友圈。」游主任如此說道。

像是得力住宅這樣的社會福利空間進駐到社宅時，有可能會造成居民的疑慮。但主任的經歷告訴她，實際的生活經驗就是化解這種想像的最好方式。「大家不僅關心整體運作情形，亦關心著青少年們的情況，因為這是過去青少年從未嘗試的獨立生活模式，但多少會擔心他們因為有自己的生活空間而太興奮吵鬧，干擾到其他鄰居。」游主任進一步說，過去在我們的社會中，協助青少年自立的機構是少見的，容易造成人們誤會機構會妨害社區安寧。游主任繼續說道：「但是我並不擔心，畢竟社區裡面本來就會有青少年存在。實際上，我們住進來也沒有收到太多反映。」

雙方的資訊不對等或不流通確實會影響到善牧等機構在外租屋。也因為如此，社宅就成為社福機構一個很寶貴的空間資源，讓機構得以穩定進行業務而不用太煩惱周邊的環境。相較於過去，游主任在萬華做中輟生的服務，那時候的場地與得力住宅不同，需要用經費承租。而當時要在社區中找到友善房東或類似的空間其實不太容易，大家多少都會有一些想像、會害怕。如果能夠有更多空間釋出，讓福利服務有機會真的在社區裡面生根，或許就可以降低大家對於一些身分或一些服務使用者的負面想像，甚至可以在彼此有互動下更加共融。而這樣的空間要維持營運，就需要政府單位跨局處的支持。在得力住宅的運作上，目前編制一共有五位人員，其中四位專業人力（包括主任、管理得力住宅並協助輔導的社工、對自立青少年進行後續追蹤的社工，以及協助方案的專員）由社會局補助，再由善牧基金會自籌一位行政人力；此外，得力住宅內的家具等硬體設備，社會局也會給予補助。游主任說，現在因為有跨局處的支持，都發局願意、社會局也願意爭取與配合這些往往不限於自己單位的服務。「這是很不容易的事情。不只是因為這些藉由生活來讓青少年練習自立的服務是必要的，我覺得跨局處的合作也是滿珍貴的。」

培力社區，共同生活——伊甸基金會在臺中市共好社宅

二〇一八年五月，臺中第一棟社宅豐原安康社宅開放入住。臺中市政府引入了社會福利、社區營造與醫療資源，邀請了包括財團法人伊甸社會福利基金會、好伴社計團隊、中國醫藥大學等單位駐點，一同打造「共好社宅」。這樣的精神也延伸到其他社宅上，例如在去年底開放入住的「太平育賢社宅」，伊甸基金會也同樣有駐點服務。「希望社宅這可以展現所謂的『共好』、『共同生活』，」伊甸基金會的臺中區區長李瓊瑤說道，「社會

工作背景的人，他們有三個重要的工作方法，其中一個叫『社區工作』：只要這個地方是個社區，鄰里的人也是我們應該要去服務的對象。對我們來說，我們甚至不覺得『社會住宅』四個字是重要的，我們是用社區工作的概念在做事。」

李區長思索，在臺北的社宅，一樓也有很多社福設施進駐，但是要怎麼樣讓這些設施滿足社宅住戶的需求？設施本身終究只是硬體，社會福利的服務才能真正串聯起社宅與社福設施。在社宅裡面，社福設施不只是幫助住宅處與社會局處理弱勢者的居住問題，更是要讓居民可以在這邊和樂融融地生活六年。

帶著社區工作的理念，伊甸臺中家庭服務中心的張明晃主任向我們介紹伊甸在豐原安康社宅的業務。目前，他們在豐原安康社宅有兩名社工與兩名課後輔導的老師常駐：前者負責「好鄰安康店」的經營，以貼近居民生活的方式促進社區的人際關係，而後者則以社區的國小課後照顧為主。張主任解釋，他們是根據衛福部的「小衛星」課後照顧計畫，主要服務的對象有一半是社宅住戶，另一半則是鄰近社區的小朋友。此外，他們還會經過社工評估，除了經濟條件之外，也會評估家長的照顧資源足不足夠，評估後才會讓小孩進來就讀。

這些業務的安排都與豐原地區的社會人口屬性相關。目前，豐原安康社宅有百分之四十四的居民符合保障戶資格、百分之三十二的家戶是核心家庭，以及超過八成的住戶低於四十歲。此外，豐原地區的居民大多從事較為穩定的公教業。張主任說，人口組成年輕的好處是建置時，一般戶和保障戶比較容易住在一起，彼此之間比較不會事先區隔，也不容易知道對方到底符合哪些資格。伊甸希望在社宅裡傳達共好的概念，常常在想如何促進居民更加認識彼此。目前，伊甸在豐原安康社宅設置了一間圖書遊戲室，從兒童教養、親子互動的活動著手促進住戶互動，不只吸引許多媽媽參加，伊甸也更在這些積極參加者中建立起照顧者團體和在地的志工團。

除了兒童的教養活動外，透過共餐來促進社區互動、讓每個人發光發熱也是伊甸的活動特色。「我們不是叫餐讓大家一起吃，而是希望成員自己煮。首先，我們透過關係跟當地的市場攤販認識，然後我們的志工前一天就會先去挑菜、拿菜，拿回來之後由另外一組開菜單，隔天又有一組來整理、有一組開始煮，而一些年紀比較大的居民則會幫忙洗碗、擦桌子。我們有時候會再加入一些活動，例如營養教學等等。像是有一個長者，他以前是開餐館的，有時候輪到他煮菜時，我們桌上就會有一些不是一般人做得出來的功夫菜！」張主任笑著說道。

社宅提供的公共空間讓這樣的共享共好活動事半功倍，而伊甸基金會在豐原安康住宅有六十坪大、無隔間的公共空間，可依照活動的型態再為空間做變化；完整的廚房空間，不僅是辦理共餐活動的利器，與餐點有關的活動也會用到；另外還有福利資源的諮詢區、一個鋪有木地板的圖書遊戲區，以及一個輔具的展示及借用區域，也會有治療師來駐點。

促進居民融合的方式，不外乎是慢慢藉由活動讓彼此認識、放下心防，這些事情都需要有策略地完成。如同伊甸剛進駐社宅的時候，雖然沒有遇到很劇烈的抗議，但是居民難免會有一些抵制跟懷疑，擔心地價變低或社會問題變多。於是，他們舉辦活動時，就先從住戶為主，再慢慢開放部分給鄰里居民參加，而且社宅內外也都舉辦，讓人們可以重新認識鄰里。此外，他們也會與地方的重要人物溝通互動，像是里長，有比較多的互動。如此一來，里長有合作參與和民眾互動的機會外，也願意在工作上面協助伊甸。

針對這點，李區長進一步補充道：「社宅的社福設施當然是好的，但怎麼樣開放才是難題。社會局主管服務、但他們沒有錢，住宅處主管空間出租與收益、但對社福服務陌生。我相信，只要住宅處跟社會局願意跨局處合作，那社宅就可以更優質。」

由公部門與進駐單位們固定每個月召開的「共好會議」，就是團體們彼此相互熟悉與照應的管道之一。「在這邊，主要是由『好伴社計』來協助內部單位的整合，彼此的活動訊息也會透過公共空間與媒介來轉發。」在這邊，住宅處盡力的在軟硬體各方面提供協助並積極協調，而各個單位間彼此也提供了很多機會，也願意為彼此的活動招生。當居民遇到租金遲繳問題時，伊甸、住宅處與物管單位也有合作的默契，能協助居民轉介資源與申請補助。

另一方面，在促進社區關係的過程中，社區內的其他協助也至關重要，例如臺中社宅有納入「種子戶」，讓有意願的人藉由提出方案、獲選而優先入住社宅，在一年一約的模式下，協助增進居民之間的互動。伊甸、社宅與種子戶的合作之所以重要，不只是他們的活動更有機會有人參加，伊甸基金會也可以和他們共同辦理活動。有他們的幫助促使社區凝聚力的產生，伊甸的工作也能運作得更順暢。

除此之外，志工隊也是伊甸團隊很重視的主軸。其中有一部分人是社區居民，此外伊甸也從外面的社區招募志工。在志工隊中會進行分組，如共餐組，或是來幫忙安全接送小孩的課後照顧班。伊甸希望讓志工都可以發揮他們的能力，也希望依照他們的興趣來分組。例如，有一位五、六十歲的媽媽，因為有點中風、活動不是那麼靈活，沒有太多機會出去，但是她在能力範圍內可以做一天志工，她就協助消毒教具跟繪本。這樣坐著的工作不用花費很大的力氣，而她也因為有所貢獻感到開心。

針對志工隊的發展，張主任說道：「去年底，我們找了一群對說故事、講繪本有興趣的志工，辦了培訓計畫。去年上完課之後，我們今年持續進行每個月的訓練，讓媽媽或爸爸們有機會擔任說故事的志工。」在社宅裡有各式各樣的居民，也有一些民眾有特殊的專長，例如他們有組成一個「達人組」，有些居民搬走留下的小電器就可以經由達人的巧手，維護基本的功能與安全，讓下一個住戶可以使用。

後來，志工隊的分組也依照伊甸開拓出的活動而增加。由於志工的異動性高，志工的招募也成為工作人員的挑戰。但李區長從社區工作的角度來理解這件事情；在她看來，只要能夠激發出人們的潛能，可以讓他成為能幫助別人的人，那志工隊的經營就是成功的。由於豐原地區剛好沒有任何大專院校，讓招募志工多了一些困難。所以他們一方面從社宅內部招募，也向外部的社區招募。例如社宅旁邊剛好是豐原醫院，一些退休的護士也會願意加入，而伊甸基金會總會的志工發展處也會協助他們進行招募的活動。

伊甸的駐點，加上熱心志工們的協助，雙方共同在豐原安康社宅編織起一層層的安全網，成為居民相互扶持的後盾。針對社宅裡面的居民，無論是有健康疑慮的長者、身心障礙的居民，或帶著患有慢性病兒童的家長，志工與工作人員都可以協助關懷、分擔照顧責任，時常噓寒問暖和聊天互動。有時，左鄰右舍會幫忙帶小孩，讓照顧者得以喘息。張主任曾向我們提到各種發生過的小故事，例如他們遇過一個有精神障礙的孩子，他因為身體狀況，只能做半天的工作，另外半天他會去醫院的慢性病房。他們發現，這個孩子不只是看到工作人員的時候會想要聊兩句，遇到一般人的時候也是如此，會藉由互動聊天來安自己的心。張主任認為，在社宅裡，一般住民在這些互動的潛移默化下，確實會對他人有更多的包容和理解。

社工的養成雖然大多以個案工作為主，但張主任與李區長也清楚明白，社區有時候反而是更重要的起點，在社宅裡與居民用同樣的角度與觀點，反而容易去理解他們遭遇的困難、快樂與悲傷的故事。

李區長也進一步補充與住宅處互動的經驗，並說道：「我覺得住宅處對於行善其實是有夢想的，但是很多東西他們受限、或是不熟悉。我還記得，我第一次跟他們討論到公共區域的無障礙空間時，我問他們這裡怎麼會沒有無障礙廁所？住宅處告訴我說，無障礙廁所在外面，這讓我覺得很意外。大家沒有意識到這有多不方便嗎？他們聽了我們的問題，也就立刻修改設計，甚至未來的規劃也因此納入更多無障礙空間了。住宅處願意因為我們去做改變，這樣讓我感到有希望。即便在只能做硬體的限制下，他們還是盡力了，只要能透過每個人一點點的努力來讓很多人受益，我覺得就值得了。」

然而，在社宅進行社區工作的難題是，兩個業務分別隸屬於不同的主管單位，當跨局處溝通與合作的機制尚未建立完善，就容易造成在第一線的社福機構執行困難。由於社宅仍剛起步，跨局處的合作默契仍在摸索建立中，期盼透過各方努力，讓處在其中的組織團體能夠合作得越來越順暢。

對於目前社宅原則以六年租期為限，伊甸在社區工作外，也盡力的為居民累積更多健康、文化，甚至是家庭保護能力的資本。在他們的服務經驗中，無論是身心障礙、發展遲緩等議題，工作者都應該在個案離開服務前一年就開始規劃「轉銜」，幫助他們認識自己的能力、找到需要的資源，並且提前建置該有的資源。在社宅裡雖然發生了很多感動的故事，但社宅只是這個社會的小小一角，李區長期望每個住戶在社宅內培養出的包容能散播到身旁的各個角落。「我相信大家在透過入住社宅這個機會認識不同的族群時，能夠比一般的人更有包容性、能夠學習到認識他人這個重要的課題，進而讓我們的社會變得更好。」

開拓人權導向的社區合作──勵馨基金會在林口世大運社會住宅

「社會服務一直被理解為愛心慈善，進步一點的觀點則是趨近於使用者需求導向。但我常常在想，如果我們從人權導向的觀點來看待社區工作與社會福利，那會有什麼不一樣？」勵馨基金會林口服務中心主任李玉華向我們拋出這個問題。李主任說：「這會打開一個新的想像，不只福利的供給與依賴不再是主要問題，住宅也將是建立社會安全與穩定性的基本需求。」

二〇二〇年一月，長期耕耘於婦幼服務的勵馨基金會成立了「林口服務中心」，進駐林口世大運選手村社會住宅。勵馨從事受暴婦女庇護的業務已久，根據衛福部的資料，一九九七年至二〇一六年，臺灣性侵通報案件累計超過十三萬人，還有逾一百六十五萬人通報家暴。對於受暴婦女來說，根據所處情況，她們會有不同類型的居住需求；有些在協助與支持下可以慢慢重回社會，有些則仍需要較隱蔽的保護，以避免加害人的糾纏對受暴者造成二次傷害。因此，社宅的空間只要能彈性運用，在專業單位的協助轉化下，正有機會提供合乎受暴婦女與子女需求的庇護。

在勵馨過去做女性庇護所的經驗裡，因為顧慮加害人會再來找受暴者，因此他們會傾向規劃封閉的居所。封閉的環境會阻斷受庇護者與社區的連結，連帶導致受庇護者的社會連結變得薄弱，縱使婦女能離開暴力、卻難以回到社區。因此，社宅的出現，就成了他們調整庇護規劃的好機會。

勵馨在林口社宅租了二十六戶，其中二十戶是婦女離開庇護後的中繼站，可以在最多兩年的期間內免費居住；另外六戶則是用作孩童心理諮商的「向日葵小屋」，以及課後照顧、物資分享、乃至就業中心。在這裡，勵馨提供服務，讓婦女們下了班後可以先喘息、吃飯；從受暴家庭回到就業市場的婦女，也能在勵馨設立的職場與就業站慢慢調整。此外，物資中心則讓民眾能參與公益，而勵馨也會將物資分送到社宅與鄰近國宅的弱勢家庭，在新冠疫情之下更能發揮功用。

李主任表示，他們服務的婦女的薪水大概在兩萬五到三萬之間，經濟壓力通常比較大。而她們撫養的小孩有百分之八十三都是國小生或是學齡前的孩子，對她們也是一大負擔。對勵馨而言，他們希望這些婦女在社宅這個中繼站可以存一些錢，讓她們回到社區時不會被經濟壓力壓垮。

目前勵馨在林口社宅的服務對象大致上有三類，扶養小孩的媽媽優先，其次則是受庇護、但滿十八歲且有自立需求的兒少，在讀書期間可以先居住於此；第三類則是多元性別的朋友，社宅獨立房間的設計，可以改善他們在傳統庇護所因為必須群體生活而感到不適的問題。

李主任也進一步說明勵馨的實施分流機制。經由社工評估，婦女如果還會面臨較高繼續受到暴力的機率及危險，會採取將她們繼續安置在庇護所的措施，而風險程度低者，則會安排至林口社宅。社宅提供NPO專案居住的單元，確保了面對不同程度受暴的婦女可以有不同的分流安置，他們在林口社宅的這些日子還沒有遇過加害人找上門的情況，而有保護令的婦女倘若真的遇到這種情況，也可以請警察協助處理。

然而，李主任也提醒，社宅的門檻與年限上限將需有更多的彈性與調整措施。因為，社福提供庇護僅能短期間內免除受暴婦女持續受暴力的對待，未來也還需持續關注復原程度、就業轉銜、社會融入等問題。尤其倘若她們一年一期的保護令也剛好到期，又因為社宅的居住年限期滿，則她們也很可能失去了社宅這個社會安全網的支持，是否因此又掉入暴力的惡性循環當中，令人擔憂也很值得慎思。

與伊甸基金會相似的是，勵馨也看重整體社宅、乃至於周邊社區的服務。尤其他們從一開始為了弱勢保障戶所建立且累積的各種有形與無形資產，亦為周邊社區帶來了一些幫助。

「我們設立的向日葵小屋在去年一月開幕之後，鄰近的麗園國小校長便來向我們反映，因為社宅住戶入住後，他們一口氣多收了一百多個孩子入學，但心理師或輔導老師的量能一時之間不容易補充。於是，我們商量如果有照顧能力較不足的家戶，可以透過學校老師來找我們，我們願意共同協助這些家庭。」向日葵小屋不同於一般的安親班，許多小孩難免有一些特殊情形，他們情緒反應及人際關係的張力也都比一般小孩子大，讓照顧難度變高，於是許多周邊學校的老師、學生，或是有熱忱的居民也加入勵馨的團隊，經過訓練之後依照自身的專業分組擔任志工，協助輔導孩子適應人際互動。這樣的例子似乎就說明，社宅的社會服務是可以外溢到整個社區的。

然而，政府單位對於資源的規劃與分配，與民間單位所看重的彈性、立即與穩定仍有差異。尤其林口社宅是由中央營運，是較為特殊的社宅，管理上涉及的不只是水平的、不同業務主管機關，還包括中央與地方政府的權責分配。

勵馨基金會目前承租林口社宅，百分之八十的房租雖已由新北市政府社會局協助分擔，勵馨基金會仍需自行籌措其餘百分之二十，再加上他們自籌的十三位人力，這使整個林口服務中心一年的成本近一千萬元。雖然最初進駐林口社宅、開設服務中心的想法是由內政部主導，交由國家住宅與都市更新中心（後稱「住都中心」）營運、提供非營利法人硬體空間，房租或是相關社會福利資源的挹注仍需再由地方政府協助分擔，使得經營的壓力成了不同單位之間需要積極協調處理的一大課題。社宅本身可以是一個外溢到社區的照顧系統，也是社會安全網的根本，如果希望建立以社宅為核心的社會安全網，運作模式內需要中央、地方政府、社福團體及在地力量彼此互相磨合、尋找適合的合作模式。

由於林口社宅在最初規劃時是作為二〇一七年世界大學運動會選手村使用，缺乏長期居住所應考慮的公共空間規劃，內部並沒有足夠大的集會中心。若未來能夠視實際使用情形調整公共空間之配置，或許就能解決勵馨為舉辦類型各異的活動，額外承租空間的成本支出。

倘若要達成以社宅為核心，建立起與社區周邊聯繫更緊密的社會安全網，最重要的是當地社宅的主管單位要有與地方協同合作的夥伴共識。林口社宅是全國第一個由中央政府管理的住宅，目前與地方的里長、市政府之間的工作平臺較薄弱，彼此間如何共同扮演起社會安全網絡之系統尚待建構。《住宅法》要求社宅有一定比例的優先戶，以林口社宅為例迄今已超過百分之四十的比例為優先戶。面對龐大數量的社會服務對象，單靠目前的六個ＮＰＯ進駐單位量能實在有限且不足，再加上住戶的資料、組成狀況等訊息無法公開，ＮＰＯ彼此之間因為關注議題、對象不同，也需要時間磨合、自行尋找合適的合作模式。目前，勵馨只能透過辦活動等方式滾雪球累積資訊與經驗。

李主任以前做的都是保護性的社會工作，但是到社宅後，她開始學習如何做社區工作，透過社區服務串連起各式各樣的資源，避免臺灣社會福利太過切割；李主任認為，社宅是一個難得的資源，不只能夠增進保護工作的效果，更可以加強社區住戶之間彼此合作的互助關係。

「我們曾經去家訪過一個案例，家中有媽媽、一個剛上國中的哥哥與國小的妹妹，三個人只能共享一個房間。像這樣的家庭，離開了暴力卻落入了貧窮，媽媽也沒有足夠心力負擔照顧工作。哥哥心疼媽媽，於是想要管教吵鬧的妹妹，卻拿著菜刀而被誤會使用了暴力並且被通報。」李主任繼續說道，「哥哥說他拿的是刀背，只是想要嚇嚇妹妹，但這卻勾起了全家人的創傷。」因為貧窮，他們一家人只能負擔非常擁擠的生活空間，如果今天能夠透過社宅協助，讓每個人都能有各自獨立的空間，搭配社福的喘息服務配套，那就可以減少這些生活的摩擦與壓力的產生，從居住層面協助弱勢家庭逐步回歸日常生活。

勵馨基金會進到社宅的初衷是希望改變人們對家暴庇護所的想像。但實際進到社宅後，才發現現在距離理想中社宅與社福體系合作建立起的理想環境，多少還有一段距離。不過，若從人權導向來思考社區與社會福利體系，住民（尤其是弱勢民眾）的居住問題能夠先解決的話，就可以讓很多人先安定下來，然後人們或許就更有在社區層次上談民眾合作的思考空間。

小結：社會住宅納入社福服務，重建社區的價值

綜觀前文三個駐點故事，我們會想進一步探問的，或許就是社福機構可以怎麼樣讓「共居」更往前進。

首先，這些故事都說明了透過在「社區」中融入社福工作，我們有機會打造一個更安穩、更能照顧弱勢者的社會。無論是高風險家庭裡孩子的自立、社區中身心障礙者的生活，或是受暴婦女重返社會的過程，只要政府願意規劃整合社區營造與服務的進駐方案、並釋出公共空間，讓社福機構的專業工作者得以進駐、無後顧之憂地居中協助，社宅本身所具有的公共性，會讓社宅有較好的條件承接住弱勢者的需求及照護，提供一個包容、友善的環境，讓不同處境的人們都有更好的機會重新適應社區。此外，透過在社宅建立起工作、教養與身心理支持的資源，或許就可能扭轉目前個案性、補破網式的社福模式，讓照顧弱勢者的工作能提前深耕於社區之中。

我們期望社宅不僅能持續廣建，更能在提供照顧的基礎上規劃好適當的方案，引入專業資源與租約期滿後轉銜的業務，讓社區性的照顧不只是曇花一現。其次，我們也期待社福服務的建立，能讓社區被串聯起來，成為居民們能夠彼此認識、給予支持的網絡。

本書所訪談的三個社福機構，都有不同程度地深入社區之中。他們引導青創種子戶、熱心住戶或社區民眾更認識不同弱勢者的處境，也幫助他們發現自己的潛力，讓他們願意發揮自己的心力來擔任志工，成為願意與同一社區中的人們彼此扶持的一股力量。

簡言之，社宅作為一個社區，它不僅是單純提供一個居住場所，社宅對社會支持的優點更應該外溢到社區之外，為社會安全網的建立奠定基礎。當社福機構能夠站穩、進到社區之中提供普及於社區民眾的服務，預先打造更包容的社區環境，亦可造福整個社會的社福體系。在社宅的服務經驗，讓社福機構的社區工作目標不再只是原本服務的弱勢者，它向外拓展至一般人或是處在弱勢標準邊緣的人，試圖以更大的尺度包容不同的社會人口。

社宅臉譜

社宅社福機構工作現場

圖片來源：本書攝影
目前已進駐臺灣社宅的社會福利模式，可略分為「設施型」與「方案型」兩種，其中以「設施型」最為常見。社宅作為租期六至十二年的中繼住宅，建構「支持」與「培力」的系統，並納入社區工作的「社會福利服務」應更關鍵。

圖片來源：本書攝影
位於興隆 D2 社宅內的善牧得力住宅，「租客」是替代性安置照顧系統裡面的兒少 ，由善牧擔任二房東，讓青少年們開始嘗試建立屬於自己的家。

圖片來源：本書攝影
善牧基金會的辦公室也是社宅其中一間居住單元。客廳的六人桌是孩子們聚會、會談的空間。

圖片來源：財團法人伊甸社會福利基金會
伊甸每週一次的共餐服務，聚集了不同年齡、背景、族群的居民，共同藉由共餐一起相聚交流，也展現在社宅中共同生活、相互扶持的基本精神。

圖片來源：財團法人伊甸社會福利基金會
安康好鄰店設有輔具展示區以及二手輔具捐贈，提供社宅居民短期借用，曾出借給出車禍的長者輪椅及枴杖以維持日常生活，同時也運用現有輔具辦理身障及長者體驗活動，推展社區融合教育活動。

圖片來源：財團法人伊甸社會福利基金會
伊甸基金會的在臺中豐原安康社宅的場地搭起 70 坪的「安康好鄰店」，設有無障礙空間及親子廁所，營造友善、溫馨的社區交流空間。伊甸除了在社宅辦理活動，也推展至鄰近社區，可增進社宅居民與所在鄰里的互動，使附近鄰里居民更加認識社宅。

圖片來源：本書攝影
勵馨所照顧的受暴婦女中 83% 帶有國小或學齡前的孩子，因此打造了「向日葵小屋」，以創傷知情的概念，為目睹暴力的兒童提供一處能被聽見、接住的角落，同時也協助婦女減輕育兒的壓力。

圖片來源：本書攝影
勵馨利用三房型的居住單元，營造機能各異的療癒空間。其中「自己的房間」備有電腦作為婦女們自由使用的彈性空間，空間名稱取自二十世紀女性主義作家維吉尼亞．吳爾芙著作。

圖片來源：本書攝影
向日葵食堂照顧對象不囿於服務個案，亦提供社區裡的兒童課後照顧與餐飲，作為社區兒童支持據點。期盼達到社區共好，同時也預防被刻意標籤化。

圖片來源：本書攝影
向日葵小屋備有「沙遊室」，孩子可以透過道具表達經驗和情緒。例如，孩子有時會拿一些平常生活場景中常出現的物件，像是警車和救護車，對於施暴者則經常以配有武器的軍隊或是怪獸象徵。

藝術與新生活關係——公共藝術如何進入社會住宅

二〇一六年以來，臺灣建起新興的社宅，其中搭配著《文化藝術獎助條例》的規定，即由政府興建的重大公共工程，需編列不少於百分之一工程總造價的公共藝術經費。從此，「藝術」開始進入社宅這個背負著特殊社會性使命的居住環境之中。

從字面來看，「公共藝術」是需要兼具「公共性」與「藝術性」的藝術作品，最常以裝置作品的型態，出現在許多公共建設和開放空間之中。在不同的場所中，我們可以看見公共藝術的多重功能：它可以單純地被視為妝點與美化空間的作品，也能夠被用來詮釋場所的空間意象或彰顯特殊人事物的紀念性意義，甚至協助形成公共對話、凝聚人們對場所的記憶與認同。

然而，走進社宅的公共藝術，會是以什麼樣的樣貌呈現？此外，在社宅中的藝術作品，扮演著什麼樣的角色？又該如何回應「公共」這件事情？

社宅的公共藝術可大致分為「計畫型」和「裝置型」兩種形式，會由公共藝術計畫執行團隊邀請藝術家到指定的社宅中進行創作，而創作的主題多半與居住環境、居民生活，甚至是「家」的意象連結。不過，由藝術家提案和創作的作品，其作品的意涵和創作方式，也有賴藝術家對社宅的詮釋和界定。

臺中和臺北兩座城市都先後在二〇一七年及二〇一九年於新建的社宅中實施了公共藝術計畫。其中，「計畫型」的藝術計畫有別於一般對於公共藝術僅是藝術家作品的印象，強調創作過程中的藝術行動和居民的參與，並賦予創作者形式上的自由空間。本章將以四個計畫型公共藝術為主題，嘗試帶領大家探討公共藝術如何讓共同居住但又彼此相異的人們產生連結，建立共同生活的新關係。

以食物為媒介，以發酵作為隱喻

藝術家陳科廷的藝術計畫《記憶滋味》和《家庭發酵室》，先後在臺北的興隆Ｄ２區和青年一期社宅以不同的方式和理念落實。在興隆，陳科廷觀察到社宅基地的前身影響了入住居民的組成，於是將創作奠基在社宅所在區域原有的東南亞移民歷史之上，用食物來連結在地的舊人與移入的新人。從文山區的東南亞散步、一起做粽子和發酵天貝，創作最終在社宅中以一座種植著東南亞香料植物的花園呈現，由藝術家規劃後，再交由居民入住後繼續維護。

陳科廷預期以食物為媒介，將不同的生命經驗化為花園的一部分，讓共同種植和維護的花園成為居民新的回憶。他希望傳達，食物不只是食物，更包含了人們在生命遇過的香味；透過種植這些記憶中的植物，然後在這裡生活。但是因為工作坊並未設定預期對象，幾次在興隆舉辦的工作坊吸引而來的人並非社宅居民，也因為他預計種植的作物對大部分參與者而言太過陌生，大多數參與者未能好好地理解《記憶滋味》背後想傳達的意涵。

帶著興隆的經驗，陳科廷到了青年一期社宅後就調整了創作的步驟。他決定舉辦長期的工作坊，事先篩選參加者，並採全程參與。在青年社宅，陳科廷的創作是一段「發酵」的過程，他舉辦了一系列發酵康普茶的工作坊，隱喻著來到新環境的居民，如同發酵微生物中不同的真菌和細菌，在玻璃罐內發酵、生成。陳科廷稱呼這些來自社宅內外參與者製作康普茶的過程為「飼養」。以康普茶的製作來看，在「飼養」的過程中，參與者可以觀察到微生物與環境的影響對康普茶帶來的變化。此外，陳科廷也刻意選擇康普茶這多種微生物組成的菌群，象徵著社宅中不同的組成「成分」——這些成分和比例與生活的環境交錯，影響著最後的風味，如同社宅中異質的個體之間不同強度的互動，讓關係產生微妙的變化。除了製作康普茶，後來有些參與者也在工作坊的分享環節中，帶來自己家中與發酵相關的食物：有豆腐，也有分別用柚子果肉、柚子皮白甕釀成的酒。

這些發酵中的微生物，就像是我們生活中可能匆匆便忽視的微小事物，但長期而言，都會對生活產生影響。在計畫的一開始，陳科廷首先讓參與者思考生活中曾經忽視過什麼，再緩緩帶出康普茶後續的發酵歷程及意涵，而參與者之間也會因為「飼養」產生共同的話題。陳科廷提到，有些人會覺得把這當作是一個藝術計畫很特別。畢竟，這怎麼會是一個藝術計畫？但有人覺得飼養的過程，以及和別人交流的過程很有趣，而這就是他想達到的，也就是讓原本不認識的人因為食物彼此交流分享。

人們平常在日常生活中接觸到發酵食物，通常都已經是完成品，比較難接觸到發酵的過程。陳科廷在青年社宅中的藝術計畫，就是將發酵的過程放置到參與者的生活和交流話題當中；參與者把康普茶帶回家飼養時，藉由填寫學習單來記錄飼養過程、給予藝術家回饋，最後由藝術家將回饋轉化為創作的一部分。

在興隆和青年的兩個藝術計畫中，陳科廷扮演了創造社宅內外居民互動機會的角色，也投入了自身對「家」的想像，有意的以食物和發酵作為隱喻，將居住的樣貌具象化呈現。藉由舉辦工作坊等活動，陳科廷讓參與者透過對社宅生活環境的認識，共同創作作品；有趣的是，這也使得參與者在無法預知具體成果的狀況下，必須仰賴過程中的集體創作，順應著變化進行調整，進而加深了參與的廣度。

空間的可能性，來自日常生活的累積

在臺中太平社宅展示的《空間圖譜》是「在地偏好」工作室的裝置作品。藝術家林思駿首先就認知到社宅是作為一個中繼而非永久性住宅的特性。當一批居民在三年或六年居住期滿離開後，什麼樣的作品能夠在此延續，而新居民也能與之產生關聯？林思駿指出，這次創作的出發點，就是要把「時間」考量進去。他說，他的作品記載了第一批入住居民的空間體驗和感受，希望這個「空間圖譜」的存在能夠讓再來入住的新住民對於陌生的社宅空間產生親切感，進而願意主動探索環境。因此，「空間經驗」成為他創作的主軸，透過與居民的訪談、工作坊的舉辦和近距離的入住觀察，他尋找社宅中不同空間使用的可能，並將人與空間的關係，以插畫的形式呈現出來。

在好伴社計的三年社宅公共藝術計畫總結展覽「宀宀美術館」中，在地偏好在社宅一樓大廳的牆面上展出了所有的插畫作品。林思駿指著他的作品說，其實對於社宅，很多人的第一印象是居住密集度太高，可是他發現當住戶彼此熟了之後就有一些有趣的事情發生。例如，有一次附近有一戶在吵架，九宮格內的其他住戶都跑出來假裝晾衣服，這就很好玩。每一幅插畫都承載著一種社宅的生活樣貌，儘管對在地偏好來說，社宅的居住單元和其他空間都是事先被設計好的幾種固定樣式。但單純的空間設計卻有幾百種不同背景的人住進來，在空間的使用上就產生了各種可能性；像是有人把陽臺拿來種花，有小孩的媽媽跟小孩吵架時自己把自己關在陽臺冷靜冷靜。林思駿也提到，陽臺跟陽臺距離頗近的兩戶如果感情不錯，還會直接在陽臺交換東西。

在現實生活中，空間的使用並不會依循著名稱和定義而來。一來是因為諸如「廣場」、「交誼廳」、「陽臺」等制式名稱，無法完全界定空間應該如何被使用；另一方面，也是因為「生活本來就可以超無聊，但也有無限的可能」，人們不同的居住型態、背景和生活習慣，本來就會形成自身獨有的空間觀，使得一個空間的使用方式可能和原本預期的規劃大為不同。

在地偏好工作室除了作為社宅生活空間的觀察者，也嘗試為社宅的空間設計收集「使用者回饋」，除了和居民聊聊入住社宅的第一印象，也詳細記錄了社宅之中居民最喜歡或不喜歡的空間。林思駿認為，「空間」和「生活」密不可分，而「社宅空間」之所以和其他住宅大樓不同，正是因為這裡具有規劃完善的公共設施以及社福單位，若能有效整合軟硬體資源，創造更多居民「喜歡」的場所，如此一來這裡的空間將能隨著時間演化成為更豐富、更有趣的模樣。

林思駿相信，由於社會能為不同族群提供互相交流的機會真的不多，社宅就是透過一點點的邀請、一點點的半強迫，讓居民在六年中遇見不一樣的人，如果能夠有一段美好的回憶，那就更好不過了。

用鏡頭凝視生活的不同，從人性本質求得共存

相較於上述的公共藝術計畫是在新興的社宅中執行，陳若軒的訪談和影像主要發生在興隆社宅旁的安康平宅。隨著臺北市的平宅逐步拆除、改建為社宅，在這個過渡的階段，攝影師陳若軒從碰觸到的生命中發問：「從平宅到社宅，人的生活會變得更好嗎？倘若這些人的生活並不會更好，那問題又是什麼？」

「到底要怎麼樣很大聲的說，對啊我就是低收入戶，但我就是很酷。」陳若軒進駐到即將拆遷的安康平宅中，用鏡頭記錄下多幅相異的面貌，以及待拆的住宅內部的真實生活場景。主流社會缺乏對這些人和所處環境的理解、進而使他們遭到拒斥，但她強調每個人、每種生活模式都有它的特殊性和價值。如果用「一般人」習慣使用的收入數字和「正常」與否作為看待他人的標準，只會強化我群和他群的分別。陳若軒認為，人與人之間的分隔，不只是社宅的問題，是整個社會的基本教育問題。不過，意識到這樣的問題所帶來的無力感，讓陳若軒在平宅的創作，呈現出這些與「正常」相異的生活型態中，和人的「本質」的展現。

陳若軒在平宅中近距離拍攝青少年、阿姨、老人等不同的人群，扛著不同的人生和

生活觀。她隨機鎖定拍攝對象，用交朋友和聆聽的心態來接近他們，也發現這些人出乎意料地願意分享。對混幫派的青少年來說，歧視不是來自外面的社會，而是來自生活圈中的人，和圈圈以外的人交朋友反而比較容易。「你在街上看到的那些小混混，他們其實比其他人還要更直接，沒有拐彎抹角的東西需要操弄。你花一段時間在那邊，那邊就會自然地把你『包進來』。」陳若軒說道。

她分享，有一對已經離開平宅、在外經營餐廳的中年兄弟，看到自己一部分的生命篇章成為作品，似乎感受到了更高的自我價值感。此外，她也遇過經歷喪偶的阿姨，在受訪的過程中消化自己所經歷的傷痛。但陳若軒也認為，自己所能陪伴他們的，僅僅只是拍攝的那段時間。她無法真正治療人心受傷的根源，只能提供外在形式的微薄幫助。畢竟，對藝術家來說，最終呈現的也只會是自己的作品，這十分現實。

陳若軒的創作最終以搭配文字創作的攝影集和一場展出呈現。對她來說，進入平宅，最主要的目的是要完成作品，呈現看到的畫面。同時，在這段過程中，她可以短暫地陪伴這些攝影對象。陳若軒進一步說明，也許她陪伴在他們身邊這件事可以對他們有所幫助，但她也理解自己對他們的幫助有多小。對她而言，她終究只能專注於「畫面」的好壞。所以有時候，當有些訪問把她刻畫成一名很在乎社會議題的藝術家，她會覺得不太自在。她會希望說自己是在做作品，如果剛好能幫上一些人，那當然更好。

藝術家因為公共藝術計畫而來，實際上碰觸到的則是他人的生活和生活中的問題。在現行體制下對於居住於社宅和平宅的人而言，公共藝術的價值，不僅於藝術家所專注的議題，及其間對於接觸的參與者影響外，甚至有機會透過藝術作品的呈現反映及對接更多的單位或團體，是否會有更多的可能？

作為一個短暫的陪伴者和觀察者，直視且又旁觀了平宅居民的經歷，陳若軒深刻體認到人的內心始終有更深層的難題要處理。面對生活的漂泊感、疏離感和分離感，不可能只透過外在的活動和創造一個新的居住環境來解決。此外，除了從內在長出力量，與人相處之道的改變也同樣重要，屏除偏見的觀看他者，理解對方在外在與我們的差異，找到彼此在這個社會生活中的相同之處。

「不應該是你和我一樣，我們才能溝通。而是，即便我知道你和我不一樣，但在互相理解的基本觀念上，我想要認識你，就會花時間認識你、去理解你，甚至因為你不一樣反而吸引我去了解你。」陳若軒回顧她的這段歷程，如此總結道。

公共藝術與社宅、生活、自我的多方對話

不同藝術家對社宅的想像和採取的創作方式，需要面對有限的創作條件、真實居住在此的人，以及這個不同於其他的居住環境。在這樣的場所中誕生的公共藝術作品，同時也會受到藝術家採取的創作手法、觀看視角和詮釋方式影響。

陳科廷、在地偏好工作室和陳若軒這三組藝術家，以短期進駐或實體活動這兩種方式進入社宅，發展出觀察、記錄、創造交流、陪伴等多樣的角色，用不同的密度和方法與居

民互動，吸納這些互動的經驗後創作出作品。陳科廷將交流和新居住關係以隱喻的形式，在興隆和青年社宅分別帶出一系列的工作坊。在地偏好則透過訪談和實際入住，將空間的使用經驗轉為平易近人的插畫。而陳若軒以訪談和鏡頭記下平宅真實生活的面貌，用影像和文字呈現出這些所謂「不同的人」的生活。

然而，除了藝術家之外，社宅公共藝術計畫的另一組靈魂人物是策展團隊，負責擔任整合藝術計畫和邀請藝術家進入社宅的角色。接下來，我們將以自二〇一八年起，在臺中豐原、大里和太平社宅執行計畫型公共藝術《家常對話》的「好伴社計」團隊為主角，談談好伴作為中介於主管機關、藝術家和居民之間的角色，對公共藝術和社宅的觀察。

好伴社計團隊是以實踐及探討社會設計為主，並非專業藝術背景出身，當初他們選擇投入社宅公共藝術計劃，最主要的原因是對社宅作為一個「包容性場所」的期待。「社宅有這樣的使命，公共藝術應該就要處理人跟人的關係，將社區很多元的族群互相連結、互相照顧的關係呈現出來，這對社宅來說也是滿重要的事情。」好伴團隊中的連真認為，在人與人的連結和包容這樣的宗旨之下，公共藝術可以有很多的可能性，而《家常對話》想形塑的，就是在社宅中互相接納、一起生活的感受。

好伴將公共藝術和種子戶計畫相互配合，讓藝術家更能夠進入居民家中，透過三年三處社宅的藝術計畫，也見證了計畫本質和藝術家、居民身分的轉變。

隨著活動的舉辦及過程中與居民的相處，好伴可說是邊做邊調整計畫。策展團隊和藝術家並肩而行，將與居民的相處揉和創作，運用駐地、裝置、共同創作等多樣的形式和方法，搭配著入住初期的暖屋行動和後續不定期的分享會，讓居民感覺到社宅中一直有有趣的事情在發生。

例如，連真就分享了她的觀察並說道：「一開始，我們是看到人跟人之間在對話，是像肉眼可以看到的打招呼或參加活動這樣的連結。在下一個階段，我們慢慢發現社宅就是生活的場域。活動結束後，大家會回歸到自己的日常，有工作要忙、家庭要顧。即使我們想要促成比較強的連結，最終還是會慢慢歸於平淡，所以我們會嘗試去看來參與計畫的居民，是否有了對自我的關照和對話，往內探尋去談家的議題。」

讓居民能夠從輕度的社交推進到與自我對話，也有賴好伴始終掌握著對計畫的彈性。好伴始終認為，面對社宅這個多樣異質的環境，保持彈性才能帶來意外的收穫。其中的收穫之一，便是能夠看到多重的身分轉換所帶來的效果。例如，由策展團隊邀約的藝術家在創作作品時，也參與在居民的生活之中，一邊為了做出作品進行訪談，一邊也和居民一起做了頓飯。另一方面，居民也會透過共同參與作品的創作，甚至是經過一段挖掘與培力的過程，使藝術家與居民的身分區別漸漸變得模糊。

例如，在豐原社宅的「物件之島」提供了不同種類的工具，由居民自由地使用這些工具去做杯墊和畫畫，衍生出額外的創作能量。住在豐原社宅裡以烘焙和美術為專業背景的居民，他們從原本是計畫的參與者和工作坊講師，最後成為了進駐大里社宅、以甜點為創作主題的藝術家；也有原本興趣是彈吉他的居民，後來成為社區吉他班和對外演出的核心要角，甚至有鄰居組團來為他的演出加油。

不僅是邀請和陪伴藝術家進入社宅，好伴也會將對社宅的觀察轉為行動的靈感。例如，在太平社宅舉辦的「第一屆社宅門面創作大會」，就是好伴觀察到社宅對張貼私人物品的規範和居民希望能妝點門面的想法，所發想出來的活動：門面創作可以促成規範的適度鬆綁，也讓居民能夠透過門面來展現家戶的特色。最後，策展團隊也會將計畫所挖掘到的社宅生活回饋給主管機關。針對這部分，好伴甚至觀察到計畫的反饋成為了主管機關的「能量來源」；對主管機關而言，好伴挖掘並分享的居民的人生故事，能以正面的方式影響他們對執行業務的心態，也進而能提供策展團隊更多行政上的支持。

《家常對話》接續在三處社宅發生，其中，好伴作為中介的策展團隊，循序漸進地讓計畫精神更加豐富，也讓藝術家和居民從豐原、大里到太平，得以有階段性的參與和延續。三年過去，好伴認為對居民來說，公共藝術是不是「藝術」並不重要，而是生活中出現了什麼不同之處。當創作被轉化成更能貼近日常生活的事物，人與人之間的距離被拉近了，個人的生命也從中獲得了深刻的影響。

小結：公共藝術作為有限度的關係觸媒

社宅的公共藝術計畫涉及多種角色的互動，也包含著對社宅這個特殊的居住場所的不同理解。這也使得在不同地區的各個社宅，都會長出獨有的面貌。

在前述的公共藝術案例當中，計畫型創作展現了多變和彈性的特色，讓藝術家對居住生活的詮釋和作品形式，更有可能以不同的姿態去碰觸到社宅中的人，以人為出發點來理解生活環境，進而產生和場所有更直接關聯的作品。然而，相較於可以長久留在現場的裝置作品，計畫型的創作更容易面對計畫期滿後，如何延續作品影響力的挑戰。

計畫期限和計畫中不同關係人的角色，大大地影響了公共藝術計畫在社宅中的發展。一方面，期限問題限制了藝術家對社宅理解的深度與廣度，而同樣的問題另一方面也考驗著計畫的影響力。最終，社宅在公共藝術退場後，是否仍能保有作品所打造出的社會反思、人與人的交流和對居住場所的想像力，仍有待對計畫長期的規劃和策展團隊有力的橋接整合，以讓藝術在人們生活的場所中長久留存。

社宅臉譜

社會住宅
公共藝術現場

圖片來源：本書攝影

社宅的公共藝術可以分為「計畫型」和「裝置型」兩種形式，創作的主題多半與居住環境、居民生活，甚至是「家」的意象連結。

圖片來源：在地偏好、好伴設計

林思駿團隊的「空間圖譜」作品於太平育賢社宅一樓大廳展出 ，圖譜中各式各樣的小故事，反映居民對於社宅的第一印象。

圖片來源：黃毛
陳若軒的《旁注；進與出 //Side Notes on a Journey》整個創作計畫包含文字、照片、錄像、聲音與 VJ 表演（Video Jockey）等綜合面向，照片左起為團隊夥伴王榆鈞和吳亞林。 在 2020 年仲夏夜晚間的《過了這裡，就是河堤。By This River》為這一年多來駐地創作的成果展演。

圖片來源：黃毛
依循著河堤的概念，錄像開始的場景從河岸旁告別家屋出發……。

圖片來源：黃毛
VJ 展演那晚，觀眾擠滿了小小的室外羽球場，這裡也將在新的社宅落成後隨著舊平宅一併被拆遷，成為歷史。

圖片來源：好伴社計
社宅住著多元的族群，例如母女、年輕伴侶、行動不便的長輩等。好伴社計認為，社宅是具備包容性的場所，而這裡的公共藝術就是要處理人跟人的關係，將社區很多元的族群互相連結、互相照顧的關係呈現出來。

圖片來源：好伴社計
在臺中豐原社宅的「物件之島」提供了不同種類的工具，由居民自由地使用這些工具去做杯墊和畫畫，一位住在社宅的國中生，在物件之島上找到可以用來畫官將首的顏料。

圖片來源：好伴社計
臺中太平社宅舉辦的「第一屆社宅門面創作大會」，源於社宅對張貼私人物品的規範和居民希望能妝點門面的想法衝突，而發想出來的活動。門面創作可促成規範的適度鬆綁，讓居民能夠透過門面來展現家戶的特色。

從「我」到「我們」的共好生活——青創在社宅的故事

臺北市社宅的青年創新回饋戶，也就是「青創」，不同於前述的社宅關係者，對他們而言，「社宅」不只是社福單位關懷的弱勢族群、藝術家揮灑創作的場域，而是在實現中所打造出理想生活願景的家。

居住在社宅中的青創戶，是政府改變社區的第一塊敲門磚，也是社宅對周邊社區互動的橋樑。臺北市自二〇一八年開始推行青創計畫，讓在臺北生活的有志青年提出計畫回饋社區，經過評選後免抽籤入住社宅。至今，青創計畫在臺北邁入第四年，已徵選了一百八十六組青創團隊，在各社宅基地中遍地開花。當青創走入社區，他們不再只是代表創意的政策詞彙，反倒成為大家的好厝邊，並且嘗試在社宅中，推動一場「都會型社造實驗」。

旅程的起點

青創計畫始於臺北市青年事務委員會、臺北市政府公共住宅委員會，以及民間團體的倡議。這樣創新政策的背後，來自一個核心的關懷：「當興建社宅被視為實踐居住權之道，政府要如何讓社宅變得更宜居？或者，除了硬體之外，能否透過軟體的建置與支持，創造出不同於以往的居住生活典範？」

住在社宅的青創，或許就是解答的關鍵所在。

應著這樣的初衷，臺北市政府提供一般戶的百分之十作為青創戶名額，號召青年以「徵選入住」取代「抽籤入住」社宅，希望他們以創新、公益、專業的提案來回饋社區。換句話說，青創的角色不僅是「居民」，更是陪伴社區、形成社宅新居住文化的種子。

截至二〇二一年，臺北市已累積七座社宅基地參與這場大型實驗，它們分別是松山區的健康社宅、文山區的興隆Ｄ２區社宅、萬華區的青年一期社宅、南港區的東明社宅、大同區的明倫社宅、內湖區瑞光社宅以及北投區新奇岩社宅，其中青創活動累積的參與人次更超過萬人。這樣的數字固然十分驚人，但光憑數字，似乎無法讓我們真的感受到來自社宅裡的那份溫度，無法真正看見青創戶在社區的真實生活樣貌。

跳脫傳統框架，「青創視角」中的社造日常

興隆社宅團購會面點：十二樓的柑仔店

「來開門囉！」爽朗的聲音、搭配著緩緩的腳步，隨即映入眼簾的是住在興隆社宅十二樓的玟秀。正值草莓的盛產季，玟秀家中堆滿了數十個草莓籃，一開門，草莓香撲鼻而來——原來是玟秀幫鄰居們買的草莓到貨了。

「我平常的工作是在家接案，很少有機會跟人打交道。幫鄰居團購除了可以幫大家買到較新鮮、便宜的產品，我跟鄰居們面交取貨，也會有訪客可以聊天、抒發自己的生活壓力。」玟秀如此分享道。

玟秀住在興隆社宅的十二樓，這個樓層很特別，因為它正是興隆社宅的特別設施「空中跑道」的所在樓層，也是不同棟別所有住戶都可以藉由空橋到達的公共區域。自從玟秀計畫的「柑仔店」在自家開張，玟秀家也順理成章變成了住戶團購面交的集散地。

如前文所提，由於社宅的管理方式採取飯店式經營，樓層之間設有門禁，鄰居無法透過電梯互相串門子，唯有管理室櫃檯、跑道等公共區域，住戶才能隨意進出。針對這點，玟秀也說：「之前在外租屋，有被鄰居抗議小孩太吵。來社宅後，我選擇有跑道的樓層，這樣小孩就可以隨時出去玩，也不怕會吵到鄰居。」不過，也正是因為這個「選屋巧合」，玟秀的「十二樓柑仔店」才能順利開張。這位親切的老闆娘每月經手超過十來團的團購，每天至少會有五個人到她家取貨。

後來，開團、取貨、發貨成了玟秀住在社宅社區的日常。但玟秀從未喊累，總是謙虛地說：「大家上班都不在家，只有我在家，就順便幫大家收貨啦。」不過鄰居們一開始也都很好奇，原來團購也能當作青創計畫提案。對此，玟秀笑著回說，其實他們的提案是考量先生的專業，要在社區宣導防災知識，並非經營團購社群。但入住社宅之後，她發現許多居民有一樣的需求，所以就憑著一股「要幫鄰居一起買產地直送、便宜又優質的水果」的熱心，讓興隆社宅的團購社群蓬勃發展了起來。

青年社宅交流所在：茶桌子

「下班已經很累，卻還要做提案，不過我在社區裡面做這些事情，吸引同住在社宅裡的鄰居參與進來，讓我有一種大家很真切生活在這邊的感覺。」住在青年社宅的羿萱談起他搬進社宅後的改變。

羿萱的表情真誠，看來還有幾分羞澀，談到他剛開始擔任青創初期，因為本身害羞的個性，加上原先的提案又不夠具體，剛進入社區時總是處處碰壁，深怕提案在社區無法有效實踐。不過，擁有社工背景的羿萱雖然害羞，本心卻很喜歡與人交流、透過談話了解彼此的感覺。他與團隊夥伴育欣前前後後經過多次討論，使「茶桌子」的構想終於成形。

他們兩人的發想是這樣的：一張簡單的「茶桌子」，讓兩、三個人圍坐並閒話家常，日復一日、久而久之就接待了百位訪客，成為青年社宅特有的標誌。

青年社宅的建築體相較於其他的社宅，來得更為通透，兩棟建築物在物管中心形成交會。「茶桌子」就固定擺在物管中心旁邊、住戶來往的固定路線上，每週同一時間會有固定的「主人」準備小茶點，招待隨意行經的客人。這樣的安排使經過的住戶往往不自覺坐了下來，也讓越來越多的故事被擺到了「茶桌子」之上。

例如，一位從福民平宅搬到青年社宅的阿嬤就曾在「茶桌子」上說，搬來社宅後很不習慣，都沒辦法去找鄰居串門子。但時間久了，「茶桌子」的存在反而為這位阿嬤提供了一個彼時聚會的所在。如此看來，相較於其他青創舉辦的活動，羿萱與育欣從最簡單的一張桌子開始的計畫，不僅居民在參與上沒有任何的門檻，也為青年社宅創造了一個最樸實的實體交流空間，無形之中也延伸了過往福民平宅的互動網絡。

傳統的社區營造者多半自「社區外圍」觀察社區需要，進而提供社區服務，抑或像是里鄰系統那樣單向地傳輸公共服務。然而，青創計畫跳脫了既有的社造模式，改從「社區內部」由內而外地打造社區的生活風貌。

青創戶不僅是「服務接受者」的居民角色，同時也是「服務提供者」。走入社區的青創戶從打開家門開始，就能感受到社區需要什麼，也會進一步設想美好社區的模樣，每天不間斷地發現社區潛在的需求。我們很難從一開始就界定青創戶應該達成哪些目標、提供什麼樣的社區服務，但青創戶從這些社區的實際需求出發，再連結到青創自身，這樣的「青創視角」似乎也悄悄地為臺北社宅帶來了一些實質的改變。

「挖掘需求」×「青創自身能力與狀態」＝「社區投入」

照看社區弱勢孩童的需求

在第二章有稍微提過臨床心理師的婉婷，她的工作是為發展遲緩的兒童提供早期的心理評估與治療。在社宅，她結合專業，以「親子活動」為提案主軸，而每個月她的活動一上線，總是在第一時間就報名額滿。活動設計中隨處可見婉婷為孩子考量的用心安排，使得參加過婉婷活動的家長總會稱讚婉婷是個很有耐心的老師。

「我發現來參加活動的人，都是固定的對象，往往是相對比較重視教育的家長，比較少看到弱勢家庭的孩子。因此，我的提案從第二年開始有調整，轉型成以弱勢家庭孩子為主的兒童生活營。」婉婷說道。

婉婷除了發現常常來參與她活動的人，通常是經濟條件較佳的家庭，她也從與孩子互動的過程注意到社宅中多元的組成與原生家庭之間的落差。在大部分的青創活動上，弱勢家庭可能忙於工作，或是沒有動機參與活動，甚至無從得知青創活動的資訊，參與度總是不高。於是婉婷開始探詢活動轉型的可能，同時也與社區中的社福單位合作，透過既有的社福網絡，希望能讓更多弱勢孩童踏出家門、參與活動。

陪伴到更多需要幫助的弱勢孩童，是婉婷走入社區後真正的心之所繫。她在興隆社宅舉辦一系列以弱勢孩童為主的活動，更展現了青創活動深入陪伴、關懷等不可或缺的核心價值。

社區園圃循環經濟的無限可能

除了第二章所提到的二八五號農耕隊以及共耕食代計畫，Kelly是最早提出「社區循環經濟」這一概念的青創戶。「社區循環經濟的想法，也是因為玫姐、珠珠姐在閒話家常中提到，兒女們都大學了，想回歸職場。但現實環境多半只有餐飲服務業的職缺，工時又長，如果能做家庭手作有一些收入又兼顧家庭就好了。」Kelly繼續說道，「從園圃共耕種植辣椒到製作手工辣椒醬販售，我想這些可以讓退休的長輩開始有事情做。我們從社區開始，之後也可以去鄰近的市場販售。」Kelly提到自創社區辣椒醬品牌的契機時，看起來充滿期待。

於是，Kelly邀請社宅住戶從包餃子聚會開始，到使用園圃農作物製作水餃沾醬。當每一顆餃子沾上園圃種植的辣椒所製作的手工辣椒醬，吃下去的每一口似乎都充滿了濃厚的人情味。這樣的行動源自Kelly對提倡互助共享的理念，她與社區中的長輩們一同享受耕種帶來的豐碩成果，在短短幾年間，就建成了健康社宅農耕隊的重心與文化。

除了工作、照料家庭，Kelly從青創計畫出發做想做的事，卻也從不止於青創計畫。透過青創計畫輔導團隊的引介，她將周遭社區大學和其他計畫的資源都帶入社區，同時也在閒暇之餘進修農產品產銷相關課程，決心讓社區的辣椒醬品牌更加精緻化。

每一個政策方案的衡量，通常很難置量化數字不顧，因此近年來也有許多人好奇，「青創投入」到底為臺北的社宅帶來什麼樣的效益？在走入社區的過程中，青創戶免不了會遇到困難與瓶頸，但從青創獨有的視角開始，依據社區現況彈性地調整計畫的執行做法，並考量能力所及、兼顧生活，嘗試盡可能貼合社區需求——也許這就是「青創投入」的公式，無法經過縝密的計算，卻讓每個社區都有自己的亮點。

從「邊學邊做」到成為「真正的青創」

可以不用抽籤、和別人賭一把運氣，選擇「徵選入住」的青創戶，一開始提案的動機多半是為了省房租。透過專業能力的評選進入社區進行社區營造的他們，可說是「素人社造者」，大多是來自四面八方、有臥虎藏龍般的專業背景，但沒有社區營造的專業經驗，稱作「社造菜鳥」也不為過。

有一些青創戶很外向健談，跟社宅中的男女老少都能聊上幾句話，小飯便是這樣的典型。「只要能讓社區的人有機會用更輕鬆的方式接觸音樂、享受音樂，好好地在下班後有一個紓壓放鬆的療癒時間，我就不在意自己做得比別人多。我只在意住戶能不能在吉他社玩得開心，能否在這邊排解平日的煩惱與寂寞。」小飯說到經營社區吉他社的理念時如此表示道。

負責輔導青創戶的原典創思團隊談起小飯，直說小飯很有社造的天份。一般而言，社區社團的經營至少要花一年摸索累積，但小飯卻在進入社區的半年內達成目標，成功讓社區住戶熱絡了起來。不過，面對這樣的稱讚，小飯卻謙虛地說：「我不了解什麼是社造，只是希望我喜歡的生活樣貌，也能拿出來跟鄰居們一起分享。」

那天，在興隆社宅十二樓的空中跑道舉辦的「好鄰居野餐日」活動上，小飯為了炒熱氣氛，從家裡拿出吉他隨興彈唱了起來。隨著音樂流溢，聚集的住戶越來越多，抱著樂器一起加入合奏的樂隊也越來越壯大。其中，有一位大叔抱著吉他跟小飯分享年輕時的歌唱夢，在這個契機下，小飯決定開始在十二樓跑道前經營吉他社。每週一的社課時間，只要有人經過跑道，小飯就會問：「要不要來唱首歌？還是你想聽什麼歌？我來唱給你聽。」這樣的場景，每個禮拜都在社宅上演。這樣的吉他社，也許不是從專業開始，卻成了社宅中最溫暖的角落，讓上班族們下班後來到吉他社報到，忘卻上班的忙碌，與朋友玩音樂、聊聊天，心靈也有了喘息的空間。

小飯談起擔任青創戶的這幾年，接著說道：「我覺得青創是邊做邊學，透過輔導團隊的陪伴、透過居民的回饋，開始找到自己在社區的位置。當我為鄰居做了一些事，他給我的正面回饋也會讓我知道這個執行的方向是好的。或許就是像這樣，一步步找到方向後，我們也會逐漸成為真正能關懷居民、有溫度的青創。」

從小飯的言談中不難發現，青創為社區帶來的改變，是與居民互動觀察、逐步摸索出來的結果。但她執行青創計畫的態度始終清晰——青創走入社區，不再只是單純的「提供者」，更要與鄰居一起打造共好的社區生活。這樣的想法也對小飯本身的生活方式產生不少改變。

成為一個真正的青創，從零開始，青創本身的日常也融入進社區的生活，在這些過程中催化社區的互動，讓「鄰居」不再僅是搭電梯會遇到的人，彼此的生活都日漸豐富飽滿。這場社會實驗的產物，也許用「社宅新居住文化」這樣的文字也無法概括闡述。或許，那樣真真切切共同相處的每一天，才是這些青創與居民相伴營造的社區生活。

遍地開花的社會實驗──臺中與新北社宅的觀察

然而，這樣的社會實驗不只出現在臺北，在臺中與新北社宅也長出不同的枝芽。

「你看見了嗎？上面那些都是我們看得見的事物，我們通常只在意這些：租金、建築品質、物業管理、公共空間。但是，下面那些看不見的鄰里關係、汙名化與標籤、培力、社區、自主，我們能看見嗎？我們能透過設計去改變它嗎？」長期深耕臺中的好伴社計團隊指著一幢幢亮麗社宅說道[3]。

以「社會設計」（social design）作為出發點，但不囿限於其定義，好伴團隊嘗試讓「社會」來設計這些「看不見的社宅」，透過由下而上的參與來培力社宅住戶，創造更多社區連結，這是好伴在臺中社宅共好實驗的心得[4]。

其中，「種子戶」就像好伴撒在臺中社宅中的一顆顆種子，讓社宅長出新的社區文化。隨著居住時間增長，同為「社宅居民」的種子戶，透過摸索，也逐漸找到與社區建立關係的模式，讓原先互不相識的鄰居在活動中相識交流，進而累積社區的凝聚力。

好伴社計認為，形成相互支持的社群的三大關鍵在於空間、連結者和事件。這些元素聚集在一起，就會像魔法一樣，能讓原本的陌生人成為彼此問候照看的大家庭。因此，好伴的社會實驗不僅讓臺中社宅成了一個充滿生活感的空間，也為不同角色撐起一個相互串連的共好模式[②]。

另一起徵選入住的案例在新北綻放著。「玖樓」以「共生公寓」的模式為起點，除了著墨於硬體部分的建築，同時也注重共居社群，希望開啟臺灣對於「共居」的討論。二〇一七年，「共生公寓」的概念受到新北市政府的關注。新北市政府於是邀請玖樓合作，以三峽北大青年社宅為實驗場域，經過試驗、甄選才決定共居對象，進而開啟全臺首例青銀共居。

事實上，青銀共居實驗絕非一蹴可幾。為了創造跨世代共同居住的可能，無論在硬體空間設計與配置、共居對象的需求與目的、實際共居對象的設定與挑選，玖樓都下了不少功夫，反覆釐清共居可能的挑戰，並協助解決共居問題[5]。例如，玖樓考量到高齡者需求，特別注意無障礙設施的配置、家具擺設的舒適度等；團隊更嘗試將「共生公寓」的物業管理經驗帶入青銀共居實驗，將空間重新布局、重新創造共用空間，將三戶傳統的三房兩廳，整併為三個不同功能與主題（吃、玩、作）的大客廳，希望能在舒適空間中，促進住戶的共享與交流。

「重點不是青銀，而是共居。」玖樓在進行青銀共居實驗後坦言道。

縱使三五好友住一起，仍有吵架、分開居住的可能。那麼，沒有血緣關係、跨世代的共居何以可能？事實上，在青銀共居中，不僅要面對青年與長輩，甚至也要面對青年與青年、長輩與長輩之間的共處問題。在這些可能衍生的問題下，與其他縣市的徵選入住實驗相比，青銀共居實驗的每一步走得非常慢且小心。從二〇一七年開啟第一次青銀共居實驗後，一直要到二〇二〇年第二次實驗才準備在新店中央新村北側青年社宅擴大試辦。

無論是青年還是銀髮長輩，大家根深柢固的想法都是「不想要一個人在臺北生活」。玖樓的青銀共居實驗，正如其他徵選入住實驗，仍在探索不同模式的可能，並且更加小心翼翼。或許，跨世代的交會並沒想像中困難。當人們迎向必然變老的人生、能一起「年輕」地生活著，就可能成為老友老伴。

在好伴的共好實驗中，我們看到「社會設計」的概念是透過創新方案來解決複雜難解的社會問題。玖樓的青銀共居實驗，則是面向高齡化社會的到來，長者照護工作需由國家社會共同面對的議題。這些分別是臺北、新北、臺中社宅的社區日常，不同縣市的社宅團隊名稱、執行契機，甚至是計畫執行模式，都有些許差異。我們看到「徵選入住」的模式遍地開花，用不同傳統社區營造模式，重新串連社宅中的人們。或許，就是因為這些「有溫度的小事」，讓社宅不再僅是一處居所，而是讓住戶獲得更多「生活感」的空間。

②好伴的共好實驗有許多來自不同領域的夥伴加入。團隊對於「共好夥伴」的定義相當廣泛，包括產權方（臺中市政府）、物業管理者，以及在地團體、醫院、社福、托育、商業企業等。在豐原社宅的例子中，共好夥伴即包含伊甸社會福利基金會、中國醫藥大學附設醫院等組織。

小結：向外輻射的社區網絡

隨著青創計畫的蓬勃發展，社區網絡也向外延伸。青創計畫確實是一個實驗計畫，而計畫會隨時間調整，並以「社區需求」為修正的出發點。然而，它的產物絕非實驗下的成果或政績，而是正在社宅發生的青創進行式，以及真實的人生故事與陪伴。

每個社區都有屬於它的模樣，即使是社宅也是如此。在社宅，有倚身其中、形形色色的角色，他們一次又一次，不厭其煩地仔細梳理社區的需求與渴望，給予社區所需的陪伴。然而，這場不同縣市、有著獨特「徵選入住」模式的大型社會參與實驗，沒有人可以預測未來將往哪個方向前進。

但我們可以確定的是，在社宅中的人們因這些實驗，開始有了社區感，開始寫下人與人、家與家、社區與社區之間的故事。他們從單一節點出發，連成線，再牽起社宅形形色色的面。

社宅臉譜

社宅青創戶社宅生活直擊

圖片來源：吳冠翰

自 2018 年起，臺北市政府開始推行青創計畫，提供一般戶的百分之十作為青創戶名額，號召青年以徵選入住社宅，並以創新的提案來回饋社區。換句話說，青創的角色不僅是「居民」，更是陪伴社區、形成社宅新居住文化的種子。

圖片來源：原典創思規劃顧問有限公司
截至 2021 年 9 月，已有五處社宅進駐青創住戶，兩處社宅徵選完畢即將入住。
圖為一年一度的跨基地交流會，邀請分散在不同行政區的社宅青創夥伴齊聚一堂，相互認識、傳承分享彼此的社區經營經驗。

圖片來源：本書攝影
客廳的沙發椅是玟秀在家工作的辦公室，孩子下課、爸爸下班後，沙發是全家人的休憩區，爸爸回家後和媽媽交棒陪伴孩子，這時玟秀可以專心忙於她喜歡的社區團購。

圖片來源：本書攝影

當初選屋在 12 樓是怕孩子吵到鄰居，希望能讓孩子可以隨時到空中跑道放風，也因為這個巧合讓在公共層的玟秀家成為興隆 D2 社宅的社區柑仔店。爸爸俊傑在晚上哄完孩子入睡後，也會在跑道上揪鄰居一起進行自主肌力訓練。

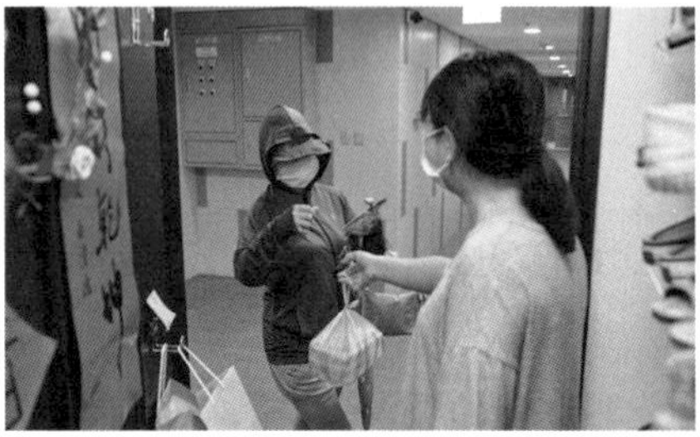

圖片來源：本書攝影

為了滿足鄰居們的團購需求，玟秀買了冷凍櫃放在家中，今天的冷凍櫃堆滿了剛到貨的熱門團購商品手工餛飩。

疫情關係，玟秀家大門掛上磁力掛勾，以減少直接接觸，鄰居可以無接觸取貨。平均一天至少有五組以上的鄰居至玟秀家取貨，玟秀家甚至被青創夥伴戲稱為社宅的公共空間之一。

圖片來源：本書攝影

玟秀、俊傑一家十分投入於青創角色，帶著對社區的關心，俊傑是社宅第一年度的住戶代表群之一。有著俊傑的支持，玟秀也根據自己的興趣在自家開張社區柑仔店，甚至統籌大型的社區市集。在他們家中，出現無數青創執行的痕跡，牆上的明信片區掛著 2019 年青創交流會的酷卡與青創輔導團隊給予的鼓勵回饋小卡。

圖片來源：本書攝影
圖為愷伶和小飯家，當鄰居不在家時，兩人時常擔任貓咪保母，最近鄰居家的貓萌萌也正式過戶成為家中的新成員。

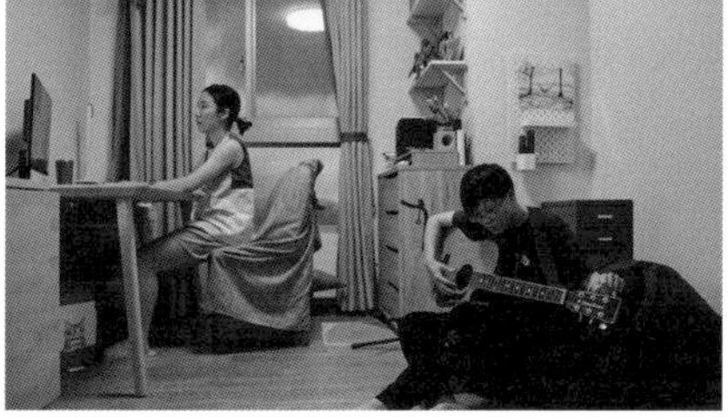

圖片來源：本書攝影
愷伶和小飯家的客廳換過無數種配置方式，目前的兩張移動式工作桌、懶骨頭，可以因應兩人在家上班、朋友聚餐、吉他練習等各種生活場景。

圖片來源：吳冠翰
在興隆 D2 社宅十二樓的空中跑道舉辦的「好鄰居野餐日」。活動當天，小飯為了炒熱氣氛，從家裡拿出吉他隨興彈唱了起來，意外促成了每週一的「興隆吉他社」。

圖片來源：原典創思規劃顧問有限公司
作為社宅的青創夥伴，除了執行自己所提案的社區行動外，團隊例會、輔導活動、年度青創交流會等，這些點滴為青創生活注入一股不同的能量。隨著對社宅的了解、團隊夥伴的熟悉、社區經營能力的打磨，每處社宅逐漸發展出獨有的社區文化。

圖片來源：原典創思規劃顧問有限公司

關注社區公共議題的青創戶，常同時作為住戶與物管、都發局溝通社區議題的橋樑。2019 年起各處社宅辦理「住戶代表」遴選制度， 依社宅戶數比例票選住戶代表，以興隆 D2 社宅 510 戶為例，第一屆 9 位住戶代表中有 5 位是青創住戶，前文提及的愷伶、小辰、俊傑都是當年度住戶代表成員。圖為 2020 年柯文哲市長參訪興隆 D2 社宅與住戶代表中的青創夥伴合照畫面。

Chapter 04

解放住宅的想像力

國外社會住宅案例介紹

國外社會住宅案例介紹

從二〇一〇年社會住宅推動聯盟開始倡議至今，社宅已經成為政府的住宅政策主旋律，許多社宅相繼完工，提供國民可負擔的居住選項。現在，社宅發展將進入下一階段，也就是調整政策目標，從思考「要不要做」進階成「如何作」的問題。

雖然目前的社宅都是政府興建營運，但是社宅到底是全部由政府興建還是民間發起，在臺灣一直是一個持續討論中的議題。從社宅的制度設計、社會「福利」與社會「救助」的公共價值選擇，一直到政府、社會與民眾對於居住的想像，都深刻影響社宅政策。

在歐洲，社宅已有百年的發展歷史，各國的政策背景起始點皆不同，且不斷順應新的社會需要而持續轉變著。因此，除了理解技術層次的問題（例如誰擁有產權與如何管理權責），釐清社宅的政策目標，其所預期的短、中、長期的社會性目標，以及它跟城市發展與都市更新之間的關係，這些都至關重要。

所以，先讓我們把社宅的定位以兩種出發點來看：

社宅作為「居所」：社宅是修補市場的工具，以幫助無法順利進入住宅市場或租不起房子的人度過難關，解決居住的暫時性難題。

社宅作為「生態系」：社宅是促成社區發展的媒介，從住戶的角度出發，試圖與他們一起面對所衍生出的一連串個人的與集體的社會與經濟需求跟挑戰。

如此看來，社宅除了是住戶生活其中的建築，也是促成人際與情感連結的場域。在興辦與營運社宅的過程中，會遇到各式各樣的挑戰。臺灣不乏優秀的建築師，既有營造體系也十分成熟，使得社宅的硬體建築規劃相對成熟，但社宅政策的中長期效應與社區經營的部分則需要人們打開更多想像與討論。

從效益上來看，社宅除了滿足最基本的安居，更是實驗社會融合與多元照顧的基地。但相較於其他國家，臺灣仍可說是社宅的新生兒，必須積極從國外案例汲取經驗並學習吸收：我們要看的不僅僅是成功的經驗，也需要理解國外的社宅在發展上曾發生的失敗情況與後續處理，以及這些社宅在當代所面對的新挑戰。

自十九世紀工業革命以來，歐洲國家如荷蘭、英國、法國與德國為照顧都市底層勞工，開始大量興辦社宅，而隨著時間過去，社宅也反過來引領了城市的發展。另一方面，亞洲國家如日本、韓國、新加坡與香港，其社宅發展則與歐洲國家不同，是戰後因應國內都市擴張而起。然而，無論是在歐洲還是亞洲，大量興建的社宅雖然提供了立即解決居住需求的方案，接踵而來的卻是大型社宅社區內持續併發的都市與社會問題。如此看來，理解國外社宅的興辦與運作如何成功、何以失敗，他們又如何從失敗中學習、找到新的方向，無疑是我們思考這些案例時最重要的課題。

和臺灣相同，歐洲的年輕世代花了比上一代更多的時間，接受更多、更好的教育，可是出了社會以後，等待他們的卻是一個高房價、就業不穩定及低薪資的社會。

面對這些新的挑戰，歐洲許多城市開啟了新的住宅實驗；除了興建更多的社宅、提高社宅存量外，也透過私人租屋市場的租金控制，以及興辦合作式住宅（Cooperative housing）、共有產權住宅（Mutual housing）、社區土地信託（Community land trust）等方法，讓社宅的興辦更多元，這些不僅能減輕政府後續的維護管理責任，也讓住戶自治成為可能。同時，在日本，老舊公共建築的再利用也適度提供了學生作為宿舍，緩解了學生族群的租屋壓力，同時還實現了不拆與再利用的循環經濟理念。

本章將以四個重要主題出發，包含居民參與的「共治營造」、社會融合的「多元混居」、面對高齡化的「照顧支持」，以及以人為本的「物業管理」，透過相關的國外案例討論，進一步思索臺灣社宅的未來發展。為了囊括不同脈絡的經驗，本章在每一個主題中，都會從歐洲與亞洲國家各挑一個案例來說明與討論：

在「共治營造」方面，將介紹英國的Rochdale共有公共住宅和韓國推動的藝術家徵選社宅。

在「多元混居」方面，則討論荷蘭著名的「拜爾美米爾」社會住宅和日本泉北新城的再生故事。

在「照顧支持」方面，引介強調中高齡互助的瑞典須盡歡老年公寓，以及實施跨世代共居的日本愛知縣五點過後村。

在「物業管理」方面，則專注於分工明確，且以人為本的荷蘭Stadgenoot住宅協會和機制完整的香港公屋，以及其各自的維護管理經驗。

政策的發展需要經過長時間的累積與沉澱，我們很難直接移植國外政策。但了解他人的困境與課題，深入分析他們如何花費數年改變觀念與做法，所得出的成果值得所有人都銘記在心。

各國的社會情境不盡相似，本書討論國外案例的目的並非推崇他國，而是希望讀者進一步看見，臺灣當前的住宅問題雖有特殊性，但他國或許早已遭遇類似問題，也因此理解他們碰到同樣的問題時如何解決，就將對我們有所助益。此外，由於在硬體與軟體間，社宅的功能、目標與管理手段都會不同，社宅作為龐大的公共投資，問對問題，才有機會摸索出有效的方法與步驟。

英國羅奇代爾社會住宅共有化與地方創生生態系的營造經驗

案例基本資料	
特色	羅奇代爾素來有英國合作主義之鄉，合作、溝通是他們的傳統。在福利國家轉型後，英國羅奇代爾的公共出租住宅在面對政策變遷以及社會經濟的新挑戰，以實驗做法讓社宅的產權共有制、決策公共化，來形成以社會住宅為核心的社區生態系統，解決社區的發展問題。
持有型態及產權	2012 年 3 月 26 日 Rochdale 市政府轉移了 13,730 個住宅單元、83 個店鋪以及 1,606 個車位、40 個遊戲場的產權給羅奇代爾住宅協會 Rochdale Boroughwide Housing (RBH)，並由協會雇員與承租人共同擁有。
建築類型	集合住宅、連棟住宅
規劃與建造時間	1900 年代至今
住戶	15,809 人
社區空間類型	區資源中心做職業培訓與管理
戶數	12,785 戶

感謝羅奇代爾市社宅有限公司（Rochdale Boroughwide Housing Limited）Phill Worthington對於本文資料蒐集的協助與文章撰寫所提供的建議。

英國政府福利房屋系統的發展

英國政府在二十世紀初期開始大量興建「政府福利房屋」（Council house）。並於八〇年代大規模私有化；九〇年代後，英國社宅系統的政策目標發生轉向，改為建立扶弱式的社會救助出租住宅，使得社宅的性質也發生了改變。

大量興建—歸來的戰士需要公屋

回顧英國的社宅政策，一九二〇年代，第一次世界大戰結束後，歸鄉戰士的居住問題成為社會難題。為此，政府興建「英雄之家」（Home fit for Heroes）作為解方，規劃帶有電力、自來水、衛浴與室內廁所和戶外小花園的現代化社區，大量興建於市區與新開發的城市近郊，成為英國社宅的典型。此外，社宅政策開辦之後，英國最多曾有近百分之四十的家庭住在社宅，大部分是受薪階級，不乏收入不錯或教育程度中上的住戶。

私有化—柴契爾的美夢與惡夢

一九七九年，柴契爾（Margaret Thatcher）成為保守黨首相後，政府的公共服務私有化成為政策主要方向，其中「Right to buy」（即「住者有其屋」）深刻影響了社宅政策。柴契爾構築的是一個大家都買單的美麗的夢，希望讓一般人也有機會以低價購買本來承租的政府福利房屋，讓人擁有產權並成為有房產的「中產階層」，讓租戶一躍變成產權所有者。柴契爾以降的政府，不論左派右派，也都繼續維持住者有其屋的政策。

然而，對於有能力作夢的人來說，Right to Buy這個政策幫助他們圓夢，可是對於無力購屋的租客來說，則是惡夢的開始。

被賣掉的政府福利房屋成為私有住宅，出租住宅則數量銳減，導致排隊入住者的等候時間被拉長。同時，政府的財政負擔雖然減輕，政府卻也沒有蓋

圖 4-1　羅奇代爾的政府福利房屋（照片來源：作者于欣可攝）

更多社宅來填補住宅缺口。大量的住宅變成私人擁有，政府的維護管理成本減輕，另一方面，獲得房屋產權的住戶，雖然以低價取得了產權，住宅的維護管理責任亦轉變為私人負擔。在此狀況下，國家也卸下了社區公共空間的維護管理責任，久而久之就使得社區整體的生活品質下降。有些社區因此變成治安死角，部分甚至在城市裡遭到汙名化；幾乎所有的英國大城市，都能找到幾個這樣「惡名昭彰」的社區。

如此一來，社宅住戶就經常被認為是不負責且缺乏秩序的人。他們被貼上「福利依賴者」的標籤，甚至被認為缺乏自我向上提升生活品質的內在動機，而這些也都使得他所住的地區被稱為「福利貧民窟」（welfare ghettoes）。

簡言之，Right to Buy 政策雖然減少了政府財政負擔，卻因此擴大了社會的貧富差距，製造了更多社會經濟隔閡。

接下來介紹的羅奇代爾（Rochdale）的社宅產權共有化案例，即是一戰後所興建的、共有一萬三千七百戶的社宅。在經歷過私有化、居住品質與管理的黑暗期後，二〇一二年，羅奇代爾市政府向所有租戶進行公共住宅共有化的提案，由全體住戶投票決定是否將所有社宅的產權移轉給社宅管理者羅奇代爾市社宅有限公司代為經營管理（Rochdale Boroughwide Housing Limited，簡稱ＲＢＨ）。

這是英國第一個社宅產權共有化的案例。這項提案希望透過產權移轉，讓居民與ＲＢＨ的雇員共同持有社宅產權，建立共同決策機制。一開始，許多懷疑聲浪出現：例如，當租客與社宅管理單位的雇員共有產權後，要如何管理？不會有利益衝突嗎？為了回答這些問題，我們先從英國的社會福利撤退開始說明。

當社會福利撤走後，我們該怎麼辦？

羅奇代爾位於英格蘭中部的大曼徹斯特地區，而大曼徹斯特則是英格蘭最多貧困社區的城市區域。從圖4-2可以看到，羅奇代爾更是除了曼徹斯特市中心外，貧困社區最集中的地方：全國前百分之十的貧困社區，以高密度圍繞在羅奇代爾。英國的貧困社區指標（Indices of deprivation）分為幾個層面：收入、就業、健康、教育與技能、居住及服務可及性、犯罪、居住環境。因此，在貧困社區，不只是居民個人的收入與就業問題，在公共服務方面，亦遠落後於其他地區。可以想見當來自中央政府的各種補貼陸續撤退後，會對這些需要各種扶貧措

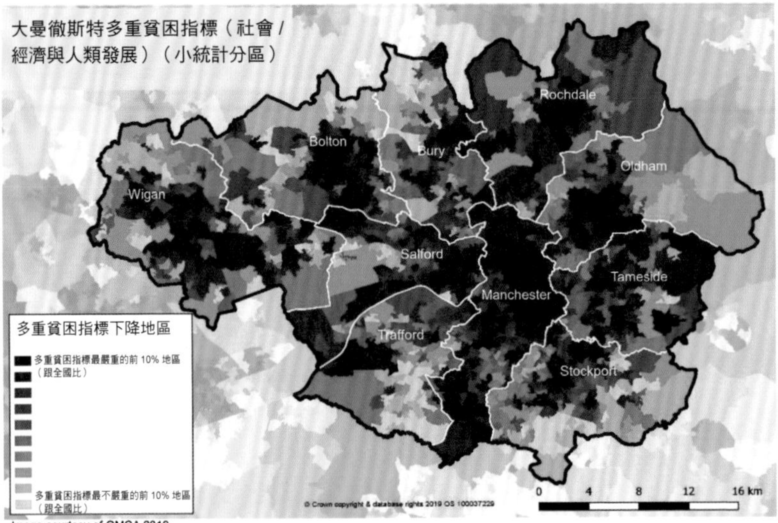

Image courtesy of GMCA 2019

圖 4-2　大曼徹斯特行政區貧困社區圖（資料來源：Deprivation report, Manchester City Council, 2019）

施的社區經濟產生多劇烈的影響。

二〇一〇年，英國通過《社會福利改革法》（Welfare Reform Act），中央政府對社宅的預算進一步縮編。與此同時，〈空房懲罰條款〉出爐，開始徵收所謂的「臥房稅」（Bedroom tax）；住在社宅裡面的住戶如果有多餘的臥房，會被減少最高百分之二十五的租屋補助。

政府之所以徵收臥房稅，為的是要增加社宅的使用坪效。然而，住戶不可能輕易更改社宅房型，而家庭成員中有小孩與老人的住戶，在二十年內，當小孩成年搬走、老人往生，房間就會空下來，換句話說，這個政策幾乎等於國家減少對社宅的財務補貼，對本來經濟條件就已落後的住戶來說更是嚴重打擊。

以羅奇代爾社宅來說，受臥房稅影響的戶數為一千四百戶，占總戶（一萬三千七百戶）近百分之十，減少的租屋補助讓住戶每週即損失高達二點五萬英鎊。居民補助減少，脆弱不堪的地方經濟受到打擊；人們收入減低，消費減少，導致百分之十七的店鋪沒了人潮，店鋪不請新人力，也進一步使居民失去工作，地方經濟景氣就此入惡性循環。

另一方面，由於中央政府的補貼減少，地方政府對社宅的整建維護無以為繼，最終導致地方經濟也難以靠一己之力再生。因此，對羅奇代爾而言，如何與社宅管理者及租戶合作，以社宅做為平臺推進個人與社區的發展，變成該市的首要任務。

這是英國最新的社宅進程，也是一場實驗性的嘗試，希望讓社宅不再只是居所，不只是擔起居住問題的解決者角色，更希望能讓社宅有歷史性的轉型，成為地區發展生態系的孵化器。

值得特別注意的是，羅奇代爾市政府並不是用共有化來規避必要的政府公共支出。相反地，來自政府承諾的第一期五年投資（共一點六九億英鎊），讓共有化進程有了第一筆預算。此外，作為英國第一個共有化的社宅產權所有者與管理者，ＲＢＨ也需要設計一系列新的組織結構和治理模式，在此之中建立互信，以及凝聚共同的中長期目標，這才是共有化成功的關鍵。

羅奇代爾的試驗不只單純地把一萬三千七百戶的社宅所有權從市政府移轉給ＲＢＨ，這個計畫還是一個「不遺漏任何人」（No one left behind）的扶貧與地方再生計畫。這是一場面對國家社會福利退潮的背景下，社區組織與居民如何共同行動，一同面對快速貧窮化的創新實驗。

當社宅成為生態系統，那麼住在裡面的人共同經營、決策與管理，將會發揮更大的綜合效應。因為當租客也是產權所有者、也是社區的一分子，就會讓社宅不再只是居所，在社宅的他們會更負責任地面對社宅當下和未來會遇到的發展問題。

羅奇代爾社會住宅的共同決策模式

羅奇代爾社宅作為英國第一個共有化的公共住宅，其維護管理與未來發展之決策機制，有別於傳統上重視「參與程序」的有無，或糾結於「由下而上」還是「由上而下」的決策。因為產權的共有化（既不是公有，也不是私有），所有住戶與RBH的雇員不單只是租戶或受雇者，更是利益關係人（stakeholder）。基於這樣的重新定義，羅奇代爾社宅的管理與決策模式有兩大創新設計：

以「會員」為決策主體：所有租戶與RBH的雇員都是羅奇代爾社宅協會的會員，他們會推出會員代表，與來自市政府及其他組織的代表，共同組成代表會。代表會將制定業務計畫方向、未來發展方針等，也會指派兩位執行董事與八位董事，作為各項社宅維護管理工作、進度管控、財務與人事計畫的工作小組。

集體所有權的建立：公共出租住宅的房子由租戶與RBH雇員共有，因此長遠的考慮與可持續的財務都將對住宅的維護更新乃至社區再生，都有重大影響。如此狀況下，租戶和雇員的看法容易趨向一致：他們希望打造一個繁榮、居住品質良好、財務上又可負擔的社區，集體所有權更讓人有長遠的責任感。

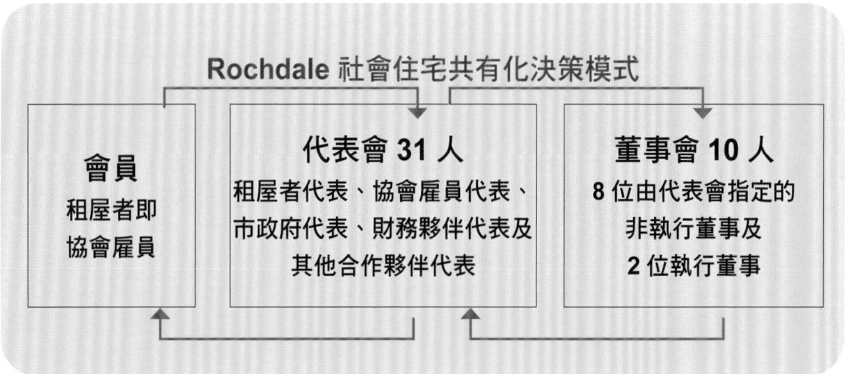

圖 4-3　羅奇代爾社會住宅共有化決策模式（資料來源：Rochdale Boroughwide Housing Limited , Phill Worthington）

社宅是地方創生的生態系

羅奇代爾社宅的日常共同決策與行動的項目，除了社區空間品質的維持與提升，另外一個核心目標是社會與社區包容。

住宅的主體是人。如果人缺乏社會與經濟支持，失去工作、失去社區設施與服務的協助，就很難維持個人尊嚴與價值，這也是社會包容之所以重要的原因。因此，當住戶的全體福祉成為組織的共同目標，就讓社宅有成為地方創生生態系的可能性。從表4-1可以看到，RBH協會的工作項目已經超越了社宅維護管理，朝向社區營造與地方創生邁進。

計畫項目		
循環經濟與財務循環 Financial Inclusion	職業與技能培訓 Work and Skills	身心靈健康 Health and Wellbeing
行動方案		
在地食物櫃（食物銀行） 家具循環 金融諮詢／小型信用貸款	職業訓練／職業生涯計劃 青年就業者培訓 社區在地就業計畫	高齡者友善／COVID-19守則 藝文投資 社區草根組織培力

表4-1 RBH以社宅住戶為核心經營創生計畫三大項目

圖 4-4 社區中心的食物銀行（照片來源：作者于欣可攝）

圖 4-5　社區中心的衣物出借中心，讓面試者能借到一個體面的衣服去面試（照片來源：作者于欣可攝）

圖 4-6　社區中心的廚房教室，是職業訓練的一環（照片來源：作者于欣可攝）

圖 4-7　由 RBH 營運的社區中心外觀（照片來源：作者于欣可攝）

小結：社會住宅的未來走向

社宅要解決的問題是什麼？也許是為了解決都市居住需求是第一個答案，但當我們繼續探究，不免思索居住需求究竟是什麼？或許是有一個安穩的家，能夠讓人免於飢餓、貧窮或其他威脅，以及一個穩定且友善的鄰里環境，才是社宅居住者的盼望。

羅奇代爾的社宅共有化給了很好的答案。在這裡的人們非常清楚社宅要解決的問題，其實還包括個人身心靈健康、集體社會關係的健康、經濟安全、教育與再教育、社會聯繫以及居住物理空間的安全感等。某種程度上來說，羅奇代爾社宅或許已經超越了住宅，更成為給予人們更多幸福感的來源。

韓國首爾．貞陵洞藝術社宅的藝術生活——與藝術共生的日常可能

案例基本資料	
特色	貞陵洞藝術社宅，為韓國同時解決「居住」與「工作」問題的創新政策，以低價租金，提供給城北區藝術家不同的居住空間，讓「共治」、「共創」的可能性得以在社宅萌芽。
持有型態及產權	首爾住宅及社區公社（Seoul Housing & Communities Corporation，簡稱 SH 公社）購置私有住宅後，出租給住戶
建築類型	新型多戶住宅
規劃與建造時間	2015-2016
住戶	110 人
社區空間類型	一人房（單間型，約 8 坪）共 3 戶 二人以上（二房、客廳兼廚房、廁所、多用途室，約 14 坪）共 8 戶 三人以上（三房、客廳兼廚房、廁所、多用途室，約 16 坪）共 8 戶
戶數	19 戶
租金	保證金 821 萬～ 2630 萬韓元（類似臺灣租房押金） 月租金 10.7 萬～ 34.3 萬韓元

雖然韓國的社宅不如本書其他案例發展那般源遠流長、歷盡不同階段的發展，韓國近年新興的藝術社宅正如廣闊原野中的第一把星火，散發著生命力，以作為同時解決「居住」與「工作」問題的火種。

事實上，藝術社宅並非韓國社宅的典型。藝術社宅住戶人數少（例如，貞陵洞藝術社宅〔Jeongneung Artistroof〕僅有十九戶），屬於小而美的類型，此外，住戶全部皆為藝術家，更顯現出其在韓國社宅版圖上的獨特性。

若往前追溯韓國住宅政策的發展，就會發現迄今已有許多變化。早期，韓國傾向推動出售式國宅，超過一半的國宅建造都以出售為目的。直至一九八〇年代末期，韓國面臨民主化、經濟躍升、人口快速成長，以及不斷擴大的貧富差距，人們以「社宅」之名發起大規模社會抗爭，儼然使社宅推動成為備受高度關注的政治議題，尖銳卻又不得不碰觸，這也是多數人認為韓國推動社宅的起點[1]。

此後的三十年間，韓國社宅存量穩定攀升，住宅公法人大量興建，編織成韓國的居住安全網。以韓國首都首爾為例，首爾在一九八九年成立「首爾住宅及社區公社」（Seoul Housing & Communities Corporation，簡稱ＳＨ公社）；根據統計資料，首爾的社宅高達七成由ＳＨ公社提供，剩下三成才由中央政府與其他住宅公法人提供[2]。在韓國的住宅政策上，不論是建造或分配，皆足見住宅公法人的重要性。

朝向多元化供給的社宅市場

近年來，韓國社宅發展不止於單一化的供給，更轉而開始思考多元化、彈性供給社宅的可能性。過去，社宅的推動目標對象著重在中低收入者，但在現實生活中仍有部分族群雖未達到政府供給社會福利的門檻，也同樣在住宅市場上舉步維艱。以此作為出發點，「客製化」成為韓國社宅核心概念之一，於是政府針對不同族群所得與特性，衍生發展出不同性質的多元社宅，例如以大學生、年輕人、女性、新婚夫妻、藝術家、高齡者等為社宅主要提供的對象[3]，「藝術社宅」正是客製化概念下的產物。

為了達到韓國「以文化作為無煙囪工業立國」的發展目標，除了政府在政策面和經濟面給予藝術工作者支持，SH公社也開始陸續興建專屬於藝術家的社宅，例如貞陵洞藝術社宅、萬里洞藝術社宅（Mallidong Artists Cooperative）、瑞草青年藝術城（Seoripul Youth Art Town）等。

然而，為什麼是定位為「藝術家」，而非其他族群？根據韓國二〇一八年針對藝術家進行的調查，發現有高達百分之七十六的全職藝術家為自由業，而其收入分配上通常有一半收入都必須用於支付房租。這或許不是一個令人感到驚訝的數字，畢竟房租幾乎是所有人的支出大宗，但對於收入不穩定的藝術家而言，住屋開支的壓力更是直接影響生活與創作能量的絕對因素[4]。

圖 4-8　貞陵洞社宅
（資料來源： © SEOUL METROPOLITAN GOVERNMENT）

從上述的脈絡來看，「藝術社宅」看似創新政策，實則作為韓國政府同時解決「居住」與「工作」問題的措施。不過，藝術社宅何以共治營造？接下來，我們以貞陵洞藝術社宅為例談起。

「我們」都是藝術家

貞陵洞藝術社宅位於首爾市城北區，該區轄內有多所大學、寺廟，鄰近北漢山國家公園，同時也是藝術工作者人數最多的代表性區域之一。

過去，貞陵洞藝術社宅所處在的行政區「貞陵三洞」曾被劃為限制開發區域，因此有很長一段時間處於未開發階段。爾後隨著發展，貞陵三洞開始出現許多廢棄空屋，而市府在藝術家正式搬入社宅前，便有計畫地將這些閒置空間提供給藝術家。自此開始，藝術家邀請地區居民參與共同創作，從單點閒置空間，擴散至整個城北區，除了逐漸為地方注入新的活力，同時也將這股參與能量轉化為支持當地再開發的聲量。

二〇一六年，貞陵洞藝術社宅竣工。SH公社興辦社宅的模式相當多元，而貞陵洞藝術社宅即屬於「購置私人建案作為社宅[①]」的類型。這類以藝術家為主軸的社宅並非任

---

①SH公社卓越的社宅績效，與興辦模式息息相關，其模式主要可分為「宅地開發事業」、「再開發事業」，以及「其他多元模式」等三大類。貞陵洞藝術社宅屬第三類的其他多元模式，透過購入或包租民間住宅的方式提供社宅，類似臺灣的「包租代管」、「閒置公有房舍活化」。

何人都可入住；從貞陵洞的住戶招募公告上來看，入住者除了需要符合「藝術家」的身分條件②，入住者如果有長時間於城北區耕耘藝術活動的經驗，也會更容易取得入住資格。此外，在入住期限的設計上，貞陵洞藝術社宅每兩年簽一次約，而藝術家最長可在此居住二十年，讓社宅對於這些藝術家而言，不再只是過渡性措施。

當藝術走入社區，會帶來什麼改變？

根據貞陵洞藝術社宅住戶的滿意度調查，在「非常滿意」的向度中，除了居住穩定性（包括租金、管理費、契約彈性），另一部分的非常滿意則落在「社區內部共同活動」、「社區外部共同活動」兩類[5]。這些活動包括居民間的消息交流、居民間的合作、居民定期會議以及教育活動。

在貞陵洞藝術社宅，每兩個月一次的定期會議是住戶定期碰面、交流的場合。定期會議提供住戶一個正式交流、共同討論社區待改進之處的場域；同時，住戶也能夠透過這些會議，進而凝聚情感。甚至共享在社區各自籌辦進行社區藝文活動的心得與建議，進而凝聚情感。透過彼此的腦力激盪，無論是社區事務，抑或是社區中的藝文營造，住戶都能透過「共享」、「共創」，形成與過往不同的社區想像。

除了社宅內部的交流，藝術家也嘗試將觸角擴及附近的居民。例如，「朝向藝術道路GO」是貞陵洞藝術社宅有名的免費活動之一，是由社宅的藝術家們設計一系列與藝術相關的活動，包括皮革工藝、造型藝術品製作、攝影、兩分鐘電影製作、爵士鼓課程等，主題琳瑯滿目。藝術家在這些活動上擔任講師，免費提供周遭居民一起參與一場藝術饗宴，降低一般人與藝術接觸的門檻。

社區偶爾也會舉辦聚餐活動，久而久之，來參與過藝術活動的附近居民，也會來參與聚餐。以貞陵洞藝術社宅為節點，向外擴散至周遭區域，貞陵洞藝術社宅更加融入當地文化與脈絡。也許這些關係的擴散與重建並不需要強而有力的機制，反而需要人與人之間不經意地交流如互相交換育兒經驗、物品或者相關資訊，自然而然就能拉近與附近居民的距離，形成在地充滿人情味的社區網絡。

遍地開花的藝術社宅

在首爾市的其他地區，也有和貞陵洞類似的藝術社宅，而它們同樣值得注意。例如，位於首爾市中區的萬里洞藝術社宅是韓國第一例藝術社宅，於二〇一三年開始規劃，二〇一五年開放入住。

萬里洞藝術社宅與貞陵洞藝術社宅的住戶都是藝術家，但兩者之間最不同的地方則

②係指《韓國文化藝術振興法》規定中文化藝術範疇內之從業人員。

在於，前者住戶從更早期的階段就參與了社宅的建造規劃。換句話說，萬里洞社宅在興建之前，就事先確定了入住對象，讓未來的住戶不僅可在入住之前就參與建築設計與施工過程，身為藝術家的他們在這段期間也能凝聚共識，並進一步將專長融入社宅的建置過程中，以使社宅更符合他們的使用需求[6]。

小結：藝術讓社宅不只是社宅

回到臺灣，目前社宅機制設計多朝向「混居」，讓社宅可容納來自不同族群、不同特性的群體，進而減少社宅過往遭到標籤化的負面形象。在韓國藝術社宅的案例中，我們就能意識到，或許社宅能解決的問題，不止於短暫性的住宅供給，「居住」與「工作」共存的形式也可能在社宅中發生。

透過保障「藝術家」的居住權來減輕藝術家的經濟收入壓力，不僅讓藝術家轉而在藝術工作上得以有更多的發揮，也將藝術重新帶入社區。貞陵洞藝術社宅讓我們看見的，是「共治」與「共創」的萌芽。當社宅居民多了一些共同討論社區事務的場域，碰撞的同時也增進理解，就可能從而發展出不同卻各具特色的社區。

多元混居

荷蘭阿姆斯特丹．拜爾美米爾的重生——「明日之城」的衰敗、實驗與再生

案例基本資料

特色	荷蘭拜爾美米爾經歷半世紀的歷史，面對都市、建物老化以及當代的社會問題，從空間軟硬體改造、重新檢視財務和管理問題、引入新住戶、找回社區支持功能等，摸索出一條多元並進的再生之路。
持有型態及產權	三種型態：自購 22.9%、私人租賃 25.5%、公共租賃 51.6% Bijlmer Center（含 Amstel III ） 房屋總數 26,187 戶 持有型態：自購 18.2% ／私人租賃 30.7% ／公共租賃 51.1% Bijlmer East 房屋總數 13,145 戶 持有型態：自購 32.2% ／私人租賃 15.1% ／公共租賃 52.7%
建築類型	六角形空間分布的蜂巢型高層集合住宅群
規劃與建造時間	最初規劃：1966-1975　二次規劃：1990 年代
住戶	Bijlmer Center（含 Amstel III ） 人口總數：25,681 人 居民組成：本土荷蘭人 17.3% ／西方移民 12.8% ／非西方移民 69.9%（以蘇利南裔 27.3% 為大宗）

住戶	Bijlmer East 人口總數：29,788 人 居民組成：本土荷蘭人 21%／西方移民 10.9%／非西方移民 68.1%（以蘇利南裔 30.3% 為大宗）
社區空間類型	大量開放與半開放的公共空間、高層集合住宅和停車庫間以漫長的空橋連結、快慢車道分離（快車道給汽車、慢車道給行人和腳踏車）
居住面積	平均一戶有 2.7 個房間，接近半數（49%）的住宅一戶約 50-70 平方公尺
戶數	總戶數：26,174 戶 Bijlmer Center 13,172 戶（單身者 61.9%，單親家庭 14.4%） Bijlmer East 13,002 戶（單身者 51.1%，單親家庭 16.1%）
租金	依房型和產權狀況不同。 阿姆斯特丹政府的規定，社宅每月租金不可超過 752.32 歐元，租金調漲等會嚴格受到限制；私人出租則無上限。

建設戰後城郊新生活：新市鎮與高層集合住宅

二次大戰過後，勞動力的短缺使得大量移民紛紛湧入歐洲大城。然而，戰爭造成的房屋損害，加上原本就已嚴重不足的住宅存量，使得「居住議題」躍為歐洲各國戰後復甦的重點議程。一時之間，城郊新市鎮開發和興建高層集合住宅蔚為各國處理住宅問題的熱門規劃手段。位於荷蘭阿姆斯特丹東南郊區的拜爾美米爾（Bijlmermeer），即是循此脈絡誕生的著名案例。

一九六六至一九七五年間，阿姆斯特丹市政府委託建築師西格弗里德．納蘇斯（Siegfried Nassuth）進行拜爾美米爾的開發。受到國際現代建築協會（Congrès Internationaux d'Architecture Moderne，簡稱CIAM）與建築師柯比意（Le Corbusier）「明日之城」及「機能城市」（funtional city）概念的影響，拜爾美米爾的規劃遵照嚴格的機能分區原則，將居住、商業、交通和休閒娛樂等空間清楚區隔。

在這裡，街區核心為無車區，三十一棟十層樓高的高層集合住宅按六角形網格集中分布於公園周邊，中間則綴以綠地和購物中心，形成如大型蜂巢聚落一般、象徵戰後現代城郊新生活的混凝土風景。另一方面，社區道路實施人車分流，分為高層與低層動線：高層為車輛專用的快速道路，環繞於社區外圍；低層則為人行道和腳踏車道，以內

圖 4-9 位處阿姆斯特丹東南郊區的拜爾美米爾社宅遠景。（圖片來源：© Collection of the Amsterdam City Archives）

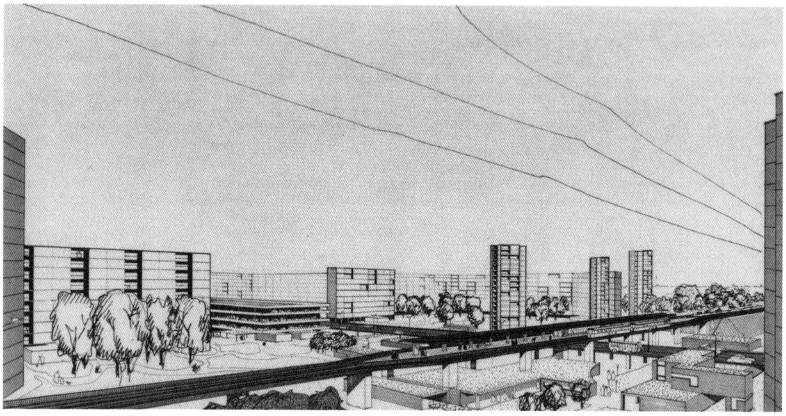

圖 4-10　一九六五年一幅藝術家對於拜爾美米爾印象的畫作，可見集合住宅、車庫、交通要道和綠樹交錯。（圖片來源： © Collection of the Amsterdam City Archives）

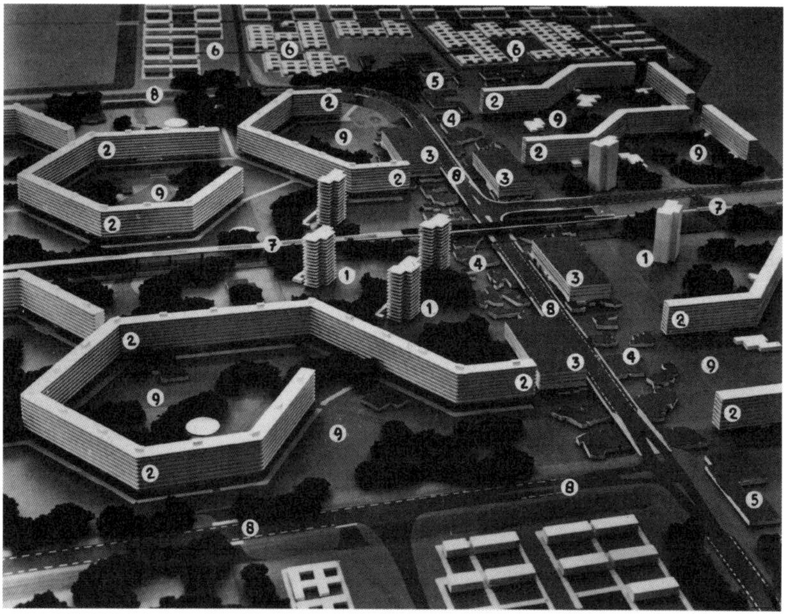

圖 4-11　一九六五年拜爾美米爾的模型。從一到九分別為：住宅大樓、長型住宅、停車場、社區中心、學校群、低社區建築群、都市鐵道、高架道路、公共綠地。（圖片來源：© Collection of the Amsterdam City Archives）

部廊道和外部步行橋連結社區邊緣的停車場。

寬闊舒適的大坪數空間、先進的衛生設備、中央暖氣、獨立儲藏室等，這些在當時看來十分新穎、甚至可說有點奢侈的建築設計，一開始鎖定的目標族群是阿姆斯特丹中產階級以上的白人小家庭。然而，在將近十年的開發過程中，許多過於理想化的設計受限於預算而未能落實，直接影響了生活環境的便利性和品質。例如，社區設置了過大但數量不足的電梯，又或者複雜的長型廊道一旦疏於管理，便可能迅速成為治安死角。此外，高昂的開發成本轉嫁至租金內，也進而導致高空屋率。然而，最根本的問題在於龐大的高層集合住宅和社區規模也大大提高了公共空間的管理難度。不出二十年，住宅區周圍規模遼闊的停車場，便成為垃圾傾倒場和犯罪滋生的溫床。

前述種種規劃與實踐之間的落差，使得這個以高層集合住宅為主的新市鎮社區不再是白人中產階級的理想住所。經濟條件較佳的租戶大量流失，取而代之移入的是別無選擇、只能忍受拜爾美米爾日益惡劣社區品質的弱勢租戶。其中，又以前荷蘭殖民地的移民占居大宗，包括一九七五年在蘇利南（Suriname）獨立後前往荷蘭的非裔移民，以及來自亞洲和東歐的非法移民。

複雜的人口組成、居民的高流動率和高失業率、語言和文化上相互隔閡、負擔不起的高昂空間維護成本，種種因素彼此影響，進一步造成惡性循環，為拜爾美米爾周遭區域帶來嚴重的社會經濟問題。到了一九八〇年代中期，拜爾美米爾的空屋率高達百分之二十五，層出不窮的負面新聞，讓拜爾美米爾已然是荷蘭人心中避之唯恐不及的「巨型貧民窟」。

圖 4-12 拜爾美米爾以空橋連接各棟的建築設計。（圖片來源： © Collection of the Amsterdam City Archives）

圖 4-13　一九六八年拜爾美米爾第一棟竣工大樓的內部陳設。（照片來源：© Collection of the Amsterdam City Archives）

從衰頹中再生的花園：發掘問題、體質改造、社區支持方案

一九七五至一九九〇年間，阿姆斯特丹市政府開始著手處理拜爾美米爾的改造難題。舉例來說，翻新以蘇利南裔居民為主的「Gliphoeve」街區環境；降租、整併拜爾美米爾既存的十六個住宅法人的「復甦計畫」（The Rehabilitation Programme, 1983-1988）；改善拜爾美米爾相鄰地區的機能（包含地鐵開通和興建體育場、電影院、音樂廳）；引入一些較具實驗性的規劃手段等。這些措施雖有部分成效，但皆因較注重特定地區或時程較短，大體而言還是未能解決拜爾美米爾整體房屋市場的財務困窘、高空屋率和原先空間規劃不良的大問題。

直至一九九〇年代，阿姆斯特丹市政府、街區組織和住宅法人共同組成「拜爾美米爾更新計畫辦公室」（The Bijlmermeer Renewal Project Office），在市政府和中央公共住宅基金的資助下，針對拜爾美米爾展開了更全面且富有野心的再生計畫。他們目標透過引入多元背景的居民人口和提供多樣性的住宅選擇，進一步扭轉社區的刻板印象，並且提升居住者的社會資本。

再生計畫內容主要分為三大面向，包括大規模的建築拆除與新建、加強管理與治安維護，以及各種社會調查與經濟支持方案。首先，他們拆除四分之一、總數超過七千戶的高層集合住宅，並新建一定數量的低層住宅和獨棟住宅，適度增加建蔽率和多元房屋選擇，減少個別建築體容積率帶來的壓迫感。接著，他們重新規劃社區格局，例如對停車場、街道和車站平面進行的改造，不僅大幅增加空間的穿透性、能見度和環境品質，也將公共空

間改造為能夠提高人與人接觸頻率的設計。此外，他們也重塑拜爾美米爾的房屋市場，降低公共住宅的占比（從百分之九十二降至百分之五十五），如此就有利於吸引異質性較高的家戶遷入。針對管理和治安維護，他們在街區設置了鄰里安全辦公室，在容易產生死角的長廊等空間增設監視器，還增聘了維護公寓的清潔人員、增加了垃圾車的數量，以及提高環境汙染的罰鍰金額。另一方面，社會庇護轉置和政策措施雙管齊下，也有效降低了拜爾美米爾社區內部的犯罪率，改善無家者和毒癮者的處境。在各式各樣的多元社會經濟方案（例如職業訓練計畫、利用經濟和行政支援吸引新創者、給年長移民的語言課程、針對職業女性的培力計畫、鼓勵藝術家創作計畫和提供宗教性空間）的同步實施下，經歷多年的努力，如今的拜爾美米爾已煥然一新。

二〇一七年，「NL Architects」和「XVW architectuur」兩間建築事務所共同組成「deFlat」團隊，以拜爾美米爾原始高層集合住宅「Kleiburg」為基地的改造方案，更獲得歐洲建築設計領域頗負盛名的「密斯凡德羅建築獎」（Mies van der Rohe Award）。此改造方案從二〇一三年啟動，於二〇一六年完成，團隊針對這類戰後高層集合住宅的缺點——「單調、一致、缺乏生活感」的建築外觀，提倡與居民一起DIY（在荷語中是「Klussen」），將Kleiburg改造為眾人共同打造的「Klusflat」。

除了翻新原來的主結構（如電梯、走廊、設備），團隊透過改造、合併住戶單元，以及拆除部分非必要的增建，嘗試以垂直和水平的整合來創造更多元並適於住商混和利用的嶄新空間。舉例來說，他們挖空了住宅角落地面層閒置的儲藏空間，重新引入鼓勵居民交流的公共空間，或是辦公室和托兒所。如此一來，就能讓龐大而給人冷漠印象的集合住宅增加了可讓居民自由穿梭的動線與空間，因而產生更多人與人的互動機會。至於原先用以連結停車場和電梯、但因為管理困難而容易使人有治安憂慮的內部走廊，現在則透過打通更多開口連結建築兩側，並以雙層玻璃的設計，增加空間的明亮和開放感，大大地改善了原本設計不良造成的問題。

根據二〇二〇年阿姆斯特丹市政府的統計數據顯示，拜爾美米爾居民對於社區的治安和居住滿意度皆大幅改善。多元族裔互動下的街道生活也成為區域的新特色。這些都使拜爾美米爾搖身一變，成為荷蘭高層集合住宅市鎮再生的正面範例。

小結：失敗為成功之母？

總結來說，拜爾美米爾早年的失敗略可歸因於幾點要素。最初，嚴格的機能分區規劃原則限制了社宅有機發展的可能性，而生活所需關鍵的交通基礎設施和商業建設，卻遲至社區開始衰敗後才完成。再者，高層集合住宅群落的建築設計本身就難以讓人產生空間的認同歸屬感，加上公共空間缺乏妥善維護，就容易產生治安和環境清潔的死角。最後，錯估房屋市場需求和租客可負擔成本的情勢下所設計的建築空間，也造成後續出租單位財務和日常管理的多重困難。

回顧拜爾美米爾的案例，我們除了可以看到政府在公共住宅市場扮演的關鍵角色，也可以試著重新思考另一種「空間尺度更大的『混居』模式」，也就是所謂的「社會融合」（social mixing）。為達成社會融合的理想，現今的社宅不僅可以透過「以單戶或單棟為單位引入不同身分租戶」，亦能靈活結合空間軟硬體的改造、土地開發與社區規劃等手段，多元並進。但過程中，我們仍需要持續思考，究竟該如何才能看見社區本身和住戶的多元需求，並且進一步凝聚共識，發展出一套容納不同行動者並使其得以深度參與、具反思性且動態的治理模式？

拜爾美米爾超過半世紀的歷史跌宕告訴我們：沒有標準單一恆定的規劃「典範」，只有在快速變化的社會演進過程中，不斷反省過去經驗、體察當下需求、容忍失敗與嘗試，才是通往理想明日的最佳捷徑。

多元混居

日本大阪．泉北新城的再生——打造「一個都不少」的支持網絡

案例基本資料	
特色	面對著人口結構轉變而空洞化危機的新市鎮，大阪泉北新城將居住單元改造為更適合年長者與青銀共居的模式，並提出活用閒置空間引入長照、育兒與 NPO 資源，嘗試打造公部門、NPO、大學與居民間緊密的支持網絡，蛻變為宜居的所在。
持有型態及產權	新市鎮一半為私有住宅，一半為公共租賃住宅（包括府營住宅、公社住宅、UR 住宅）
建築類型	有獨棟民宅與高層式公共賃貸住宅
規劃與建造時間	最初規劃：1965-1983 二次規劃：2010-2030
住戶	泉北新城包括泉之丘、栂．美木多及光明池三大區域，其中又再細分為十六個居住區。 總人口數：開發之初有 160,000 人，現僅存約 120,000 人。泉北新城的高齡化率為 35%，且 20-30 歲年輕世代移出率高，獨居者人數不斷增加。
社區空間類型	將原來公宅內的獨戶空間整併，創造家戶內的公共空間 引進社福機構資源，經營高齡者支援住宅，將社區空戶與閒置店鋪挪用為社區餐廳、圖書館與 DIY 工房 結合周邊自然資源，設置步行者專用的「綠道」、市民菜園

居住面積	多種不同的居住單元（公宅與私人戶），且經過整併，約 32 平方公尺～51 平方公尺（如公宅原面積約為 45 平方公尺，後將兩個獨戶整併為 90 平方公尺的住宅，吸引育有子女的年輕家庭入住）
戶數	1,000 戶
租金	依住宅單元狀況，每月 3.5~5 萬日圓不等，住宅公社另有提供年輕家庭及學生租金補助

當「新市鎮」不再「新」以後

一九六七年，位於大阪府堺市南部丘陵的「泉北新城」風光開張。這個有將近六萬戶新建住宅的大型開發計畫，象徵著戰後日本人口倍增、經濟蓬勃發展的榮景。然而，四十年過去，泉北新城流失了近四萬人口，面臨空屋數不斷增加、區域內的商家因此紛紛關閉等困境。隨著少子化與年輕人口外流，當地高齡人口的比例逐步提升，日常交流與社會網絡的斷裂就導致了「購物難民」、孤獨死的狀況日益頻繁。

這樣的現象並非泉北新城獨有。隨著人口結構改變、郊區空洞化，在日本原先象徵進步與現代的新市鎮，轉眼卻成了交通不便、房屋老舊，以及生活機能衰弱的棘手地區。面對上述種種挑戰的泉北新城何以成功轉變，重新成為一個對年輕人口具有吸引力的地方，並提供生活在此的高齡者與弱勢住戶完善的生活支持，成為新城再生的「模範」案例？

泉北新城面積共一千五百五十七公頃，包括泉之丘、栂．美木多、光明池三大區域，其中又再細分為十六個居住區，為一規模相當龐大的開發案。規劃之初，政府預計將可引進五萬四千戶、共十八萬人在此生活。整個區域有私有住宅，更有一半為公共租賃住宅，包括府營住宅、公社住宅、UR都市再生機構的「UR住宅」等。根據大阪市立大學在二〇一一年發表的研究報告顯示，整體而言，各類型的住宅皆面臨人口減少與高齡化的問題，不過私有和公營住宅所在的區域仍有些許差異。私有住宅中，高齡化的情況比較顯著，而公共租賃住宅則是以空戶為主要的問題。由於泉北的公宅居住面積小、租金便宜，在近年也吸引不少其他地區的獨居長者及弱勢家戶遷入，使公共租賃住宅的住戶人口組成相對脆弱。

面對上述挑戰，泉北新城嘗試在過往的公共租賃住宅經管與福利支援的思維之外，找出另一條可能的路。這不

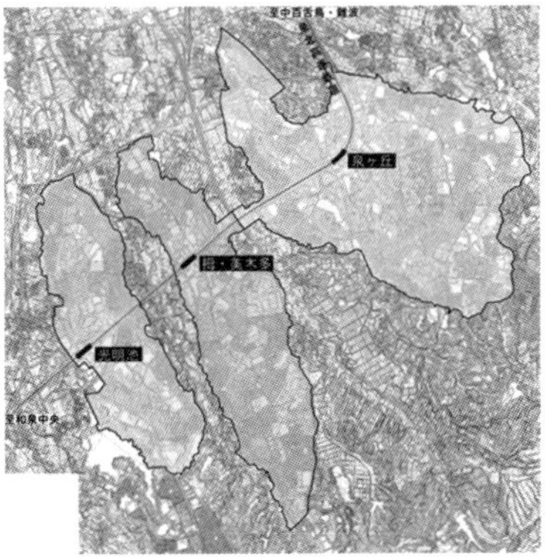

圖 4-14 堺市地區圖
（圖片來源：© 堺市市政府）

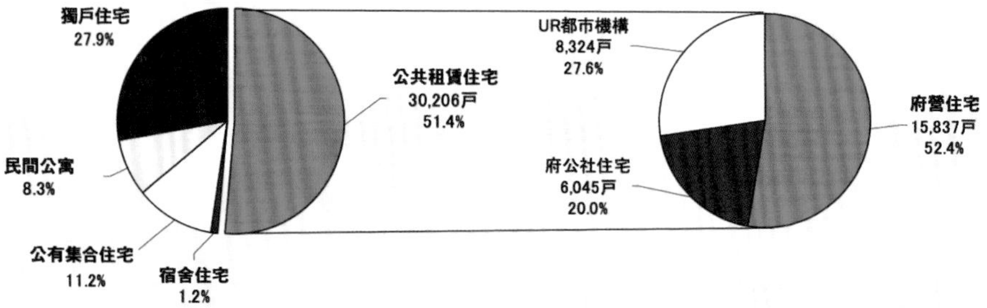

圖 4-15 二〇一〇年五月住宅類型比例（資料來源：泉北ニュータウン再生指針）

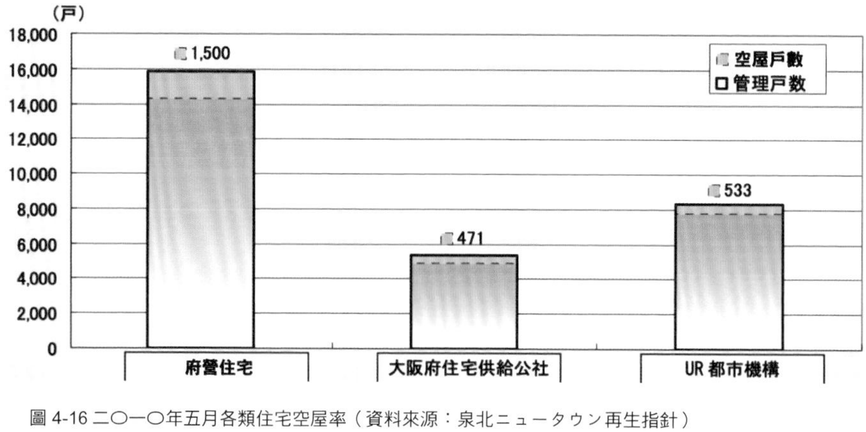

圖 4-16 二〇一〇年五月各類住宅空屋率（資料來源：泉北ニュータウン再生指針）

只是住宅的問題。目前在市政府就職的返鄉青年高松俊就曾說：「建築或空間的修建會隨著時間的演進，在五十年後、七十年後重複發生同樣的問題。雖然建物危險老舊仍有修建的必要，但在泉北最重要的，是思考如何兼顧空間的活用。」

面對鄰里生活機能的衰退、公共生活的消失，首當其衝的就是相對缺乏移動能力的高齡者。尤其，在建成時間較早的泉之丘南部地區，高齡化的程度較高，對新的區域計畫的需求十分迫切。

「一個都不少」：朝向生活支持網絡的公共出租住宅治理

在東亞各國當中，日本是較早發展公共出租住宅的國家。在二戰後，鑑於住宅存量與品質均不足，日本於是在一九五一年制定《公營住宅法》，由政府及相關公法人引領住宅建設。同時，日本也在一九五五年設立「住宅公團」，即成為了現在的「ＵＲ都市再生機構」。一九六五年後，各地政府紛紛出資成立住宅公社，協助中央政府推動住宅政策、經營地方的公共出租住宅，亦可稱為公宅。

然而，由於公宅發展歷時已久，隨著整體人口結構的轉變，日本面對的是住宅存量已足夠、甚至空置率不斷提高的狀況。於是，改善更新既有的公共出租住宅，以及鼓勵民間新建或利用空置住宅轉作出租住宅，變成了當務之急。

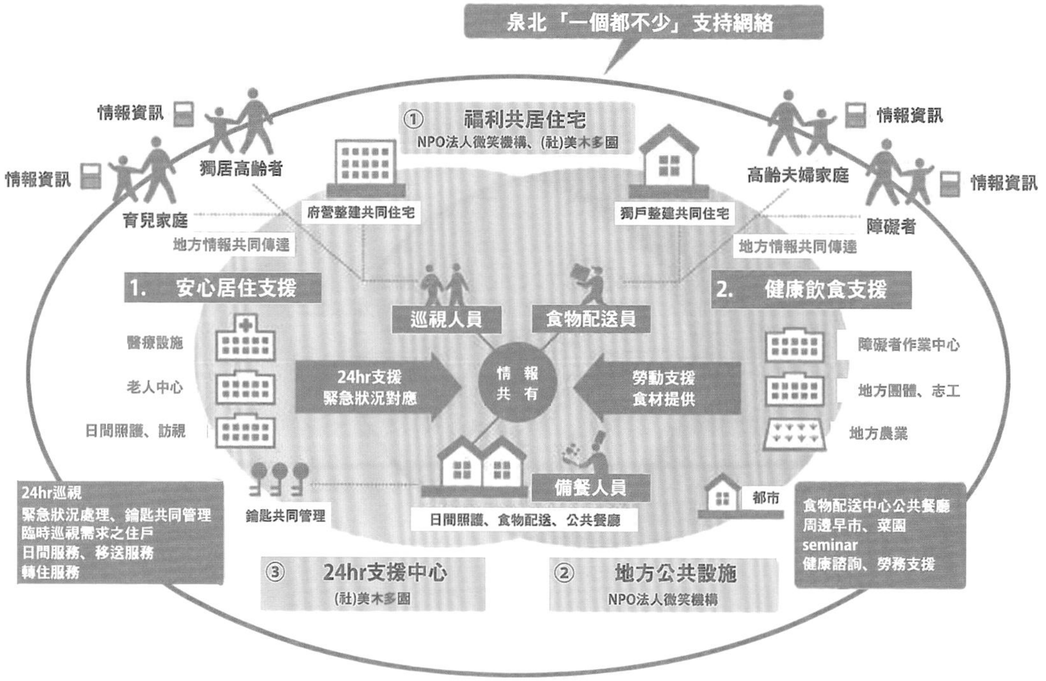

圖 4-17 泉北新城「一個都不能少」支持網絡概念圖（資料來源：泉北ニュータウン再生指針）

另一方面，住宅如何與社福體制銜接，思考在硬體的提供以外，如何與社福體系發展出緊密結合的支持體系也十分關鍵。

即便是在擁有悠久公宅供給歷史的日本，「居住」作為一種基本權利，也並非理所當然。大阪府立大學社會福利學系的中山徹教授曾說道：「『住宅』應要被保障，是在這幾年才開始討論的議題。一般人較難感受到住宅政策的重要性，除非是居住在公營住宅裡的住戶，才會覺得住宅政策有照顧到自己。以前，日本的企業會給予職員住宅補助，因為擁有住宅後的員工，會努力工作、也會關心與參與社區事務，但在一九八〇年代日本經濟泡沫化後，房價從高點跌下，現在日本人對於房子已經沒有這樣的期待了。」但如今的日本也出現了「居住福祉」一詞，旨在強調居住環境的保障，是提升人們生活條件、促進社會互動的基礎。

都市理論家克拉倫斯．培里（Clarence Perry）曾提出「鄰里單位論」（neighbourhood unit theory），認為居住社區應該被視為一個整體來思考，尤其在工業社會中這種都市形成人與人之間相對疏離的環境，作為規劃者，應以重新找回鄰里間的交流互動為目標。

以此為基礎，二〇一〇年起，在國土交通省「高齡者等居住安定化推進事業」的支持下，泉北新城的槇塚臺地區結合了社區自治會、ＮＰＯ法人組織、大阪市立大學、大阪府政府、堺市政府與在地企業，以「安心居住、健康飲食、建立社區連結網路」為目標，嘗試合作建立一個「一個都不少」的支持網絡。

為此，公部門及公社作為公宅的管理單位，有必要轉換原本單純的住宅修建或福利輸送的思維，重新思考自身的角色，與不同單位、居民建立友伴關係。換句話說，他們需要重新思考現有狀況：或許空屋不再是代表負債，而是新生活的可能。對泉北新城來說，人口減少不見得只能被視為負面因素，也可以想成是多出的空間能讓人住得更舒適。

泉北新城於是發展出了幾個不同的空間改造案例：

「綠道下的家」合租公寓：改造獨棟兩層樓的閒置住宅空間，設計為供年輕世代與年長者混居的住宅。一樓空間設計了兩間獨居老人可使用的房間，同時擴增了玄關、廚房等公共空間，並改善整體空間的採光。二樓空間則可提供育有子女的年輕家庭或兩個年輕人居住。

高齡者支援住宅「美樹之園」：由福利機構「社會福祉法人美木多園」向大阪府政府承租空置的府營住宅，再轉出租給高齡者，並負責營運與提供服

圖 4-18　「綠道下的家」內部，青銀共居宅空間改造後，擴建了玄關空間，並在廚房設置大面玻璃窗。（圖片來源：©At Home Co.,Ltd）

務，每月租金為四萬兩千日幣（含居住補助費用）。美樹之園在空間上同樣也透過小幅度的修建，例如打通幾戶空間，將部分空間轉作公用，不僅增加個人可使用的空間，也能促進鄰居間的交流，藉此提升了空間的舒適度。目前共規劃十三間房間，每間房可住兩名長者，且各具不同的特色：有的房間留了寬敞的中央走道，可讓陽光透進來；也有房間以榻榻米、和式素材為主要的裝潢風格。

這座高齡者支援住宅家戶空間改造，是由大阪市立大學的學生依據居民的需求進行提案。住宅內雖有照護人員常駐，但他們依然鼓勵生活在這裡的長輩自己出門購物。換言之，在支援住宅內的高齡者不只是被當作福利服務的接收者，仍然保有日常生活模式。

商店空間的活化與轉型：在泉北新城，閒置的商店也被重新修建來開設

圖 4-19 美樹之園內部空間，利用社區內閒置空間設置的「 塚臺餐廳」，兼有教室、聚會的功能（圖片來源：© ニュータウン スケッチ）

社區餐廳。這些空間是由「泉北共築網絡」的「Smile Center」統一租下，希望提供居民平價、健康的餐食，創造在地的就業機會，並使用當地農家所種植的食材。這個空間不只是作為餐廳，同時也作為社區交流、舉辦課程的據點。更有趣的是，晚上這裡還會搖身一變成為居酒屋，由當地的自治會負責經營。

泉北再生計畫書中如此寫道：「讓閒置的空間成為開啟公共生活的可能。」當地的規劃者清楚了解到，隨著日本社會邁向少子化、高齡化，未來的泉北只會有越來越高比例的高齡住戶，以及更高的空屋率。於是，泉北所做的，不是將社會問題視為問題並設法填補，而是思考如何在這樣的發展方向下，設想適合該地的生活模式。

「新城再生的關鍵，是讓年輕社群重新認識這個地方的魅力。」高松俊在專訪中這麼說道。若多數人對泉北新城的認識，只剩下空間老舊、人口流失，自然不會有人對這個地方感興趣。除了高松俊，任職於推動地方制度化NPO法人「SEIN」的甚田知世曾經離鄉，因為生養子女又回到家鄉，才漸漸發覺在泉北生活魅力所在。SEIN曾發行地方誌《REEDIT》，介紹當地獨特的文化與生活經驗。而除了NPO之外，大阪住宅公社也增設公關部門，並找來公關公司進行合作，嘗試對內創造與居民的交流、對外則推廣泉北地區的故事，以此扭轉泉北新城過往在媒體中的負面形象。

創造地方魅力的關鍵仍在於發掘獨特的社區資產。首先必須改變的是將地方問題視為問題、嘗試提出解方的思維，改為「以居民為本」的地方營造思維，看見當地獨特的生活經驗與文化，以及各懷絕技的居民，這有賴長期的關係經營。例如利用社區餐廳為據點來創造家戶內外的公共節點，讓不同世代的居民間在日常中有自然的互動。同時，透過支持網絡引入大學、NPO等資源，也可以讓居民得到培力的機會。

小結：不只是「混居」：我們如何想像共融的未來？

家庭型態轉變與社會高齡化，是許多國家都正在面對的轉型過程。近十年來，不少西歐國家嘗試實踐「青銀共居」概念，鼓勵跨世代的共同生活，達成彼此的照護。

臺灣的社宅數量在短期內難以與日本比擬，但泉北新城的經驗未嘗不是一個讓身在臺灣的我們可能思考社宅意義的機會：不只是追求量的多寡，而是從整個地域的需求出發，思考如何藉由空間的改善、社群的經營和資源的連結，創造人與人之間自然的交流，建立起緊密的社會支持體系。不過，任何地方的成功模式都無法完美複製使用，重要的仍是具備整合地域資源的宏觀視野，以及對個別居民需求的細膩覺察，進而建立協作的平臺與機制。

臺灣的社宅體制中一直都有保留部分比例提供給弱勢戶。在《住宅法》於二〇二一年修訂後，更明訂需提供至少百分之四十以上比率的戶數出租給經濟或社會弱勢者。然而，「混居」的意義不只是把年齡和社經條件不同的居民通通放在一起，或是為了避免特定地區或社宅被標籤化。提供價格可負擔、不靠市場機制區分身分的居住環境，是社宅最核心的價值。在此理解下，值得我們再進一步思考的，就是如何讓「共同生活」產生新的可能。

照顧支持

瑞典斯德哥爾摩．須盡歡老年公寓——走入「人生下半場」的集合住宅生活

案例基本資料	
特色	以「人生下半場」為住宅核心設計理念，提供給 40 歲以上、無子女共同居住的租屋族，透過居民自主管理，形成小型的社區鏈結，進而減少對社會的依賴。
持有型態及產權	向市立「家庭住宅有限公司」承租，由租戶組成的協會自主管理
建築類型	公寓／集合住宅
規劃與建造時間	1987-1993
住戶	60 人（70 歲以下、以上各占一半；女性 78%、男性 22%）
社區空間類型	建物：圖書館、視聽室、編織室、洗衣間、公共食堂、廚房、木工房、多功能室、頂樓露天屋頂花園、回收區、個人與集體儲藏室、健身房、桑拿房、小型辦公室、三間客房 戶外：花園
居住面積	每套 37-75 平方公尺有 1-3 個房間（含浴室、廚房），公共空間約 350 平方公尺
戶數	43 戶
租金	每月 8,437 瑞典克朗，含公共空間費用

一九八〇年代起，「居民自治」的居住模式在瑞典遍地開花。類似「須盡歡」（Färdknäppen）的「集合住宅」（collective house），在瑞典已有五十多個（見圖4-20）。這些集合住宅多由半官方的市政公司所興建；即使居民在不同住宅的集體組織程度不同，瑞典模式的共居通常有三個特色：第一、位於都市，只有少數坐落於鄉村；第二、具生態村（eco-villages）、永續的性質；最後，同時也是這類集合住宅最大的特色，即具備完善的共同生活空間（見圖4-21）——這些空間宛若住宅的心臟，滋養居民的日常生活。

一九九〇年代，瑞典面對高齡化社會的挑戰，如何因應高齡者對於互助、人際關係與社會保障等需求，在集合住宅裡也注入一股新潮流，轉以「人生下半場」（the second half of life）為核心設計理念。在瑞典，有將近五分

圖 4-20　瑞典共居住宅分布圖。（圖片來源：© Kollektivhus NU）

之一的集合住宅以高齡者為主。比較特別的是，相較於鄰近的丹麥、荷蘭等國家，瑞典將這類集合住宅入住者年齡下修至四十歲，在這樣的脈絡下，集合住宅內不盡然是臺灣社會一般認知的高齡者；他們可能多處於不惑之年，有些人還在工作，有些人則已經退休。比起一般所稱的「高齡住宅」，瑞典式的集合住宅能容納不同的年齡組成，讓住戶有能力因應不同的集體生活情況，並與社會有更多連結。「須盡歡」集合住宅也是在這樣的背景中因應而生。

成為「須盡歡」的一員

須盡歡住宅協會的起點始於一九八七年一群中年人對未來的叩問：隨著年齡增長，人生下半場要選擇走入哪種生活？在這些生活樣態中，我們能否透過互相幫助，以獲得更高品質的生活、更多的人際聯繫，從而減少對社會服務的依賴？若要獲得這樣的生活，集合住宅又該如何設計？

基於這些叩問，爾後兩年間，須盡歡住宅協會展開大量的倡議行動，並與建築師和營造業者進行密集對話。一九八九年，市立住房公司「家庭住宅有限公司」（Familjebostäder）提議在斯德哥爾摩南站

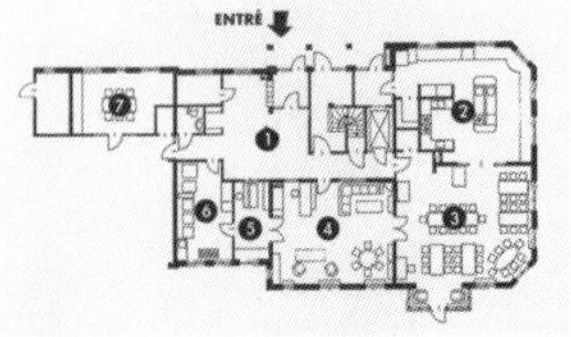

圖 4-21　須盡歡一樓的共同生活空間，包括大入口區（編號 1）、公用廚房（編號 2）、餐廳（編號 3）、有圖書室功能的客廳、公用電腦區、縫紉角落（編號 4）、編織室（編號 5）、洗衣間（編號 6）、休閒室與木工房（編號 7）。
（圖片來源：© Kollektivhuset Färdknäppen）

（Södra station）附近的土地建造房屋，並由政府資助部分營運支出。須盡歡模式的開展與延續，使越來越多人注意到這樣的居住樣態，並嚮往住進須盡歡。

不過，並非每個人都能入住須盡歡：只有四十歲以上、未與孩子共同居住者才得以入住。這也意味著，須盡歡不是一般的集合住宅，也不是只有老人的住宅。對大部分的人而言，四十歲意味著人生下半場才正要開始。因此，須盡歡之所以設定年齡限制，就是希望能將老年人與還帶著年輕人心態的中年人融合在一起。除了符合年齡條件，等候入住者在入住之前也必須成為協會的一員，當有空屋時，才有優先權。與此同時，協會也希望他們可以先參加一些有興趣的共同活動；過程中，居民也可以透過相處，決定適合住進須盡歡的人選，並提供建議給家庭住宅有限公司。

於是，原先僅是實體的「房屋」，逐漸成為這群居民一輩子的居所。許多居民搬進須盡歡時才四、五十歲，直至今日，三十年過去了，他們平均年齡來到七十歲上下，時光荏苒之際，也一起實踐了互相扶持到老的目標。

入住須盡歡，有責任、也有好處

在須盡歡，每個居民都會為自己所居住的房屋、乃至社區，在能力範圍內負起一份責任。當然，這並不意味著每個人在社區所負擔的事務份量相當，住在須盡歡的居民年齡落差很大，但每人都可以「依據自身能力」參與付出。

其中，工作日的週一至週五的共餐活動是須盡歡最有意思的核心活動（見圖4-22）。所有居民，不論男女老少都要參與共餐。平時，所有居民分成六個烹飪小組，每組輪流負責一週，每六週輪值一次，當值小組必須負責購買食材、烹飪以及清洗碗盤。或許並非每位居民都擅長烹飪，但這樣的模式讓大家都可以在共餐中找到自己可以付出的地方。

同時，共餐活動在某些層面上也保留了彈性；例如，居民可選擇是否在餐廳吃飯，而居民若要共同用餐，也可透過購買「食物券」，共同負擔共餐成本。另一方面，除了工作日晚上的共餐，只要多付額外的費用，也可以邀請朋友來須盡歡作客或外帶便當。

共餐在實際生活中帶來的好處有很多。由於採輪值制度，每個人六週才會輪到一次，如此就可以省下大幅自行準備晚餐的時間。在經濟上，這麼做也比單一家庭或個人準備更便宜；在食物購買方面，協會也有與相關通路談妥批發價，食物會定期送至須盡歡，藉此節省不少購買食材的成本；此外，廚房用具、餐具、清潔材料都由協會預算支付。整體而言，共餐節省了各種能量的消耗，不論在環保層面或經濟上都產生不少效益。

除了烹飪小組之外，須盡歡還有清潔小組。清潔小組輪值的方式與烹飪小組相同，由須盡歡居民自行負責清潔、花園維護等工作，而房東「家庭住宅有限公司」會付給居民相應的報酬，這些報酬居民會挪出一部分的費用至共餐，攤分食物的成本。

從共餐與清潔的共同活動延伸，在須盡歡生活，居民還可以享有許多生活優勢。例如，大多居民都有個人電腦，但並不是每個人家中都會有印表機；於是在須盡歡的共同生活空間中，就設置了一間辦公室並設有印表機，讓每位居民自由使用。除了印表機，須盡歡還有不少類似的公共資源（例如縫紉機、熨衣板、報紙等）。如此一來不但增加資源的利用效率，這類非正式的共享更為集合住宅創造了共享的環境與氣氛。

另一方面，須盡歡的居民也安排了許多社交活動，例如合唱團、演講、電影之夜、音樂之夜、酒吧之夜、讀書會，甚至是一起上劇院、看展覽、郊遊觀鳥等。這些社交活動不像共餐或清潔為強制性的活動，所有的活動均取決於成員的主動性和興趣。

當然，須盡歡從一九八六年發展至今，也面臨了一些挑戰。例如，最初建置時，協會與居民對住宅空間設計的想像，以及如何落實並符合當時的房屋建造標準，其實經歷了非常大量的討論與磨合。若宏觀地從瑞典集合住宅的發展過程來看，政府如何進一步推廣集合住宅，包括讓私部門可以了解這類租賃形式、讓集合住宅能在都市租賃市場更有競爭力，這些都是瑞典未來在集合住宅推廣上要面對的議題。

在須盡歡這類集合住宅居住的好處有很多。但當然，所謂的「好處」對每個人而言不盡相同；即使是同一個人，在不同的人生階段，想法也會有所不同。也許正處頤養之年的居民，生活在充滿活力且更開闊的社區，當兒孫來訪，就可能更能與其共享天倫之樂。也

圖 4-22 須盡歡的烹飪小組準備共餐。（照片來源：© Kollektivhus NU）

圖 4-23 須盡歡居民共同維護花園。（照片來源：© Kollektivhuset Färdknäppen）

許有些人正處迷惘的人生交叉路口，須盡歡也有足夠豐富閱歷的人力資源：人們可以在這兒結交到不同以往的友伴，正如「須盡歡」這一瑞典語的意譯為「瘋狂的旅行」——你不知道你會踏上什麼樣的旅途，但此刻你只「須盡歡」。

小結：如何思考臺灣的高齡居住需求？

至二〇二一年一月底為止，臺灣有百分之十六點二的人口超過六十五歲，而根據世界衛生組織的定義，臺灣毫無疑問是一個「高齡社會」，甚至持續往「超高齡社會」邁進。不過，高齡社會意味著不健康的社會嗎？現行提供高齡人口的各項支持服務，能否滿足人口不斷老化的居住需求？

事實上，在臺灣的高齡人口中，超過八成的人並非失能者，而是屬於健康、亞健康的群體。正因此，如何關照高齡者的多元需求，特別是影響生活品質莫大的居住需求，更是我們應該多加關注的議題。

以臺灣目前針對健康群體的政府或社會服務而言，不論是社區安老服務、生活支持服務等，整體服務支持體系多偏向單向輸送。服務提供者不外乎為政府、非營利組織、銀髮族產業等，高齡者扮演的角色多為被動的服務接受者。在「須盡歡」，我們則看到來自高齡者自身的叩問：「我們該如何透過互助獲得高品質生活，並減少對社會的依賴？」

須盡歡模式下的集合住宅提供的，不僅是一個安穩且租金尚可負擔的住所。透過共餐、共同付出與自我組織，住戶從一個人生階段過渡到下一個階段，可以藉由融入到不斷成長的社區中，在每個階段有不同的收穫。我們或許也可嘗試打造臺灣版本的「須盡歡」，讓居住生活成就人生的下半場。

日本愛知縣長久手市．五點過後村——打造跨世代共居的生活村

案例基本資料	
特色	進入超高齡化的日本，透過本文歸納整理之「SAM 概念」即：Social aging（一起老）、Adaptive aging（適應老化）、Mutual aging（跨世代共老），實踐好好的變老，好好的生活。
持有型態及產權	非營利的社會福祉法人為物業所有者與經營者
建築類型	完整園區敷地／集合住宅／小集團住宅
規劃與建造時間	1981 至今
住戶	特殊護理等長期照護人數 280 人左右，職業學校可容納 160 人，幼兒園每天可容納 470 人，托兒所可容納 30 名兒童。擁有 330 名員工。此外，約有 150 名志願者。每日使用者包含住戶約 1,000 人
社區空間類型	9 家長期護理中心，2 個幼兒園，1 所職業學校，1 個課後托兒服務，1 處社區住房和社區活動中心；以及有 3 處共同住宅及 2 個日托中心
居住面積	各室 16.5-23.1 坪，公共空間另計
戶數	115 戶（不含長照戶）

租金	高齡者每月租金為15萬5000日圓，含所有的公共管理費和伙食費。 非高齡者（一般家戶）每月租金三萬日圓，是周邊租屋市場的一半價格。

*感謝愛知產業大學的延藤安弘教授與名古屋NPO法人「まちの縁側育くみ隊」的名畑恵老師對於本文資料蒐集的協助。

高齡化的日本社會

進入超高齡社會的日本，老人住居的課題早先臺灣二十年就已浮現。經過一連串的探索、錯誤與學習，老人如何好好地「老」、好好地生活，一直是社會投入資源、實踐與改進的共同課題。一九八〇年代後，日本的建築學家與社會福利專家從住宅機能著手，自住宅的物理環境，例如無障礙設施、UD設計③等，預想符合高齡者需求的集合住宅空間。

許多高齡者住宅開始以新型態的集合住宅之姿出現在日本各大都市之中。然而這些集合住宅缺乏對高齡者生活需求的理解，也導致許多高齡者住宅缺乏合適的公共空間與社交機會，入住的高齡者往往有「自己困在一個盒子裡面」的孤立感受。專家與公部門過於關注物理空間的機能，忘記了高齡者也是社會性動物，同樣有基本的社交需求。

③通用設計（Universal Design），即無須改良或特別設計就能為所有人使用的產品、環境及通訊。

高齡者的實際居住需求是什麼？

無障礙設施與ＵＤ設計雖是法規設置的基本需求，但若僅僅自法規面考量及規劃，最後可能只是貧乏地想像著「高齡者行動不便、生活不能自理」這種單面向的思考，可說是把高齡者當成病人或當成老邁而逐漸退化的機器一般對待。如果我們認真探求如何讓人們在年老以後，也能保持身心健康的居住跟生活模式，首先就應該理解高齡者社會生活的需求，甚至「被需要的需求」。我們需要協助高齡者「打開孤獨生活的盒子」，創造更多人與人的互動，進而讓他們編織「彼此需要」的生活網，這樣才能夠激發出生活的價值感——這對任何年紀的人們來說都是同樣重要的道理。因此，如何讓高齡者快樂的居住生活，我們可以歸納出「ＳＡＭ」的概念：

「一起老」（Social aging）：社區型的住宅比「安養機構」更理想。高齡者不是吃飯睡覺的機器，他們跟非高齡者一樣需要社會生活。

「適應老化」（Adaptive aging）：適應高齡的生活，而非被衰老給控制。為了延長高齡者可自理生活的時間，避免記憶與身體功能退化，需要持續推動各種活動，例如擔任志工、課程學習及進行各種公共服務。如此才能讓高齡者透過持續練習來適應老化，而不是讓他們不再去做那些因為年老而做得比較慢的事。

「跨世代共老」（Mutual aging）：融合不同世代的混齡居住模式，能讓高齡者有機會與不同年齡層的鄰居接觸，彼此負擔不同的社區工作；不同世代間的互助，能讓高齡者更有生活價值感，也讓非高齡者更體貼高齡者的實際生活需求，互助陪伴。

位於日本愛知縣長久手市，由「社会福祉法人愛知太陽之森」所營運的「五點過後村」（ゴジカラ村，Gojikaramura）即是徹底貫徹ＳＡＭ概念的一個案例。五點過後村位在名古屋近郊、被森林環繞的山麓地帶，木造與混凝土造的住宅散落在這片區域。如果在平日走進園區，就會聽到幼稚園院童們發出了充滿活力的嬉鬧聲，而身為高齡者的爺爺奶奶們就住在不遠處。這個村子，展現了新的跨世代共居的可能，有許多世代的人一起生活。

「五點過後村」的五點過後

「五點過後，人生才開始。」日文的「ゴジカラ」（gojikara）是「下午五點開始」的意思，指的就是下班後的生活。在現代社會，因為工作上的高壓與對效率的執著，人們的工作與生活之間經常難以平衡。「人生下半場，要過五點以後的生活」是五點過後村創辦人吉田一平先生的理想。在歷經了高速經濟增長的時代，日本人有著高壓高效的「一生懸命」工作態度；哪怕是退休了，人們仍可能無法好好生活，被迫要生活在以效率及物理機能為主導的老人住宅內。因此，五點過後村的理念，就是以不被時間追趕的生活方式為目標，追求跨世代共居、共同生活與學習，並且以「村子」為空間單位，取代過去高齡者機構的集合住宅式空間。

吉田先生說，他曾去過許多高齡者福祉機構參訪，但其中大多數都只是一般的大樓。精確點說，一旦進入這類建築物，便會有一個接待處跟辦公室，讓整個環境感覺起來就是會被稱為機構，而不是家。直直到底的走廊、刷白的牆壁和地板，這些都使人感覺像醫院中的病房。因此，五點過後村的主要建築雖然是鋼筋混凝土造的房子，但地板與牆壁使用了有著溫潤質感的木材。其他建築則自然地散落在樹林裡，讓居民像是在山中生活一樣，依山而居。吉田先生甚至在現場重組了一個擁有兩百年歷史的木造傳統民家，讓民家成為整個村子的客廳集會場。此外，綠色生態也是五點過後村的重點：如果沒有被森林包圍的生活，整個村子會失去活力。

圖 4-24　有著兩百年歷史的木造古民家，是五點過後村居民的大客廳。（照片來源：作者于欣可攝）

造村式的跨世代共活

五點過後村的成功建立，一切源頭要從吉田家經營的幼稚園開始說起。

吉田家在一九八一年設立的幼稚園並不是普通的幼稚園，而是讓孩子能在樹林裡自由玩耍的森林幼稚園。在這裡，孩子們可以在大自然中自由嬉戲，爬山、滑行、捉蟲，甚至在樹蔭下睡覺休息。但是，老師們也常常向吉田先生抱怨，例如當孩子們在樹林裡自由奔跑，老師很難注意到每個孩子。因此，吉田請附近的老人前往樹林、一起與孩子們玩耍也獲得許多良好的迴響。

吉田先生觀察到，當爺爺奶奶們知道他們是被邀請來幫忙陪孩子，他們的眼中閃耀著光芒，因而意識到，對於一個住在養老院、甚至被認為身體已經退化的人來說，能夠發現自己被需要是

圖 4-25　森林般的五點過後村結合幼兒園與高齡者住宅。（照片來源：© Kenko Longevity Net）

至關重要的一件事。因此，吉田先生在心中萌芽出建造一座高齡者住宅與幼稚園能在一起的村子的想法。於是，一九八七年，五點過後村開始營運高齡者護理之家和高齡者公寓；一九九一年，他們成立日托服務中心；一九九二年成立第二個自然幼稚園「森之育園」、護理福利培訓學校「愛知福利學院」。直到現在，五點過後村已經有九家高齡者住宅與日間照護中心、兩所幼稚園、一所護理職業學校，一所社區住房和舊社區活動中心。

不過，除了幼稚園與托兒所，五點過後村最特別的存在還是跨世代共同住宅「一點一點長屋」（ぽちぽち長屋），意思是各個年齡的大家都在這邊一點一點地長大。在這個跨世代住宅，申請者不限高齡者，也開放給頂客族家庭、有小孩的家庭，甚至是未婚人士，為的就是要讓高齡者能不斷地與不同世代者互動，產生新的生活刺激乃至感覺「被需要」。

但吉田先生也透露，在五點過後村，不同世代的共居當然也會產生摩擦，像是年輕住戶喝酒到半夜，隔天被高齡者罵。但是就是這種摩擦，讓住戶一點一點地更了解彼此，才能衍生出對不同生活方式的包容。這也是這個跨世代住宅取名為「一點一點」的由來。雖然生氣的老人會因為自己的生活被打亂而不高興，但是伴隨著不高興而來的就是溝通。這是幾代人在一起生活才可能發生的事。發生摩擦是很正常的，是生活的一環，不該通過規則和監視去管理。對五點過後村來說，創造不同世代的互動與連結的可能，是讓人們得以共同生活下去的關鍵所在。

小結：探索更好的共居方式

從一九八一年建立的幼兒園開始逐漸成形的五點過後村，發展至今已近四十個年頭。五點過後村最初以跨世代共同生活的概念發展、持續變化，現在的村子已經超越一開始的森林園區的大小了。因為太多人想要住進來，五點過後村的營運者愛知太陽之森陸續在開車十分鐘以內距離的地區，慢慢開發以五點過後村為中心、不同規模大小的高齡者住宅與混居型的跨世代住宅。

但為何是十分鐘內車程呢？因為這是高齡者可以接受的通勤距離。對高齡者而言，他們還是需要在白天前往五點過後村參加各種活動或接受健康照護。這些新的住宅，有不同的設計與規模大小，供各種不同需求的人群入住。例如，暱稱為「小木屋」的一棟住宅由三棟木造的兩層樓房並排著；一樓住有十三名不便爬樓梯的高齡者，二樓則有四間一般出租住房供有小孩的家庭入住。這裡的入住條件之一，就是彼此見面必須要打招呼。

在房租方面，高齡者是十五萬五千日幣，這個價格包括所有的公共管理費和伙食費。此外，高齡者另有政府的高齡者福祉券補助；若是住在由民間社福機構經營的高齡者社宅，就可以拿政府的福祉券，加上自己的收入或退休金，來選擇不同價位跟不同服務的高齡者出租住宅。

特別的是，五點過後村對高齡者以外的一般家庭收取的月租金是六萬日幣，而實際上則只收三萬，因為愛知太陽之森協會會另外補助租戶三萬日圓，幾乎是周邊租屋市場的一半價格。這三萬日幣的補助費用有個名稱叫做「比雞好」（チャボまし料），而看似無俚頭的名稱，其實正是整個五點過後村的核心精神。在五點過後村，住進來的家庭每天要對高齡者打招呼，像是「我出門去了」和「我回來了」，休息日也要一起吃飯，陪老人聊聊天。因為五點過後村養了很多雞，這些雞無法跟人們打招呼，所以這三萬日圓的減免，一來照顧到了一般家庭的生活開銷，二來對高齡者來說，住在一起有人關心、彼此打招呼，的確「比養雞更好」！

五點過後村的創辦人吉田一平先生，因為其理念的創新與長久經營共生型高齡者住宅的經歷，在二〇一一年當選名古屋市長久手町的町長（二〇二〇年因改制而成為長久手市市長）。近年來，他的理念也逐步推行至整個長久手市。

這個開始於四十年前的長久手市的實驗，也是日本面對超高齡社會一路作中學、錯中學的縮影。從在大型且高樓層的集合住宅集中安置高齡者，到更照顧高齡者的社會性需求、讓其居住正常化，跨世代共居社區的成功經驗，使得日本中央政府近年把共生型跨世代住宅，設定為重要的國策推進。

日本的經驗不是我們想像中的由政府興建社宅，然後把能滿足高齡者需求的「機能」或是社福機構放進去，這麼簡單而已。相反地，面對超高速的經濟增長、社會超高齡化，以及社會關係的日漸疏離，日本思考的是如何重新面對不同年齡的人，重建再造社區的軟體跟硬體，用所謂的「ＳＡＭ」的概念，一同思考適應共居生活的議題。

最後，讓我們理解吉田一平市長的理念，把綠生活、社會連結與安心三個要素放在一起，思索重建更好的共居生活的方式。至少，位處長久手市的五點過後村並非一座幻想出來的老吾老、老有所託、幼有所養的烏托邦——這是現在真實存在於日本、持續變化的日常居所。

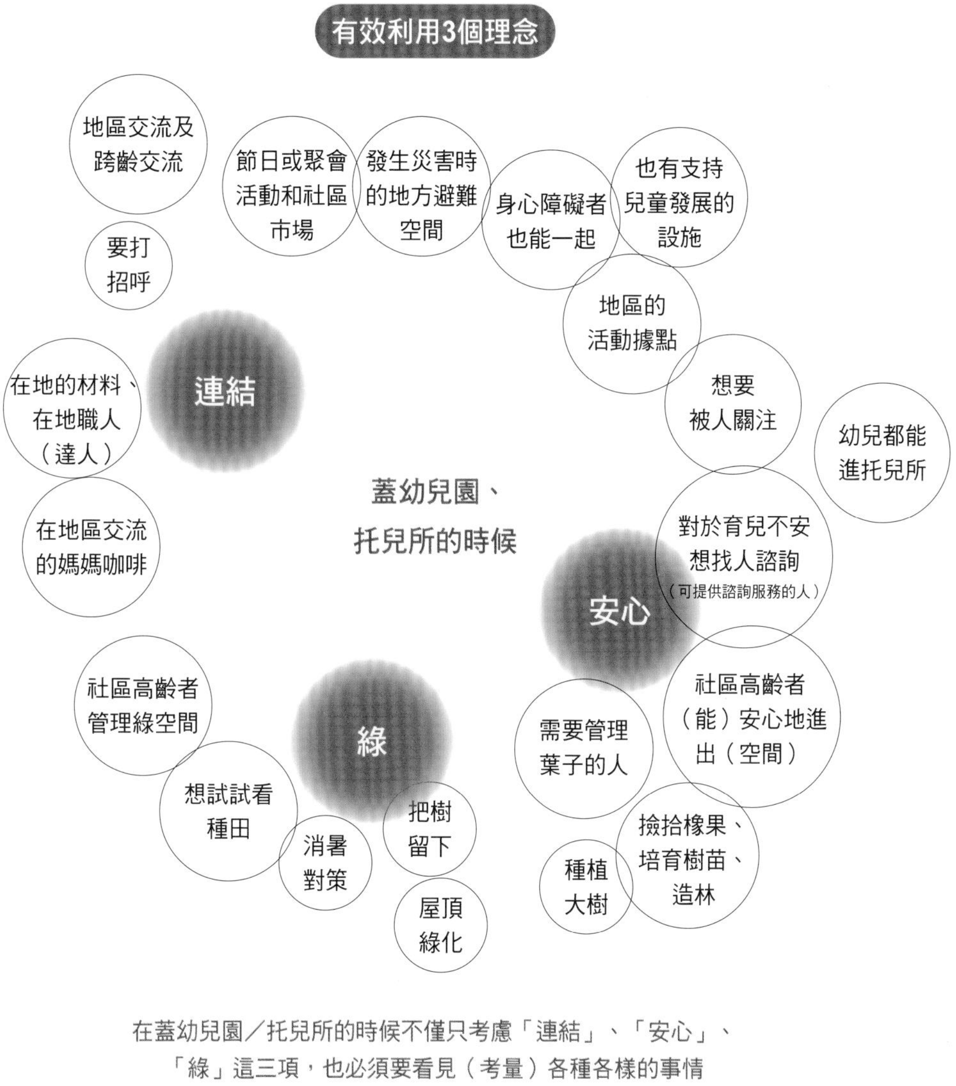

圖 4-26　吉田一平對於幼兒園的三大理念。（圖片來源：© Ippei Yoshida，中文由原典創思團隊翻譯）

荷蘭阿姆斯特丹．Stadgenoot住宅法人——物業管理的日常

案例基本資料	
特色	其傲人的社宅成就，是以民間發起的住宅協會為執行主體。住宅協會可說是「非營利的建商」，自 1901 年荷蘭第一部《住宅法》通過後，便開始蓬勃發展，至今，共有 363 個住宅法人，管理超過 240 萬戶社宅。
經營型態	接受政府協助（經費、融資、土地）興辦社宅，但後續營運由住宅法人自負盈虧。日常管理維護由住宅法人負責，居民則自我組織租戶協會發聲。
業務範圍	興建與管理社宅、執行都市更新、出售社宅（已停止）
收益來源	社宅租金與管理費、出售社宅（已停止）

荷蘭社宅的成就傲視全球，占全國住宅總量的百分之三十七點七，在經濟合作暨發展組織（OECD）的所有會員國家中傲視群雄[7]。其中的關鍵，除了長期的社會底蘊外，還有發展成熟的物業管理機制。另外值得注意的是，荷蘭的社宅並非由政府興辦，而是由民間成立的「住宅法人」（Housing Association）負責規劃、興建與營運。

從臺灣的邏輯出發，住宅法人的概念就是「非營利出租住宅的建商」。當然，這個概念對一般臺灣民眾來說相對陌生，而這或許是因為長期以來臺灣開發商的經營模式是「出售、高獲利、短期」。在這樣的狀況下，除了特定的愛心公益外，市場上幾乎不可能會有

「出租、低獲利、長期」的「非營利出租住宅的建商」。

荷蘭講求個人主義與民主的展現，但同時強調自我負責與社群組織。這點跟臺灣的民風稍有不同，相較難以在自我負責與政府支出之間找到平衡。相較於香港的高強度物業管理，荷蘭社宅的物業管理顯得較為彈性、個人化但又組織化。

在荷蘭，成熟的營運管理機制除了立基在其社會背景，社宅的規定（例如無租期限制）也是箇中關鍵。荷蘭的社宅並無三班保全，居民需自行打掃公共空間，而且除了緊急事件，住宅法人都會希望居民自行解決。換言之，荷蘭的社宅就如同一般的公寓大廈社區，並不因為是社宅而有任何特殊的管理規定。

接下來，我們將以阿姆斯特丹第二大的住宅法人Stadgenoot為例，說明其不只是營運管理的規約十分明確，為了有效凝聚與傳遞租戶的聲音，他們也與Huurgenoot租戶協會密切合作。

Stadgenoot住宅法人的發展歷程

Stadgenoot住宅法人創立於二〇〇八年，但其前身住宅協會（Algemene Woningbouw Vereniging）成立於一九一〇年，至今已有一百年的歷史。該協會過去主要成員為勞工階級，而協會本身在九〇年代歷經很大的改變，運作上變得越來越獨立，不能只服務特定會員，還要服務其他對象，例如低收入戶、老人、學生等。在轉型之際，協會也希望在未來仍然可以藉由賺取利潤，成立循環基金，蓋更多的社宅來協助低收入戶。

現今的Stadgenoot住宅法人中，有六個小組與各自的組員。另外還有四個部門：房地產部門有一百四十名員工，負責與住戶簽約的部門有一百六十名員工，商業部門（負責社宅之商業設施管理）有三十名員工，住戶服務部門則有六名員工。全組織總計約四百一十名員工。

Stadgenoot以阿姆斯特丹為發展中心，包辦項目包括住宅、商業區、辦公室租賃、停車位等。截至二〇一九年，他們總共經手了約三萬戶社宅、一千五百件市場出租及市場租賃住宅、一千八百件小型辦公室，以及三千一百個停車位。

如何維持住戶自治的能力？

荷蘭的住宅法人僅負責輕度的日常管理，例如公共空間的維修或收入審查，並不負責保全與清潔等公共事務。Stadgenoot對於經營管理的最高宗旨，是「鼓勵住戶與社區自行解決問題」，也就是透過居民的力量自我管理，有效減輕整體的居住成本。

荷蘭採取契約精神，在契約上就直接明訂，若有違反租約則立刻驅逐。二〇一六年，Stadgenoot共中止了二百二十五份租約，主要違約事項有分租、日租套房、吸毒、賣淫等問題。不過，人們一定會問，既然社宅沒有保全，Stadgenoot要如何知道居民身分或是違法情事呢？其實，住在同一個社區的鄰居，大家都概略了解彼此的狀況，而且Stadgenoot也會派遣巡守員，不定期訪問社區，或是在前來修繕的時候，記錄社區的居住狀況。

居民如何深入參與，物管如何協助？

荷蘭的社宅發展的歷史悠久，當然同樣認同居民參與的重要性，但形式上並非是住宅法人面對所有個別住戶或單一社區，而是全體住戶組織委員會為平臺，與住宅法人如Stadgenoot進行交涉。

圖 4-27 OURs 都市改革組織曾於二〇一七年參訪 Stadgenoot 位於阿姆斯特丹東碼頭的「Costa Rica」社會住宅。（圖片來源：OURs 都市改革組織）

與Stadgenoot簽約的租戶協會名為「Huurgenoot」[8]。這個租戶協會是非營利組織，成員皆為不支薪的志工，由不同地區推派代表，一共有九位，分別來自東區、西區、南區、北區、市中心及市郊等地區。這九位代表會共同組成委員會，是最高決策單位，負責與Stadgenoot協商，主要的項目有年度開發業務、租金調整、租賃期限、管理服務（日常維護、清潔、庭園、管理費等）以及出售政策。

對居民來說，在日常維持上，例如例行性的設施報修仍是向Stadgenoot登記，但他們也可另外向Huurgenoot表達意見，說明修繕的效率、設施的不足或其他任何問題。Huurgenoot經過內部討論並形成共識後，會在每年兩次（四月與八月）的正式協商中，與Stadgenoot住宅法人交換意見。如果協商備忘錄明確記載、確認，Stadgenoot

圖4-28　「Costa Rica」社會住宅的內部，可見門口梯廳並無保全，居民自由進出與管理。（圖片來源：OURs 都市改革組織）

就必須執行。

在過去，荷蘭大量興建社宅的期間，住宅法人可說是都市中持有最多房屋的所有權人，使得近年來阿姆斯特丹政府推動都市更新時，也多與住宅法人合作。依據荷蘭政府的規定，如果社宅的社區要推動都市更新，必須有百分之七十的社宅的承租戶④同意才能執行，以實際居住者的意見為考量關鍵。而且過程中，住宅法人大多需要參酌租戶協會的意見，因此如果Stadgenoot要進行都市更新，也會優先諮詢Huurgenoot。

小結：臺灣可以如何思考社會住宅的管理營運？

荷蘭的社宅，在物業管理上採取充分信任、嚴格執行的策略。他們的社宅與一般社區並無差異，鮮少設有保全與清潔人員，沒有扣分記點制，而住戶間的矛盾，也要求其自行處理。但是，一旦租戶被發現違反規約，人情請託的情況並不會發生，而是明確依照社宅的入住規約來執行後續處理。

另一方面，在居民參與上，為了減少住宅法人的負擔以及個人情緒的抱怨產生的溝通成本，他們培養全體住戶成立租戶協會，調動租戶的能量來自我組織，以建立順暢的溝通橋樑；住宅法人與租戶協會也簽立正式備忘錄，住宅法人依照約定執行，而整合住戶意見

④荷蘭社會住宅的承租戶不能參加產權跟房子的分配，但必須有合理的補償，搬家費或其他處承租人願意承租的社會住宅。

的工作就分工給租戶協會，減少住戶直接向住宅法人抱怨。

創新，指的是從既有社會結構跳脫出新的模式，而在想像社宅時，這似乎正是我們所期待的。在臺灣，我們的居民參與大多以個別社區內每一戶的「區分所有權人」負責參加或出席相關活動，因此從這個概念延伸，我們目前對於社宅的居民參與的想像也大多限縮於個別社區內。但若從荷蘭的社宅管理經驗來看，他們歷經百餘年的嘗試，其實不外乎就是重視「信任」、「執行」、「分工」等臺灣人也能理解的道理，雖然聽起來很簡單，卻禁得起千錘百鍊。

物業管理

香港．公屋的物業管理——反思與提醒

案例基本資料	
特色	亞洲最成功的典範，主要由政府主導，為了快速且有效率的興辦，成立專責機構（房屋委員會）推動，從 1950 年代開始至今累積超過 83.4 萬戶
經營型態	政府擬定政策，由房屋委員會辦理後續（設計、興建、管理）。日常的社宅管理，以管理扣分制、諮詢委員會、物業管理為主要機制。
業務範圍	興建與管理社宅、住宅單元出售（已減少）
收益來源	社宅租金、賣場出租、出售社宅（已減少）

誰說亞洲人沒辦法自我管理？

香港公屋的規劃策略可說是舉世聞名。自一九五三年開始推動至今，香港公屋的存量累積達到占總住宅數量的百分之三十（共約八十三萬四千戶），在全世界僅次於社宅母國荷蘭，而在亞洲當然也是無人能出其右。

實際上，如此多的存量，若沒有堅強的管理機制與永續性，就絕對無法支撐。根據香港公屋主管機關（即「香港特別行政區政府房屋署」）的規劃，為了提高租戶的責任感與歸屬感，他們鼓勵居民參與管理工作，將屋邨的管理分成三個面向，分別是「屋邨管理扣分制」、「屋邨管理諮詢委員會」、「物業管理」，三者相輔相成，缺一不可。

其中，「屋邨管理扣分制」是臺灣目前已採納的制度，以不同輕重事項計分扣點，而住戶累積到一定點數後就必須遷出。這樣的制度有著清楚的標準，易於政府與民眾遵守。臺灣的社宅規劃參考了香港經驗，但相較香港公屋，臺灣社宅的規模普遍較小，而以目前物業管理的機制來看，雖然民眾滿意度高，對政府卻有一定的成本負擔；由於社宅的租金金額包含管理費在內，入住者無法了解真實成本，多少也增添了溝通成本。

香港公屋的物業管理現場

截至二〇二一年四月，香港共有兩百五十一個公共屋邨，其中約有六成委託私人物業管理公司經營，藉此提高服務品質與成本效益，其他四成則由房屋署直接管理。他們有一

圖 4-29　南山邨公屋外觀。（照片來源：OURs 都市改革組織）

套機制，即由各屋邨職員、屋邨管理諮詢委員會與隨機抽樣的住戶代表評分，得分將影響物業管理公司續約與未來投標機會。此外，如果承辦廠商不理想，他們可以提出改善；若承辦商仍未改善，則會視情況限制或要求暫停服務。

類別	比重
房署評分：根據物業服務管理小組每月視察各屋邨後所作的評核給予評分	40%
整體管理評分：根據合約管理人就四個範疇（即突擊檢查、整體能力、危機管理和總辦事處支援）所作的評核給予評分	20%
屋邨管諮委會評分：根據屋邨管諮委會成員在問卷調查所作的評核給予評分	10%
租戶評分：根據租戶在電話訪問所作的評核給予評分	30%
總計	100%

表4-2公屋管理的多重評比準則。（資料來源：二〇〇七年外判⑤公共租住屋邨的管理工作準則）

⑤即外包之意。

管理諮詢委員會的運作

最初，香港公屋在發展上並無社區管理的概念，導致社區整體治安不佳、公共空間凌亂，攤販也毫無管理。至一九七〇年代，公共屋邨的居民開始組織起來、成立互助委員會，以協助維護社區治安並聯絡居民情感。然而，這時的互助會並非法定機構，管理人員是否重視居民意見也視個別情況而定。

伴隨著民主化與經濟發展，民眾的自我意識逐漸提升，香港的房屋委員會在一九九五年開始輔導成立管理諮詢委員會計畫，讓居民代表正式參與管理、維修與工程改善等，讓居民也能實際參與自己居住環境的改造工作，以讓各項公共設施更符合居民的需求。

同時，公屋每兩年都會舉辦一次屋邨管理諮詢委員會；最近一次舉辦於

圖 4-30　南山邨公屋入口處。（照片來源：OURs 都市改革組織）

二〇一八年三月二十四日，主題為「珍惜資源、和諧社區」。當天，共約有七百名來自各社區的夥伴參加，會上嘉許了一百二十七位擔任諮詢委員會超過二十年的人士，使委員會從各方面看來都可說是相當有系統持續運作著。

具體而言，諮詢委員會的運作可從四個面向來看：

1. 成員：屋邨事務經理（主席）、互助委員會代表、商業空間代表、議員、物業管理代表、工程代表，以及房屋署人員等。

2. 職權：計畫工作事項（維修與改善工程、保安秩序噪音維護）的優先次序、轉達意見、評核外包廠商工作表現、籌辦社區活動、小型改善工程建議等。

3. 撥款運用：改善與維修保養（如指標系統、扶手、座椅、照明）、大樓管理（保安與清潔）、環境美化（植樹）、屋邨活動、屋邨通訊等。

4. 會議：每兩個月舉辦一次，主席通過後可採投票決議。

從前述的權責可看到，雖然委員會有權參與決策的事項僅限於房委會公告的事項，但除了租金與租期，委員會亦開放居民參與，尤其是空間改造及承包商評分等公共事務。

小結：如何解決物業管理的困境？

在臺灣，雖然從社宅物業管理民眾滿意度調查來看，由上而下的物業管理可說是運作得不錯。但我們仍必須問，政府是否可以負擔高強度的管理成本？在剛起步的初期，這樣的模式尚可以運作，但當社宅越來越多，我們也應該同步開始思考，如何才能建構一套更有效的物業管理與民眾參與模式。

從香港的經驗來看，過去因為快速衝量，忽略了物業管理與民眾參與之間的重要性，不過近期則因應經濟發展、民主化與民眾參與的呼聲，成功引入了物業管理機制和諮詢委員會。臺灣或許能借鑑香港公屋的諮詢委員會經驗，設定清楚的邊界與權責，進一步嘗試能有效減輕政府負擔，更能讓社區的施政符合居民需求的制度。例如，臺灣或許也能將租金與管理費分開計收，並在有限度之下開放住戶組成委員會，以提升居民的認同，進一步討論居民參與物業管理的可能。

亞洲人或許認為有土斯有財，自我管理跟參與都是空話。但是，若從香港的經驗來看，就可以知道透過制度設計與社會溝通，我們仍有機會提升居民自我管理的參與意識。

終章

什麼是「居住」？

從臺灣社宅居住經驗出發

從臺灣社宅居住經驗出發

「房子」常與「家」劃上等號，擁有了自己的房子，就如同擁有了幸福的家，不用再居無定所，更不用擔心年老時無「家」可歸。

於是，為了晉升成「有殼蝸牛」一族，買房置產成為多數人的人生一大目標。

這樣的夢想代代傳承，但房價所得比卻越飆越高。臺北市是全臺灣所得比最高的城市，工商經濟蓬勃發展，而這裡的房屋如今卻需要不吃不喝長達十多年才買得起。

有些人為了買房傾盡畢生積蓄、壓縮生活品質，而有些人則完全不敢想像有生之年得以買房，不斷地在租屋市場尋找可以接受的房屋；弱勢族群則是租屋市場最顛沛流離的一群人，不僅容易遭遇房東不願意出租房子的租屋歧視，居住環境更是常在低標之下。

二〇二一年十月，高雄城中城的一場大火再次燒出了弱勢族群的居住議題。許多縣市都藏有所謂的「城中城」，這些地方大多環境殘破，但租金、房價十分低廉，住戶則以收入不高、年長、行動不便的弱勢族群為主。

如果能夠選擇，誰不想住在更安全、理想的環境呢？

居住壓力的沉重負擔壓縮了人們的生活開支，多少也限制了人生目標的追尋；對於居住的困境，切實地影響著我們生活的方方面面。

過往推出的住宅政策無法有效抑止住宅商品化，然而近年不動產市場蓬勃發展，又因金融低利及財稅面低持有稅率等因素帶動房屋價格高漲，買不起房的人也越來越多，逐漸形成一個看不見盡頭的惡性循環。另一方面，租屋品質良莠不齊、租賃市場地下化發展，臺灣租屋市場亦缺乏長期經營思維，導致租期不穩定，使得租屋在人們的觀念裡成為次級選擇，期望安穩環境的租屋族群在租屋及購屋之間進退維谷。

二〇一〇年，發展自歐陸、只租不賣的社宅概念及制度開始在臺灣萌芽。由政府做為房東，公開透明地訂出居住年限、租金，居住環境盡善盡美，但租金比擁有相似條件的市場租屋優惠許多，讓各縣市的社宅甫推出就引起大批民眾的注意。

社宅在臺灣推動邁入第十一年，儼然成為國民另一種居住選擇。抽中社宅或以計畫甄選入住的住戶們，儘管不擁有房子，卻因為居住負擔的減輕，擁有了以往不曾體驗過的精采居住生活。

這些年，多采的居住生活自社宅萌芽，顛覆了臺灣社會過往對居住的既有想像，社宅居住經驗讓人們開始探討居住的定義及重要性，也讓我們開始思考，生命中一定要「擁有」房子嗎？我們的理想居住環境是如何？

重重抗議聲下誕生的社會住宅

隨著都市化程度提高，居住問題越來越顯著，首當其衝的臺北市率先在二〇一一年，透過全臺第一棟社宅「大龍峒社宅」正式招租作為開端，邁入臺灣推動社宅的新紀元。

相較歐陸國家早在百年前即著手規劃社宅，同是亞洲國家的日本、韓國也是數十年前就開始推動，臺灣在社宅領域的發展可說是相當晚才起步。當前時代已高度都市化，找地不易，加上社會大眾因不熟悉社宅概念，將對過往平價住宅及國民住宅的刻板印象套在社宅上，種種因素導致最一開始臺北市政府在社宅興辦計畫規劃之初，多少面臨居民反對，擔心社宅會拉低房價，或是影響社區安全。

臺北市都市發展局藉由歷年來一次次的社區說明會努力溝通，盡力取得共識，目前有二十六處已完工社宅，共計四千七百五十戶，長出臺北社宅的居住生活。同時有二十七處已動工或是正待開工中。

今天，新社宅在動工階段已少被抗議。但跨過了第一階段的舊挑戰，臺灣也迎向新階段的挑戰，例如持續找地、改善社宅選址、如何用住宅回應時代議題等。

對從未住過社宅的人而言，應該最為好奇社宅住戶的「使用滿意度」。本書第二至三章平實且深入地分享了社宅多樣的居住生活，而本章則以外界視角為主、內部視角為輔，試圖剖析社宅居住生活的獨特之處。

社宅住戶住得好嗎？

過去，平宅與國宅等政府興建的住宅，受前期規劃設計不夠完善、後續管理維護困難影響，讓人們對政府興建的公共住宅資源普遍有著品質不佳的既定印象。

社宅作為現代的住宅類型之一，試圖擺脫這些既定印象，不僅建築設計新穎，注入永續與文化傳承理念，更有建築獎乃至綠建築、耐震建築、智慧建築等標章肯定；而引入專業物業管理公司協助管理社區，也大大維護了居住品質。此外，社宅的混居機制放寬家戶收入限制，讓社宅住戶組成多元。低樓層結合銀髮日照中心、托嬰中心與各類社福設施，既滿足了周邊鄰里的公共資源需求，也增添社宅的「公益性」。

這些用心的改變，翻轉了社會大眾對「政府住宅」的負面印象，讓人們不再一味認為社宅會拉低房價、擾亂社區治安，反倒是「價廉物美」的新居住選擇。同時，臺灣首創以青創計畫及公共藝術計畫結合社宅居住，讓居住生活發揮更多可能，也讓住戶減輕居住負擔，並且藉由參與社區各式團體、彼此交流培力自我，共創更理想的生活方式。

前臺北市政府社會局局長、也是青創計畫評選委員許立民說到社宅的三項功能是「住得到」、「住得起」，以及「溫暖地住在一起」，而青創戶就是讓住戶溫暖地住在一起很好的媒介，讓社區不是只由房子組成，更要讓房子變成家，改變社區風貌和鄰里關係。而社會住宅推動聯盟林育如主任也肯定，社宅設有社福資源、青創、公共藝術，會讓住戶覺得居住生活更多元，他們可以參與活動、交到朋友，更加享受個人居住與社區生活。換句話說，或許不一定要擁有自己的房子，就能過上好生活。

實際上，推動社宅的主要目的一直都是希望滿足民眾的居住需求。社宅跳脫了租房與買房的二元選擇，讓人們不用付高昂的居住成本，就可以住得好，而這種「好」涵蓋物質與精神層面。這就是讓社宅居住經驗迥異於平宅、國宅，或是一般市場住宅的原因。例如，三十多歲的興隆青創戶愷伶分享，社宅是她自高中有租屋經驗以來，住過居住感受最好的物件，也讓她找到了最滿意的生活方式。她也分析，或許好的居住感受不全然都是從空間而來，還有人的互動，也讓人們對社區更有認同感。

百分之九十九的非社宅住戶

臺灣推動社宅十一年間，獲得倡議團體與不少住戶的肯定，也鼓勵政府繼續興建，但仍是要面對社宅的「量」遠遠不足以滿足所有社宅需求者的問題。因為臺灣於較晚近時期才開始發展社宅，全臺社宅存量僅占總住宅存量的百分之零點二，與歐陸國家的社宅存量百分之十到三十，或是日韓的百分之五或六相差甚遠。

旅居法國數十年、也住在巴黎社宅的記者羅惠珍分享，人們對社宅的需求其實超乎想像許多；實際上，即便巴黎社宅的存量高於總住宅存量百分之二十以上，人民仍覺得不夠。

社宅發展的初衷在於讓人們有更好的居住生活，但除了社宅住戶之外，社宅外百分之九十九以上的人，也同樣期望有更好的居住品質。但社宅並非解決居住議題的萬靈丹，除了社宅存量的快速提升，其他住宅政策與租屋市場也必須同步優化以配合整體居住政策進行。

什麼是有居住品質的環境，什麼又是可負擔的居住水平，其實這兩個問題一直都受到各界的關注。當家戶支出絕大部分都用以繳納房貸或租金，大幅壓縮生活及居住品質，甚至是限縮了下一代教育支出，相對弱勢者難以累積社會資本，向上翻轉改善自身經濟能力的機率很低。居住應為「社會安全網」的基礎，不必花大筆金錢就可以住得安穩、住得好，這不僅是穩定社會的資本，亦是居住正義的主要精神。

至於討論熱烈的租金訂定問題，相比國際間主要是以「可負擔成本」來回推算出社宅租金，臺灣則是根據社宅周邊房子行情打折，訂定社宅租金價格。然而，都市發展與居住議題專業的荷蘭台夫特理工大學（Delft University of Technology）建築學院博士候選人于欣可指出，倘採用市價打折的方式訂租金，無法反映社宅的精神。

為何要以可負擔成本訂定呢？許立民在臺北市政府社會局擔任局長時，於任內大力推動社宅，他以社會福利專業說明，當人們的家戶支出有很大一部分花在繳房貸或租金時，交通、生活、下一代的教育支出都會被壓縮，這讓相對弱勢者難以累積社會資本，向上翻轉的機率很低。他強調，居住應該是種「社會安全網」，讓人不用花太多錢，就可以住得安穩，而這也是穩定社會的資本。

臺北市政府為了回應民眾安居、適居的議題，在社宅租金制度訂定方面，自二〇一七年起採用分級租金補貼機制，民眾所得越低、承租房型越大，補貼金額越高，以協助弱勢及多口家庭居住。許立民亦建議，若社宅可自行創造更多財源，使得在社宅居住每個月支付的租金比例降到所得的25%或是更低，就可以扭轉臺北居住大不易的情況。另外，當社宅存量提升時，也需要回頭精算檢討租金及補貼制度，調整租金補貼級距或是額度，讓經濟弱勢的族群減輕租金壓力，而經濟尚有餘裕的人則在財務上多承擔一些。

回顧社宅推動十一年來的階段性成果，我們除了透過社宅的興辦，還能有什麼樣的作為去照顧那些尚未受到社宅照顧的民眾，或是透過運用社宅所衍生出的外部效益，照顧所有為「居住」所苦的民眾。起初，興建社宅是為了降低人民的居住負擔，並讓更多人都住得起、住得好。因此「量」與「租金」是兩道基本且重要的課題。除此之外，想要在各個層面落實讓民眾「住得更好」的目標，或許我們需要先學習，對「居住」的意涵有更多的認識與想像。

居住是眾人之事

過去，我們認為提供遮風避雨的空間就是住宅最大的功能。對此，在書內為我們分享許多國外案例的于欣可也想傳達給大家一個觀念：「居住絕對不是容器，不是找一塊空地蓋房子，把人丟過去就解決。」

社宅作為現代的公共住宅，於本質上除了只租不賣的特性外，專業物業管理、青創計畫推動、公共藝術的進駐，並將社福資源與結合住宅，都是為了打造更理想的居住生活。可以說，臺灣這些年做了許多努力，讓政府不再只是上位的政策制訂者，而是更深入地去看待人們的居住需求，並以社宅做為呼應，形塑出社宅、城市居住的未來樣貌。

長年推動居住議題的OURs都市改革組織觀察，臺北市推動社宅的做法與成效，對比歐、美、日、韓之社宅，其實並不遜色，也在在顯示政府亟欲避免重蹈覆轍，不希望讓社宅再次踏上過去失敗的住宅計畫後塵。

除了社宅建築與城市美學的結合，OURs認為，社宅裡的青創計畫重現人與社區的場所精神，展現臺灣社宅的獨特與創新，拓展了社宅的可能性。同時，社區居民自發性參與並經營社區事務，也有助降低原先因住戶關係疏離而衍生的高管理成本。

此外，社宅的居住生活之所以精采，除了政府與倡議團體設計的機制與制度，為了讓改變得以發生，更重要的是必須要有願意參與的人。

入住興隆社宅三年的愷伶跟小飯就是絕佳代言人之一。現在被暱稱為「地下里長」的他們，當時以青創計畫甄選入住，考量著除了可以換比較大的空間、提升兩人生活的居住品質，還可以省下房租。但實際入住至今，兩人發現優點遠不只如此。他們因為執行青創活動，跟許多住戶既是鄰居也是朋友，共創許多生活點滴。「我們這一、兩年認識了合作住宅的概念，這滿吸引我們的，若有機會，想和社宅志同道合的鄰居或夥伴，一起租或購買，建立共同生活的規則，一起順利生活下去。」愷伶和小飯分享，居住社宅的三年，讓他們開始勇於想像不同的居住方式。

如此看來，若是缺乏對社宅、社區的認同，只把社宅當成過渡時期的落腳之處，不願意關心這個「家」，也不願意參與活動或與鄰居交流，那麼社宅仍然會只是一棟可以遮風避雨的普通房子。

換句話說，當政府不只是房東、住戶不只是租客，社宅的居住生活才有可能不一樣。當然，關於社宅的功能還有許多值得持續探討的面向，例如社宅應照顧弱勢族群的公益性、在高度開發的都市裡如何多元化社宅的推動，又或是透過民間資源協助民眾的租屋補貼、包租代管政策如何與社宅進行搭配，以及社宅的發展融合城市規劃或都市再生等等，這些都沒有速成的標準答案，也沒有任何一套國外的社宅模式可直接移植至臺灣。臺灣的理想社宅，必須靠我們自己去想像、去實踐。

社宅絕非解決現有居住問題的萬靈丹，但社宅確實讓我們看到除了傳統租屋與購屋的第三種選擇，也讓我們重新定義何謂「好房」。

在社宅運動推動邁入十二年的此刻，本書帶領讀者從社宅的演變、低薪／少子／高齡等主題切入的社宅生活群像、社宅的關係促進者、社宅國外案例介紹，深入地認識社宅，知曉發生在社宅的一個個故事——讀者會看見，原來有一群人這麼生活著。

每一個故事都是希望記錄下社宅為城市居住帶來的種種改變。許多好的改變真真切切地在每個人的生活裡逐漸發酵中，儘管不擁有房子，也可擁有生活。

本書平實地記錄了目前社宅推動下所碰到的挑戰、限制，以及住戶分享的種種期許、展望，都是希望這份得來不易的居住文化，可以從一處處社宅發酵到各地方的不同角落，不斷延伸到每個人的心中。當重視「居住」的社會共識日益壯大，無論是想租或是仍想買房的人，都可覓得好房，居住的理想藍圖也離我們不遠了。有更多人可以住得更好，也因為「住好」而「活得更好」，讓每個人開始對居住文化有著更多元的想像，並進一步啟發「居住」之於我們每一個人的意義。

總策劃／黃一平

面對高房價的社會發展，如何為這個時代的人們建立起一個宜居、適居、安居的生活環境，一直是市府團隊戮力執行的目標。臺北市的社宅政策推動至今經歷過許多風雨及挑戰，身為政策的推動者，透過這本關於社宅的專書出版，我們可以看到原先習以為常的居住模式，藉由各個族群的力量，在社宅裡從頭開始，一點一滴的建構起新的社區關係，開拓了居住的無限可能，甚至拓展為城市裡的新社會關係。這些改變不僅是讓都會裡的居住模式不再是過去印象中冷冰冰、彼此互不交流，從而轉變為充盈著歡笑與交流的居住空間，更是鼓舞了市府團隊能夠持續抱持著實踐居住正義的遠大目標，與大家共同期盼臺北的未來可以更好。

主編／劉柏宏

這本專書記錄了許多朋友自己的居住履歷、社宅生活故事，有酸甜苦辣的人生百味、人與人之間互相扶持的關係。居住的課題影響著每一個人的生活品質，而提升人民生活品質應該是我們對政府的期待。而多年來大家對居住正義的倡議，終於得到政府的回應與重視。我們肯定政府在社宅的投資，對年輕朋友與弱勢家庭有很大的幫助，也真實有助改善生活品質。

在這一波社宅興建所投入的硬體資源為基礎，結合軟體的社區、社群經營，影響城市居住文化的改變與創新，而進一步擴大改變房地產產業轉型，以多元創新發展取代傳統炒房的發展結構。

希望社宅政策是人與人關係正向能量的許願池！

企劃編輯／施汎昀

「住在這裡的生活與我從前的租屋經驗完全不同，在電梯裡、大廳、屋頂農園每天都會遇見熟悉的鄰居朋友們，都會熱情地打招呼。」這是我聽過許多次青創夥伴們的分享，有住在這兒二至三年的，也有搬離的朋友，透過他們描述的社宅生活點滴，從曬棉被的平淡幸福，到深刻及貼近心靈底層的感動，用心地營造出社宅社區的生活圈逐漸茁壯，不同的興趣及愛好結集了好鄰居好朋友，從私密的住居空間，到物資、時間……無私分享，都是每天在社宅裡發生的精采故事。

這本書從零開始到讀者手上，透過許多人的累積與付出終於誕生，為了是把故事傳下去，這樣就很有意義了。

企劃編輯／袁苡溱

「公民參與」是藏於本書背後的信仰。以臺灣社宅發展脈絡來看，這項政策是由下而上、公私協力的倡議過程。

作為當今都市發展的焦點政策，社宅應是促進城市生活討論的引領者。因此企劃編輯的過程，賦予本書實踐「居住乃眾人之事」的精神，搜羅各方社宅故事，從獨居長輩到社會局長；涵融多元角色觀點，從臺北社宅住戶到旅居國外（社宅）的臺籍專家學者；也邀請了背景各異，卻同樣關心居住議題的編輯團隊。如何將搜集而來的各種聲音梳理得有組織，且得以看見真實，就在我們腦中開了無數場參與式工作坊。

第一次做書，才知道一本書的成形真是不容易。感謝每位認真生活的社宅人熱心款待；感謝編輯團隊與協力夥伴，讓這些故事化作文字與圖像；也感謝多年來帶著熱情推動住宅政策的許多人，因著這些堅持不懈，本書才足以為這個時代留下紀錄，願這本書能讓更多人看見社宅政策的得來不易，讓更多人一起參與共同成就我們所期待的好生活。

撰文作者依照文章編排順序排列：

專文撰稿／于欣可

這本書談到的社宅原理原則與跨國經驗，讓我們重新理解，社宅對於一個城市而言，不僅僅只是蓋了若干房子，它還包含了都市規劃、設計、景觀，以及都市學（Urbanism）。都市是一個複雜動態的系統，我們必須認真且長時間的作研究，來協助更好的社宅規劃跟設計。常常聽到有朋友說國情不同，臺灣不可能啦。但其實這幾年的臺北社宅實踐，不已經是個開始了嗎？在此時，更重要的，不必糾結於蓋出多少數量，我們應不斷的詢問：社宅回應社會經濟的包容需求了嗎？比如更公平的、更健康的、更公共的都市住宅政策、規劃與都市居住空間？

很高興這本書的出版，同時，讓我們一起繼續努力！

專文撰稿／鄭珮宸

過去，社宅於我只是個充滿理論魅力的概念；此後，它初步化為經驗嵌入了身體。

謝謝每一位願意與我搭話的社宅人，從廊間裝水的長者、傍晚跑道上蹦跳的孩子和夜晚一起運動的青年，讓我看見社宅這個詞如何拉成絲、編織成了一張屬於我們時代的生活之網。尤其感謝苡溱細膩的安排，讓我有機會受邀走入家戶中，從約訪、速記和不時聯繫補充，謝謝妳陪我走完這次書寫。

願我們筆下每個人的故事能夠成為星座上的星子，先有你們的身影，才有開展的都市生活藍圖。

專文撰稿／陳芛薇

北漂族的我三年多前開始接觸社宅議題，也因此申請社宅，儘管數次申請都未能成為幸運中籤者，但在日後住進了與社宅相似、只租不賣的捷運聯開宅（捷運局持有戶數）。實際體會到不擁有房子，仍可擁有一定品質的居住生活。以及安定舒適的居住原來對生活如此重要。然而聯開宅就像一般大樓，並沒有如同數處社宅有成形中的居住文化。我只能透過一次次採訪社宅議題，從受訪者的分享與親自觀察，試圖感受這份「會令人想念的居住經驗」，也越採訪越嚮往。居住與每個人都息息相關，居住的確不只是提供一片屋頂、幾面牆等等，它可以有更多的可能。十分感謝原典與苡溱為完成本書的堅持與努力，及對我的信任。也感謝受訪者將珍貴又私密的個人居住履歷，或是推動居住運動的獨特觀點與觀察，分享予我跟讀者。最後也期許居住議題更被大眾重視，而每個人都能早日擁有理想中的居住。

專文撰稿／姜雯

在採訪和書寫前，我對社宅了解並不多。這次的採寫，讓我發現了社宅在我們城市中的意義和價值。尤其對於處於社會弱勢的群體，他們更需要一個「被接住」的社會網，社宅部分承載了這樣的功能。當然，即便是年輕人、家庭，在這個「高房價」的社會，同樣需要一個在經濟上他們得以負擔的住所。「房子」是個「萬年難題」，社宅為我們提供了一個方向。另外，感謝苡溱對我的幫助和耐心。

專文撰稿／洪愷伶

這本書對我意義非凡，它不僅是一本描述「居所」的書，書中的「居所」正是這些年我在臺北的家。

二〇一八年，我搬進興隆社宅，獲得一個與過去不同的身分——青創，市府希望透過青創以專業、興趣回饋社區、經營鄰里關係。這樣的政策卻對我的生活起了莫大的化學變化。過去，我不曾想過能與「鄰居」有那麼多的互動；不曾想過社區能如此溫馨；我更不曾想過，在生活與社區之間，能透過各種連結，串起人與人之間最純粹的美好。於是，我拾起筆，書寫社宅旅程所遇到的人事物，如何經過我的心，留下真實的人生刻痕。

祝福正在閱讀本書的你，也能有不同於以往的居住想像。

專文撰稿／曾稚驊

從開始進行社宅的研究、到如今生涯將要進入下一階段，已經約莫五年了，如果加上更早以前參與紹興、華光社區等反迫遷運動而關心居住議題的契機，就達到十年了。

居住問題是臺灣長期以來都市發展留下的弊病，又以不平等的方式影響了不同群體，希望社宅與其他住宅政策改革的推動能夠持續修補這些裂痕，也讓不同於追求擁有房產的居住文化能夠深耕、成為臺灣民主深化的實驗。

專文撰稿／林采鴻

二〇一七年亞洲藝術雙年展展出了幾件作品，探討在不同場域中的抗爭行動，藝術如何作為媒介去對抗威權、去形成群眾的力量、去讓運動更為彈性且永續。在許多以關注社會問題為出發點的藝術行動中，也常常可以看到藝術之於社會的相關討論，姑且先不論藝術在此通常被視為是媒介而非主體，藝術介入社會經常被要求要帶著批判的力道。這篇社宅公共藝術的文章將重點擺在計畫型的藝術家身上，當投身社會的藝術進入人的居住生活環境當中時，要面對的不是共同的敵人，批判的稜角被磨得溫潤，嘗試用不同創作的形式去探討在社宅這個臺灣新興的居住環境中，共同生活的機會和面貌有哪些。寫這篇文章的時候並沒有特別著重在裝置以外的其他可能，重心放在藝術家和團隊身上，希望可以帶出更多反身性思考的經驗，還有藝術之於居住，居住之於社會的關聯。

專文撰稿／葉昀昀

完稿之際，我的雙北生活也即將邁入第十年，搬到位處盆地東北，能在陽臺看著飛機起降的戰後步登公寓。這十年間，經歷了高雄、臺北、淡水、關渡、海牙的遷移，每每初入新環境，第一件事，總是習慣走出家門，帶或不帶地圖，憑藉直覺繞逛社區一圈。彷彿在意識縫隙間，全心為綠樹、建築和街景的脈絡著迷時，陌異便不再僅是對未知的不安，同時也長出了朝向明日的期待。

感謝給予寫作建議的友人和編輯，閱讀其他寫手精采的文章，也讓我多所學習。寫作過程中，我深深被案例背後充滿彈性與反思性，不斷探問核心的社會治理過程所感動。原來，時間軸拉長，各種歷史經驗的重溯、對照會變得如此有意思。而思考他者案例，更有助於我們有勇氣一同想像此地的未來。

疫情動盪的此刻，慶幸自己還能抱著陽臺上強韌挺拔、有著血管般紫紅色的枝莖和細小氣根竄出的灑金蔓綠絨，寫下這篇短短的心得。願手握此書的讀者們，皆能平安、健康地享受閱讀的樂趣。

專文撰稿／王昱文

在日本有「居住福祉」一詞，強調好的居住環境是人們擁有健康、安心且尊嚴生活的基礎。日本是亞洲推動社宅擁有較長歷史的國家，近年來從量與管理的思考，逐漸轉向如何建立地方感與完善的支持體系。很高興能有這次寫作的機會，看到原來被視為高齡、空洞化的泉北新城，如何將閒置空間化為資產，成為再思考人與空間關係可能的場域。尤其令人印象深刻的，是他們如何細膩地看到不同高齡者的需求，改造過去一人一室的格局，創造了多樣的空間配置、光線與房間風格。希望有一天能真的到泉北走走！

專文撰稿／詹竣傑

想起此書的歷程，討論時候很輕鬆，撰寫卻好辛苦，人生啊～每次收到編輯催稿訊息，都讓人不想打開……但是，又時常認為，有一本社宅讀物是很重要的！只能盡量努力打開word，擠出文字～

社宅只是住宅改革的開端以及討論居住權與財產權的基石。經過近十年努力，社宅成果有目共睹。老實說，要濃縮成一本書，又希望向大眾推廣，真的不容易。感謝原典承擔此重任，讓臺灣有屬於自己的社宅專書。

如果你把整本書都看完，看到這裡，那就請你幫忙推薦給身邊的夥伴吧！

參考資料

第一章 社會住宅的誕生

1.建議閱讀聯合國人居規劃署——新都市議程。https://habitat3.org/wp-content/uploads/NUA-Chinese.pdf

2.建議閱讀聯合國永續發展指標SDG，特別是第11項。https://www.un.org/sustainabledevelopment/zh/cities/

3.Engels, F. (1844). The condition of the working class in England.

4.參見Figure 2.2 The Royal Commission on the Housing of the Working Class in Session in Peter Hall, Cities of Tomorrow: An Intellectual History of Urban Planning and Design Since 1880, pp.19。

5.參見Peter Hall, Cities of tomorrow；彭揚凱〈社會住宅運動十年：重新理解臺灣社會住宅的特殊性〉，見https://opinion.udn.com/opinion/story/12838/4807916。

第三章 共創生活的火花

1.可參考臺北市東明社會住宅住戶手冊（含住戶規約）：https://www.public-rental-housing.gov.taipei/documents/dongming/東明社宅住戶手冊.pdf。

見 https://www.cpami.gov.tw/filesys/file/chinese/dept/ph/ph1081026063.pdf 。

2.參見好伴社計二〇二〇年十一月二十日的演講〈共居文化的社會設計〉，https://www.hurc.org.tw/docDetail?uid=109&pid=10&doc_id=539。

3.關於好伴的共好實驗，想了解更多，可參考「家常對話」公共藝術計畫官方網站與《家常對話：社會住宅計畫型公共藝術操作手冊》一書。

4.參見臺中共好社宅實踐成果論壇側記（上），https://medium.com/@happenxdesign/臺中共好社宅實踐成果論壇側記-上-639677fd45df。

5.關於玖樓的青銀共居實驗，想了解更多，可參考三協北大青銀共居計畫網站、三峽北大青銀共居計畫簡章、《建築師雜誌》第五五〇期《構築跨世代的美好生活想像》、《反造再起：城市共生ＩＮＧ》一書的第九章〈〔同住共居〕臺北玖樓共生公寓〉。

第四章 解放住宅的想像力

1.參見https://www.slideshare.net/OURsOURs/ss-78066971。

2.參見https://www.sciencespo.fr/ecole-urbaine/sites/sciencespo.fr.ecole-urbaine/files/Seoul%202020.pdf#page=53。

3.參見〈SH Corporation Turns Seoul into a Happier and More Livable City〉，http://susa.or.kr/sites/default/files/resources/%5BOther%20Policy%20Publications%5D%5BHousing%5DSH%E1

%84%80%E1%85%A9%E1%86%BC%E1%84%89%E1%85%A1%20%E1%84%92%E1%85%A9%E1%86%BC%E1%84%87%E1%85%A9%20%E1%84%87%E1%85%B3%E1%84%85%E1%85%A9%E1%84%89%E1%85%B2%E1%84%8B%E1%85%A5-%E1%84%8B%E1%85%A7%E1%86%BC%E1%84%86%E1%85%AE%E1%86%AB.pdf。

4.參見〈首爾藝術家社會住宅的社區意識與社區參與研究〉https://webzine.kotpa.org/vol06_black?uid=2694&mod=document&pageid=1&ckattempt=2。

5.參見https://repository.hanyang.ac.kr/handle/20.500.11754/123935。

6.更多請參考〈「106 年赴韓國首爾公共住宅及都市活化更新考察計畫」考察報告〉，https://www.tycg.gov.tw/uploaddowndoc?file=pubresearch/201801251017330.pdf&filedisplay=%E5%87%BA%E5%9C%8B%E5%A0%B1%E5%91%8A%E6%9B%B8.pdf&flag=doc。

7.資料來源OECD 2017年報告：https://datawrapper.dwcdn.net/UDGon/1/?abcnewsembedheight=680.

8.參考Huurgenoot官方網站https://huurgenoot.nl/。

市府團隊＋原典團隊
發行｜臺北市政府都市發展局
發行人、總策劃｜黃一平
主辦單位｜臺北市政府都市發展局
執行單位｜原典創思規劃顧問有限公司
執行總監、主編｜劉柏宏
企劃編輯｜施汎昀、袁苡溱
特約編輯｜朱奕云
專文撰稿｜于欣可、陳荺薇、姜雯、鄭珮宸、曾莛庭、林采鴻、曾稚驊、洪愷伶、
王昱文、葉昀昀、詹竣傑
協力審稿｜羅世譽、張明森、張立立、袁如瑩、楊少瑜、鄭明書、張家純、許瑋倫
文字校對｜魏秋綢
影像拍攝｜蔡祖芸
視覺設計｜池婉珊
插畫設計｜沈芳安
字體設計｜王科元
行銷企劃｜廖哲瑋
協力夥伴｜陳葳芸、吳和為、林育如、呂秉怡

左岸團隊
總編輯｜黃秀如
資深主編｜林巧玲
行銷企劃｜蔡竣宇
社長｜郭重興
出版總監｜曾大福
出版｜左岸文化／遠足文化事業股份有限公司

總經銷｜遠足文化事業股份有限公司
地址｜231新北市新店區民權路108–2號9樓
團購專線｜讀書共和國業務部02-22181417分機1124、1135
電　　話｜（02）2218-1417　傳　　真｜（02）2218-8057
客服專線｜0800-221-029
E-Mail｜rivegauche2002@gmail.com
左岸臉書｜facebook.com/RiveGauchePublishingHouse
法律顧問｜華洋國際專利商標事務所　蘇文生律師
初版一刷｜2022年7月
定　　價｜450元　　ＩＳＢＮ｜978-626-95051-6-6

國家圖書館出版品預行編目資料

不只是房子：社會住宅城市生活新關係 / 于欣可，陳荺薇，姜雯，鄭珮宸，曾莛庭，林采鴻，曾稚驊，洪愷伶，王昱文，葉昀昀，詹竣傑作．-- 初版．-- 新北市：左岸文化出版：遠足文化事業股份有限公司發行，2022.07

面 346；17×23 公分．--（左岸社會議題；GGK0330）

ISBN 978-626-95051-6-6(平裝）

542.6　　110014309

1. 住宅問題 2. 住宅政策